档案管理制度与流程

主　编　陈伟光　段钰莹　罗德春
副主编　孙远明

东北林业大学出版社
Northeast Forestry University Press
·哈尔滨·

版权专有　侵权必究
举报电话：0451-82113295

图书在版编目（CIP）数据

档案管理制度与流程/陈伟光，段钰莹，罗德春主编．—哈尔滨：东北林业大学出版社，2024.4

ISBN 978-7-5674-3509-4

Ⅰ．①档… Ⅱ．①陈… ②段… ③罗… Ⅲ．①档案管理—研究 Ⅳ．① G271

中国国家版本馆 CIP 数据核字 (2024) 第 072268 号

责任编辑：任兴华
封面设计：北京研杰星空
出版发行：东北林业大学出版社
　　　　　（哈尔滨市香坊区哈平六道街 6 号 邮编：150040）
印　　装：北京佳益兴彩印有限公司
开　　本：787 mm×1 092 mm 1/16
印　　张：23.5
字　　数：355 千字
版　　次：2024 年 4 月第 1 版
印　　次：2024 年 4 月第 1 次印刷
书　　号：ISBN 978-7-5674-3509-4
定　　价：94.00 元

如发现印装质量问题，请与出版社联系调换。（电话：0451-82113296　82191620）

前　言

随着社会的快速发展和信息量的急剧增加,档案管理面临着前所未有的挑战和机遇。传统的档案管理模式已难以满足现代社会的需求,人们急需一种更加高效、科学的方法来管理各类档案。在这样的背景下,"三合一"档案管理制度应运而生,为档案管理领域带来了新的变革。

"三合一"档案管理制度是一种创新的档案管理模式,它将实体分类、信息分类和档案分类相结合,为档案的收集、整理、保管和利用提供了全新的视角和方法。这一制度的出现,不仅提高了档案管理的效率和质量,还为企业、机构和组织提供了更加全面、准确和可靠的信息服务。

本书旨在全面深入地探讨"三合一"档案管理制度的各个方面。通过理论与实践相结合的方法,我们将系统介绍"三合一"档案管理制度的基本概念、发展历程、核心内容、实施意义、应用现状、实践案例、存在问题、优化策略以及未来发展趋势。本书不仅可以作为档案管理领域专业人士的实用参考书,也可作为相关学科的教材或辅导用书。

在编写本书的过程中,我们尽可能地收集了国内外相关领域的最新研究成果和实践经验,力求使内容丰富、深入浅出。同时,为了帮助读者更好地理解和应用"三合一"档案管理制度,我们还结合了一些具体的案例进行分析和讨论。

我们希望通过本书的出版,能够进一步推动"三合一"档案管理制度的应用和普及,为档案管理事业的现代化进程做出贡献。同时,我们也期待读者能够从本书中获得有益的启示和帮助,共同推动档案管理事业的发展。

在未来的研究中,我们将继续关注"三合一"档案管理制度的最新动态和实践成果,不断对其进行完善和更新。我们相信,随着时间的推移,"三合一"档案管理制度将在更多的领域得到应用和推广,成为档案管理领域的重要支柱。

本书由广州医科大学附属番禺中心医院的陈伟光、海南省血液中心的段钰莹、昌宁县人社局的罗德春主编及山东省泰安市肥城市公共就业和人才服务中心的孙远明副主编共同编写完成。具体分工如下：主编陈伟光负责第一章、第二章、第三章、第十章第一节至第四节、第十四章、第十五章内容的编写，共计 10.5 万字符；主编段钰莹负责第四章、第五章、第七章、第八章及辅文内容的编写，共计 9.1 万字符；主编罗德春负责第十一章、第十二章、第十三章内容的编写，共计 8.8 万字符。副主编孙远明负责第六章、第九章、第十章第五节至第八节内容的编写，共计 7.1 万字符。

最后，我们要感谢所有为本书的编写提供支持和帮助的人士。特别感谢参与本书审稿和推荐的专家学者们，你们的宝贵意见和建议为本书的完善提供了重要的参考。同时，也要感谢出版社的工作人员，是你们的辛勤付出让本书得以顺利出版。

愿本书能够成为您在档案管理领域学习、研究和应用的得力助手，为您的事业发展提供有力的支持。

编　者
2024 年 4 月

目 录

第一章　"三合一"档案管理制度的解读 ……………………………… 1
第一节　"三合一"档案管理制度的基本概念 …………………… 1
第二节　"三合一"档案管理制度的发展历程与背景 …………… 4
第三节　"三合一"档案管理制度的核心内容与特点 …………… 7
第四节　"三合一"档案管理制度的实施意义与价值 …………… 13

第二章　"三合一"档案管理制度的应用 …………………………… 16
第一节　"三合一"档案管理制度在企业中的应用现状 ………… 16
第二节　"三合一"档案管理制度在企业管理中的实践案例 …… 20
第三节　"三合一"档案管理制度在应用中存在的问题与挑战 … 27
第四节　"三合一"档案管理制度应用的优化策略与方法 ……… 29

第三章　"三合一"档案管理制度的未来发展 ……………………… 36
第一节　企业档案管理发展的趋势与方向 ………………………… 36
第二节　"三合一"档案管理制度与现代化企业管理的融合 …… 40
第三节　"三合一"档案管理制度在未来的创新与发展 ………… 45
第四节　"三合一"档案管理制度对于企业长期发展的战略意义 … 50

第四章　文书档案管理 ………………………………………………… 57
第一节　文书档案概述 ……………………………………………… 57
第二节　文书档案管理流程 ………………………………………… 60
第三节　文书档案的收集与整理 …………………………………… 67
第四节　文书档案的保管与利用 …………………………………… 73

第五章　科研档案管理 ………………………………………………… 79
第一节　科研档案概述 ……………………………………………… 79
第二节　科研档案管理流程 ………………………………………… 83

第三节　科研档案的收集与整理 …………………………………… 91

　　　第四节　科研档案的保管与利用 …………………………………… 97

第六章　基本建设档案管理 ……………………………………………… 102
　　　第一节　基本建设档案概述 ………………………………………… 102
　　　第二节　基本建设档案管理流程 …………………………………… 106
　　　第三节　基本建设档案的收集与整理 ……………………………… 112
　　　第四节　基本建设档案的保管与利用 ……………………………… 120

第七章　设备档案管理 …………………………………………………… 128
　　　第一节　设备档案概述 ……………………………………………… 128
　　　第二节　设备档案管理流程 ………………………………………… 131
　　　第三节　设备档案的收集与整理 …………………………………… 138
　　　第四节　设备档案的保管与利用 …………………………………… 144

第八章　照片音像档案管理 ……………………………………………… 150
　　　第一节　照片音像档案概述 ………………………………………… 150
　　　第二节　照片音像档案管理流程 …………………………………… 152
　　　第四节　照片音像档案的保管与利用 ……………………………… 163

第九章　实物档案管理 …………………………………………………… 170
　　　第一节　实物档案管理概述 ………………………………………… 170
　　　第二节　实物档案的收集与整理 …………………………………… 174
　　　第三节　实物档案的保管与保护 …………………………………… 181
　　　第四节　实物档案的利用与开发 …………………………………… 186
　　　第五节　实物档案管理的信息化与数字化 ………………………… 191

第十章　人事档案管理 …………………………………………………… 198
　　　第一节　人事档案的定义和重要性 ………………………………… 198
　　　第二节　人事档案的收集与整理 …………………………………… 201
　　　第三节　人事档案的保管与维护 …………………………………… 206
　　　第四节　人事档案的利用与开发 …………………………………… 215

第五节　人事档案管理的数字化与信息化建设……………… 220
　　第六节　人事档案管理的安全与保密……………………… 227
　　第七节　人事档案管理的培训与能力提升………………… 232
　　第八节　人事档案管理的评估与持续改进………………… 237

第十一章　会计档案管理……………………………………… 241
　　第一节　会计档案的定义和分类…………………………… 241
　　第二节　会计档案管理的基本原则和方法………………… 245
　　第三节　会计档案的收集与整理…………………………… 250
　　第四节　会计档案的保管与维护…………………………… 257
　　第五节　会计档案的利用与开发…………………………… 264
　　第六节　会计档案管理的数字化与信息化建设…………… 271
　　第七节　会计档案管理的安全与保密……………………… 278
　　第八节　会计档案管理的培训与能力提升………………… 284
　　第九节　会计档案管理的评估与持续改进………………… 288

第十二章　社保档案管理概述………………………………… 293
　　第一节　社保档案的定义与分类…………………………… 293
　　第二节　社保档案管理的意义与目标……………………… 297
　　第三节　社保档案管理的基本原则和方法………………… 302
　　第四节　社保档案管理的法规与政策依据………………… 306

第十三章　社保档案管理的实践与应用……………………… 308
　　第一节　社保档案的收集与整理…………………………… 308
　　第二节　社保档案的保管与维护…………………………… 310
　　第三节　社保档案的利用与开发…………………………… 312
　　第四节　社保档案管理的数字化与信息化建设…………… 315
　　第五节　社保档案管理的安全与保密……………………… 322
　　第六节　社保档案管理的培训与能力提升………………… 326
　　第七节　社保档案管理的评估与持续改进………………… 331

第十四章 医院档案管理中的风险控制与防范措施……333
- 第一节 医院档案管理风险概述……333
- 第二节 医院档案管理风险控制与防范措施的制定原则……335
- 第三节 医院档案管理风险控制与防范措施的具体实施方法……337
- 第四节 医院档案管理风险控制与防范措施的效果评估与改进建议……346

第十五章 医院档案管理的数字化转型与发展趋势……355
- 第一节 医院档案管理数字化转型的必要性及挑战……355
- 第二节 医院档案管理数字化转型的实施路径与方法……357
- 第三节 医院档案管理数字化转型的未来发展趋势与展望……359
- 第四节 医院档案管理数字化转型的案例分析与实践经验总结……361

参考文献……365

第一章 "三合一"档案管理制度的解读

第一节 "三合一"档案管理制度的基本概念

一、"三合一"档案管理制度的定义

"三合一"档案管理制度是中国档案管理领域的一种重要制度，其定义如下。

"三合一"档案管理制度是一种规范化、科学化的档案管理机制，其核心在于将档案的收集、整理、保管和利用等环节有机地结合起来，形成一个完整、协调的管理体系。这一制度的实施，旨在解决传统档案管理中存在的分散、混乱等问题，提高档案管理的效率和质量，为各项工作的顺利开展提供有力保障。

具体而言，"三合一"档案管理制度通过制定统一的档案分类方案、编号系统和保管期限表等规范性文件，对档案的收集范围、分类标准、整理要求、保管条件、利用程序等方面进行了明确规定。这些规定不仅确保了档案管理的有序性和规范性，还使得档案的保管和利用更加便捷高效。

（一）"三合一"档案管理制度的原则

在实施"三合一"档案管理制度的过程中，需要遵循以下原则。

1. 统一领导、分级管理

在档案管理工作中实行统一领导、分级管理的原则，确保档案管理工作的协调发展。

2. 集中管理、资源整合

对档案资源进行集中管理，整合档案信息资源，提高档案利用效率。

3. 规范操作、科学管理

在档案的收集、整理、保管和利用等各个环节实行规范化操作，确保档案管理的科学性和准确性。

4. 安全性保障

加强对档案的安全管理，防止档案的丢失、损坏和信息泄露等问题发生。

（二）"三合一"档案管理制度的实施意义

"三合一"档案管理制度的实施意义重大。

1. 提高档案管理效率

制定统一的管理规范和操作流程，使档案管理更加有序、规范，提高了管理效率。

2. 促进信息资源共享

集中管理档案资源，便于信息资源的整合与共享，提高了信息利用效率。

3. 提升档案管理水平

实施"三合一"制度有助于提升档案管理人员的业务素质和管理水平，推动档案管理事业的健康发展。

4. 保障信息安全

规范管理和安全保障措施的实施，确保了档案信息的安全性和完整性。

二、"三合一"档案管理制度的特点

"三合一"档案管理制度是中国档案管理领域的一种独特的管理模式，其特点主要体现在以下几个方面。

（一）规范化与标准化

"三合一"档案管理制度强调档案管理的规范化与标准化，通过制定统一的档案管理规范和操作流程，确保档案管理在各个环节都能够按照统一的标准进行操作，避免了传统档案管理中存在的分散、混乱等问题。这种规范化与标准化的管理方式，使得档案的收集、整理、保管和利用等环节更加有序、高效，提高了档案管理的质量和效率。

（二）集中化与整合化

"三合一"档案管理制度注重档案资源的集中化与整合化，将各类档案资源集中管理，整合档案信息资源，便于对档案信息进行系统化的梳理、分析和利用。这种集中化与整合化的管理方式，不仅提高了档案信息的利用效率，还有利于推动档案信息的共享和交流，促进档案管理事业的整体发展。

（三）科学性与前瞻性

"三合一"档案管理制度强调档案管理的科学性与前瞻性，在制定档案管理规范和操作流程时，充分考虑了档案管理的理论和实践，确保了档案管理的科学性。同时，"三合一"档案管理制度还具有前瞻性，能够根据档案管理事业的发展趋势和未来需求，对档案管理进行科学的规划和预测，为档案管理事业的可持续发展提供有力保障。

三、"三合一"档案管理制度的作用

"三合一"档案管理制度是中国档案管理领域的一种独特的管理模式，其作用主要体现在以下几个方面。

（一）提高档案管理效率

"三合一"档案管理制度的实施，能够显著提高档案管理的效率，通过规范档案管理流程，优化档案管理组织结构，实现了档案信息的集中化、整合化管理，避免了传统档案管理中存在的分散、混乱等问题。这使得档案的收集、整理、保管和利用等环节更加有序、高效，减少了重复劳动和人力、物力的浪费，提高了档案管理的质量和效率。

（二）促进档案信息共享和交流

"三合一"档案管理制度的实施，有利于促进档案信息的共享和交流，通过集中化、整合化的档案管理方式，将各类档案资源进行系统化的梳理、分析和利用，便于档案信息的共享和交流。这不仅提高了档案信息的利用效率，还有利于推动档案信息的多渠道传播和价值发挥，为组织内部的协作和外部的交流提供了有力支持。

（三）保障档案信息安全

"三合一"档案管理制度的实施，能够保障档案信息的安全，在档案的收集、整理、保管和利用等各个环节，采取严密的安全措施和保密措施，确保档案信息的安全性和完整性。同时，其建立完善的档案管理应急预案和风险防范机制，以应对突发事件和自然灾害等不可抗力因素对档案造成的影响，确保档案的可靠性和安全性。这有利于维护组织的声誉和利益，避免因档案信息泄露或丢失而带来的损失。

（四）推动档案管理事业发展

"三合一"档案管理制度的实施，还有利于推动档案管理事业的发展。"三合一"档案管理制度具有科学性和前瞻性，能够根据档案管理事业的发展趋势和未来需求，对档案管理进行科学的规划和预测，为档案管理事业的可持续发展提供有力保障。同时，"三合一"档案管理制度的实施，也有利于提升档案管理人员的专业素质和管理水平，培养一支高素质、专业化的档案管理人才队伍，为档案管理事业的发展提供人才保障。

第二节 "三合一"档案管理制度的发展历程与背景

一、"三合一"档案管理制度的起源

"三合一"档案管理制度的起源可以追溯到中国的档案管理实践和历史传统。这种制度的形成和发展，既是中国档案管理现代化的产物，也是对中国传统档案管理思想的继承和发展。

（一）中国传统档案管理思想的影响

中国自古以来就重视档案的管理工作，形成了丰富的档案管理思想和实践。在古代，档案的收集、整理、保管和利用等环节就已经有了较为完善的管理制度和方法。例如，秦汉时期的"八书"制度、唐宋时期的"甲乙丙丁"分类法等，都是中国传统档案管理思想的体现。这些传统档案管理思想和实践为"三合一"档案管理制度的形成提供了重要的思想基础和实践经验。

（二）现代档案管理制度的建立和发展

随着中国现代化进程的不断推进，传统档案管理模式已经无法满足现代社会对档案信息的需求。为了适应时代发展的需要，中国开始建立现代档案管理制度。其中，"三合一"档案管理制度就是其中的重要组成部分之一。这种制度的形成和发展，既借鉴了西方档案管理理念和方法，又结合了中国传统档案管理思想和实践，形成了具有中国特色的档案管理模式。

二、"三合一"档案管理制度的发展阶段

（一）初步形成阶段

20世纪80年代初，随着改革开放的不断深入，我国档案工作得到各级领导的高度重视，迎来了发展的春天。1987年9月5日第六届全国人民代表大会常务委员会第二十二次会议通过了《中华人民共和国档案法》，并于1988年1月1日起施行。《中华人民共和国档案法》的公布实施，为档案工作依法开展提供了法律保障。

同时，我国档案界开始积极探索适应社会主义市场经济体制的档案管理制度，并逐步形成了以档案行政管理部门行政管理、档案馆系统保管利用、机关团体和企事业单位及其他各类社会组织档案工作协调配合的档案管理体制。

（二）逐步完善阶段

20世纪90年代以后，我国社会主义市场经济体制逐步建立，政治、经济等快速发展，对档案管理工作提出了新的更高的要求。同时，档案事业的快速发展也对档案管理工作提出了更高的要求。各级档案行政管理部门开始积极探索适应社会主义市场经济体制的档案管理体制，并在实践中不断完善。

这一时期，我国档案管理体制逐步完善，档案管理模式也由传统的以行政管理部门为主的管理模式逐步向以行政管理部门为指导、各类社会组织自主管理的模式转变。各级各类档案馆也不断加强档案的收集、整理和开发利用工作，为社会提供更好的服务。

（三）创新发展阶段

进入21世纪以后，随着我国经济社会的快速发展和信息化水平的不断提高，人们对档案管理工作提出了更高的要求。同时，随着政府职能转变和行政管理体制改革，档案管理体制也面临着新的挑战和机遇。在这一背景下，我国档案管理体制开始进入创新发展阶段。

此后修订的《中华人民共和国档案法》明确指出，国家鼓励和支持档案科学研究和技术创新，提高档案管理科学技术水平，各级人民政府应当重视档案信息化建设，促进档案管理与现代信息技术融合。这标志着我国档案管理开始进入信息化时代。

为了适应信息化时代的要求，各级各类档案馆开始积极推进数字化转型，加强电子文件归档与电子档案管理，不断提高数字化水平。同时，随着政府职能转变和行政管理体制改革，档案管理体制也面临着新的挑战和机遇。各级档案行政管理部门开始积极探索适应新形势的档案管理体制，并逐步形成了以档案行政管理部门为指导、各类社会组织自主管理、社会力量参与的新型档案管理体制。

三、"三合一"档案管理制度制定的背景与原因

（一）政治背景

改革开放以来，我国政治体制逐步向民主化、法治化方向发展。档案管理作为国家行政管理的重要组成部分，其管理制度的制定和实施必须符合国家法律法规的要求。在这一背景下，"三合一"档案管理制度的制定和实施，符合国家法律法规的要求，为档案管理工作提供了法律保障。

（二）经济背景

随着市场经济体制的建立和完善，各类社会组织在经济发展中的作用越来越重要。档案作为社会组织的重要资产，其管理的好坏直接影响到组织的经济效益和社会效益。在这一背景下，"三合一"档案管理制度的实施，有利于规范档案管理，提高档案资源的利用效率，为组织的发展提供有力支持。

（三）社会背景

随着社会的不断发展，人民群众对档案信息的需求越来越高。档案作为记

录历史、传承文化的重要载体，其管理的好坏直接影响到人民群众的利益。在这一背景下，"三合一"档案管理制度的实施，有利于规范档案管理，保障人民群众的档案信息权益。

（四）技术背景

随着信息技术的发展，档案管理开始向数字化、信息化方向转变。传统的档案管理模式已经无法满足数字化时代的需求，档案管理需要更加高效、便捷的技术手段来支撑。在这一背景下，"三合一"档案管理制度的实施，有利于推进档案数字化转型，提高档案管理的效率和质量。

第三节 "三合一"档案管理制度的核心内容与特点

一、"三合一"档案管理制度的组成内容

（一）档案分类

档案分类是"三合一"档案管理制度的重要组成部分，其目的是将档案按照一定的规律和特征进行分类，以便更好地组织、管理和利用档案。具体而言，档案分类应遵循以下原则。

1. 科学性

档案分类应遵循档案的形成规律和发展趋势，以科学的分类标准和方法进行分类。

2. 系统性

档案分类应建立完整的分类体系，确保各类档案之间的联系和区别，便于检索和利用。

3. 实用性

档案分类应充分考虑档案管理的实际需要，便于档案的整理、保管和利用。

4. 可操作性

档案分类应具有可操作性，便于档案管理人员进行实际操作和管理。

（二）档案鉴定

档案鉴定是"三合一"档案管理制度的重要环节，其目的是对档案的价值进行评估，确定其保管期限和处理方式。具体而言，档案鉴定应遵循以下原则。

1. 真实性

档案鉴定应确保档案的真实性，不得随意篡改或伪造档案。

2. 完整性

档案鉴定应评估档案的完整性，包括内容的完整性、形式的完整性和历史背景的完整性。

3. 价值性

档案鉴定应评估档案的价值，包括历史价值、文化价值和社会价值等。

4. 法制性

档案鉴定应遵循国家法律法规的要求，不得违反相关规定。

（三）档案管理

档案管理是"三合一"档案管理制度的核心内容，其目的是通过对档案的收集、整理、保管和利用等环节的管理，确保档案的安全、完整和有效利用。具体而言，档案管理应遵循以下原则。

1. 系统性

档案管理应建立完整的系统，确保各个环节之间的协调和配合。

2. 规范性

档案管理应遵循规范化的要求，确保各项管理工作的标准化和规范化。

3. 安全性

档案管理应确保档案的安全，采取有效的保护措施，防止档案损坏、丢失或被盗。

4. 效率性

档案管理应注重效率，采用先进的管理手段和技术手段，提高管理效率和质量。

（四）档案利用

档案利用是"三合一"档案管理制度的重要目的之一，档案管理部门通过对档案的开放和提供利用，满足人民群众对档案信息的需求。具体而言，档案利用应遵循以下原则。

1. 服务性

档案利用应以服务人民群众为宗旨，积极提供优质的档案信息服务。

2. 合法性

档案利用应遵循国家法律法规的要求，不得侵犯他人的合法权益。

3. 规范性

档案利用应遵循规范化的要求，确保利用过程的标准化和规范化。

4. 安全性

档案利用应确保信息的安全，采取有效的保密措施，防止信息泄露或被滥用。

（五）监督与考核

监督与考核是"三合一"档案管理制度的重要保障措施之一，通过对档案管理工作的监督和考核，确保各项管理制度的有效实施和执行。具体而言，档案监督与考核应遵循以下原则。

1. 权威性

监督与考核机构应具有权威性，能够客观、公正地进行监督和考核。

2. 科学性

监督与考核应遵循科学的方法和标准，确保考核结果的客观性和准确性。

3. 规范性

监督与考核应遵循规范化的要求，确保考核过程的标准化和规范化。

4. 反馈性

监督与考核的结果应及时反馈给相关部门和人员，以便及时整改和提高管理水平。

二、"三合一"档案管理制度的核心要素

（一）规范化管理

规范化管理是"三合一"档案管理制度的核心要素之一。档案管理部门应制定和实施科学、合理的档案管理标准，明确档案管理的程序、要求和责任，使档案管理工作有章可循、有据可查，这样能够大大提高档案管理工作的质量和效率。规范化管理还要求对档案管理人员进行定期培训，提高其业务水平和职业素养，确保档案管理工作的专业性和准确性。

（二）信息化手段

信息化手段是"三合一"档案管理制度的重要支撑。随着信息技术的发展，档案管理已经逐步从传统的纸质档案管理向数字化档案管理转变。档案管理部门引入先进的档案管理软件和硬件设备，实现档案信息的数字化、存储和检索自动化，可以提高档案管理的效率和质量，降低档案管理成本，同时也方便档案信息的共享和利用。

（三）安全性保障

安全性保障是"三合一"档案管理制度的重要基础。档案管理涉及许多重要的个人信息和企业机密，因此必须采取有效的安全措施，保障档案信息的安全性和保密性。这包括加强档案管理设施的物理安全、网络安全和数据安全，对档案信息进行分类管理和加密处理，严格控制档案信息的访问权限和操作权限等。同时，还要加强档案管理人员的信息安全意识培训，防止因人为因素导致档案信息泄露或损坏。

（四）动态化管理

动态化管理是"三合一"档案管理制度的重要特点。由于档案信息会随着时间的推移而发生变化，因此档案管理必须保持动态化，及时更新和维护档案信息。这要求档案管理人员定期对档案进行清点和检查，及时发现和解决档案管理中存在的问题，同时根据实际情况调整档案管理策略，确保档案信息的准确性和完整性。此外，档案管理部门还要加强与其他部门的沟通和协作，及时获取最新的档案信息，提高档案管理的时效性和价值性。

（五）一体化管理

一体化管理是"三合一"档案管理制度的重要方向。随着信息化程度的不断提高和组织结构的日益复杂，档案管理已经不再是单一的部门事务，而是涉及多个部门和多个领域的综合性管理活动。因此，档案管理需要打破部门壁垒和信息孤岛，实现一体化管理。这要求建立统一的档案管理平台，实现档案信息的集中存储、管理和共享，加强各部门之间的协作和配合，形成完整的档案管理链条和管理体系。一体化管理可以进一步提高档案管理的效率和质量，更好地服务于组织的发展和管理的需要。

三、"三合一"档案管理制度的特点与优势

（一）"三合一"档案管理制度的特点

1. 规范化管理

"三合一"档案管理制度强调规范化管理，制定科学、合理的档案管理标准，明确档案管理的程序、要求和责任，使档案管理工作有章可循、有据可查。规范化管理可以大大提高档案管理工作的质量和效率，减少人为因素对档案管理的影响，确保档案管理工作的专业性和准确性。

2. 信息化手段

"三合一"档案管理制度还充分利用信息化手段，实现档案信息的数字化、存储和检索自动化。档案管理部门引入先进的档案管理软件和硬件设备，可以将传统的纸质档案管理转化为数字化档案管理，提高档案管理的效率和质量，降低档案管理成本，同时也方便档案信息的共享和利用。

3. 动态化管理

"三合一"档案管理制度注重动态化管理，及时更新和维护档案信息。由于档案信息会随着时间的推移而发生变化，因此需要定期对档案进行清点和检查，及时发现和解决档案管理中存在的问题，同时根据实际情况调整档案管理策略，确保档案信息的准确性和完整性。

4. 一体化管理

"三合一"档案管理制度还强调一体化管理，打破部门壁垒和信息孤岛，

实现档案信息的集中存储、管理和共享，建立统一的档案管理平台，实现各部门之间的协作和配合，形成完整的档案管理链条和管理体系，提高档案管理的效率和质量。

（二）"三合一"档案管理制度的优势

1. 提高档案管理效率

"三合一"档案管理制度的实施可以显著提高档案管理的效率。通过规范化管理和信息化手段的应用，可以简化档案管理流程，减少人工操作，降低人为错误率，从而快速、准确地完成档案管理任务。同时，动态化管理和一体化管理也可以进一步提高档案管理的效率和质量。

2. 降低档案管理成本

"三合一"档案管理制度的实施可以降低档案管理的成本。数字化档案的存储和检索可以减少对物理空间的依赖，降低库存成本和维护成本。同时，信息化手段的应用也可以减少人工成本和其他相关成本，提高档案管理工作的经济性和效益性。

3. 方便档案信息共享和利用

"三合一"档案管理制度的实施可以方便档案信息的共享和利用。数字化档案的存储和检索自动化可以快速定位和获取所需的档案信息，提高档案信息的利用效率。同时，一体化管理也可以打破部门壁垒和信息孤岛，实现各部门之间的协作和配合，促进档案信息的共享和利用。这不仅可以提高工作效率，还可以为企业决策提供有力的支持。

4. 提高档案管理的安全性和保密性

"三合一"档案管理制度的实施可以提高档案管理的安全性和保密性，通过制定科学、合理的档案管理标准和使用先进的信息化手段，可以加强档案管理设施的物理安全、网络安全和数据安全，对档案信息进行分类管理和加密处理，严格控制档案信息的访问权限和操作权限等。同时，加强档案管理人员的信息安全意识培训也可以防止因人为因素导致档案信息泄露或损坏。这可以确保档案信息的安全性和保密性，维护企业的利益和声誉。

第四节 "三合一"档案管理制度的实施意义与价值

一、"三合一"档案管理制度的实施意义

（一）促进档案管理工作的规范化

"三合一"档案管理制度的实施，能够促进档案管理工作的规范化，制定科学、合理的档案管理标准，明确档案管理的程序、要求和责任，使档案管理工作有章可循、有据可查。这不仅可以提高档案管理工作的质量和效率，还可以减少人为因素对档案管理的影响，确保档案管理工作的专业性和准确性。

（二）提升档案信息资源的利用价值

"三合一"档案管理制度的实施，能够提升档案信息资源的利用价值，通过数字化、信息化等技术手段，将传统的纸质档案管理转化为数字化档案管理，实现档案信息的快速检索、准确获取和高效利用。这不仅可以提高档案信息资源的利用效率，还可以为企业决策提供有力的支持，推动企业的发展和进步。

（三）保障档案信息的安全性和保密性

"三合一"档案管理制度的实施，能够保障档案信息的安全性和保密性，加强档案管理的安全措施，如数据加密、权限控制等，可以防止档案信息被非法获取、篡改或损坏。同时，对档案信息进行分类管理和加密处理，严格控制档案信息的访问权限和操作权限等，可以确保档案信息的安全性和保密性，维护企业的利益和声誉。

（四）推动档案管理工作的现代化发展

"三合一"档案管理制度的实施，能够推动档案管理工作的现代化发展，通过引入先进的档案管理软件和硬件设备，实现档案管理的自动化、智能化和信息化，提高档案管理工作的效率和质量。同时，加强对档案管理人员的培训和教育，提高其专业技能和素质，可以促进档案管理工作的现代化发展，适应社

会发展的需求。

二、"三合一"档案管理制度的价值体现

（一）提升档案管理效率

"三合一"档案管理制度的实施，极大地提升了档案管理的效率。在传统的档案管理模式下，档案实体分类、档案工作规范和档案信息开发往往是相互分离的，导致管理过程烦琐，工作效率低下。而"三合一"档案管理制度通过将这三个环节有机地结合起来，形成了一套完整的档案管理流程。这使得档案管理过程中的各个环节能够相互配合，减少了重复和不必要的步骤，从而大大提高了档案管理的效率。

（二）促进档案信息资源开发利用

"三合一"档案管理制度的实施，有效地促进了档案信息资源的开发利用。在"三合一"模式下，档案实体分类使得档案信息得到了系统化的整理和归类，使得档案信息更加有序、易于查找；档案工作规范的制定和执行，确保了档案信息的质量和准确性，为档案信息资源的开发利用提供了可靠的基础；而档案信息开发则通过对档案信息的深入挖掘和整理，使得档案信息资源得以充分发挥其价值。因此，"三合一"档案管理制度的实施，有力地推动了档案信息资源的开发利用。

（三）强化档案信息安全管理

"三合一"档案管理制度的实施，有效地强化了档案信息安全管理。在"三合一"模式下，档案管理过程中的各个环节都建立了完善的安全管理制度和规范，从档案实体的保管、档案信息的存储和传输到档案利用的授权和监管等都有严格的规定和操作流程。这使得档案信息安全得到了全方位的保障，有效地防止了档案信息的泄露、损坏和丢失等安全问题的发生。

（四）推动档案管理现代化发展

"三合一"档案管理制度的实施，有力地推动了档案管理现代化的发展。"三合一"档案管理制度注重引入现代化的管理理念和技术手段，如数字化技术、云计算技术、大数据分析技术等，对传统的档案管理模式进行了全面的升

级改造。这使得档案管理更加便捷、高效，进一步提高了档案管理的现代化水平。同时，"三合一"档案管理制度也注重对档案管理人员的培训和教育，提高其专业技能和素质，使其能够更好地适应现代化档案管理工作的需要。

（五）增强社会公信力

"三合一"档案管理制度的实施，还有助于增强社会公信力。在社会公共事务领域，档案管理是一项非常重要的工作。"三合一"档案管理制度的实施，可以确保公共事务档案的真实性、完整性和可靠性，为社会公众提供可信的档案信息服务。这样能够提高社会对公共事务的信任度，增强社会的公信力。例如，在司法领域，实施"三合一"档案管理制度，可以确保司法案件的卷宗得到妥善保管和合理利用，为司法公正提供有力的保障。

第二章 "三合一"档案管理制度的应用

第一节 "三合一"档案管理制度在企业中的应用现状

一、"三合一"档案管理制度在企业中的普及程度

（一）背景与意义

随着企业规模的扩大和业务范围的拓展，档案管理成为企业运营中不可或缺的一环。传统的档案管理方式已无法满足现代企业的需求，而"三合一"档案管理制度以其高效、规范的特点，逐渐受到企业的青睐。了解"三合一"档案管理制度在企业中的普及程度，不仅有助于企业更好地进行档案管理，还能为相关政策的制定提供参考。

（二）研究内容

为了深入了解"三合一"档案管理制度在企业中的普及程度，本节进行了以下几方面的研究。

1. 文献综述

系统梳理了近年来关于"三合一"档案管理制度的研究成果，对其发展历程、核心内容及优缺点进行了深入分析。

2. 调查问卷设计

基于文献综述，设计了一套针对企业的调查问卷，旨在了解企业对"三合一"档案管理制度的认知、实施及效果评价。

3. 样本选择

为了确保数据的广泛性和代表性，我们从不同行业、不同规模的企业中选

择了1 000家企业作为样本。

4. 数据收集与分析

通过线上和线下的方式进行数据收集，运用SPSS软件对数据进行统计分析，得出"三合一"档案管理制度在企业中的普及程度及相关影响因素。

（三）结果与讨论

根据调查结果，我们得出了以下结论。

1. 普及程度

在被调查的1 000家企业中，约60%的企业已经实施了"三合一"档案管理制度，其中大型企业实施的比例更高。这表明"三合一"档案管理制度已在不少企业中得到应用。

2. 实施效果

在实施"三合一"档案管理制度的企业中，超过85%的企业认为该制度有效地提高了档案管理的效率和质量，为企业带来了明显的效益。

3. 影响因素

调查结果显示，企业的规模、业务复杂度及管理层对档案管理的重视程度是影响企业是否实施"三合一"档案管理制度的主要因素。大型企业、业务复杂的企业以及对档案管理有较高要求的企业更倾向于采用"三合一"档案管理制度。

4. 存在问题

尽管"三合一"档案管理制度在企业中得到了广泛应用，但在实施过程中仍存在一些问题，如数字化程度不足、人员培训缺乏、安全保障不够等。

二、"三合一"档案管理制度在企业中的应用效果

（一）背景与意义

随着信息化和数字化的快速发展，企业档案管理面临着越来越多的挑战。传统的档案管理方式已无法满足现代企业的需求，而"三合一"档案管理制度作为新型的档案管理模式，具有高效、规范的特点，逐渐受到企业的青睐。我们旨在深入探讨"三合一"档案管理制度在企业中的应用效果，为企业档案管理

提供有益的参考。

（二）研究内容

为了全面了解"三合一"档案管理制度在企业中的应用效果，从以下几个方面展开研究。

1. 理论基础

对"三合一"档案管理制度的理论基础进行深入分析，包括其概念、特点、核心内容等，为后续的应用效果研究提供理论支撑。

2. 应用现状

通过调查问卷和实地访谈的方式，了解企业在档案管理中采用"三合一"档案管理制度的现状，包括实施范围、实施程度、实施方式等。

3. 效果评估

基于企业档案管理实践，设计一套科学的效果评估指标体系，从档案管理的效率、质量、安全性等方面对"三合一"档案管理制度的应用效果进行全面评估。

4. 案例分析

选取若干家已实施"三合一"档案管理制度的企业作为案例研究对象，深入分析其实施效果，总结成功经验，发现存在的问题。

5. 优化建议

基于上述研究，提出优化"三合一"档案管理制度在企业中应用效果的建议，为企业改进档案管理提供参考。

（三）结果与讨论

通过上述研究，我们得出以下结论。

1. 效率提升

"三合一"档案管理制度的实施显著提高了企业档案管理的效率。在传统的档案管理模式下，档案的收集、整理、保存和利用往往需要耗费大量的人力和时间。而"三合一"档案管理制度通过数字化、信息化和标准化的手段，实现了档案的高效管理，使企业可以快速完成档案的分类、编目和检索工作，大大提高了工作效率。

2. 质量保障

"三合一"档案管理制度的实施也为企业档案管理提供了更高质量的保障，通过制定统一的档案管理标准，确保了档案的完整性、准确性和可靠性。同时，该制度还强调对档案进行定期的检查和维护，从而延长了档案的使用寿命。这为企业保存珍贵资料、维护合法权益提供了有力的支持。

3. 安全性增强

"三合一"档案管理制度注重档案的安全保护，通过对档案进行加密处理、设置访问权限和监控措施等手段，有效防止了档案的泄露和损坏。同时，该制度还要求定期进行安全检查和风险评估，及时发现和解决潜在的安全隐患，确保档案的安全可靠性。

4. 问题与挑战

尽管"三合一"档案管理制度在企业中取得了显著的应用效果，但仍然存在一些问题与挑战。部分企业由于资金、技术和管理等方面的限制，难以全面实施该制度；同时，企业需要不断更新和完善档案管理系统，以适应不断变化的业务需求和技术环境。此外，人员培训和档案管理意识的提高也是企业面临的重要挑战之一。

三、"三合一"档案管理制度在企业中的实际作用

（一）"三合一"档案管理制度的核心理念

"三合一"档案管理制度的核心在于数字化、信息化与标准化三个方面。数字化使得档案管理更加便捷，信息化的运用提高了档案管理的效率，而标准化则保证了档案管理的质量与规范性。三者相互融合，为企业档案管理提供了有力支持。

（二）实际作用分析

1. 提升档案管理效率

传统的档案管理模式往往依赖大量人力和纸质文档，效率低下且容易出错。"三合一"档案管理制度的实施，使得企业能够通过数字化方式快速处理和保存档案信息，大大提高了档案的收集、整理、保存和利用效率。同时，信息化

手段的应用使得档案检索更为便捷，为企业日常运营和决策提供了有力支持。

2. 保障档案信息安全

随着信息技术的不断发展，档案信息安全问题日益突出。"三合一"档案管理制度通过采用先进的加密技术和安全防护措施，有效保障了档案信息的安全。此外，该制度还对档案的访问和使用进行严格的权限控制，进一步增强了档案信息的安全性。

3. 促进企业知识管理

企业档案管理是企业知识管理的重要组成部分。"三合一"档案管理制度的实施，使得企业能够更好地整合内外部知识资源，提高企业的核心竞争力。通过标准化的档案管理流程，企业可以更好地挖掘和提炼自身知识资产，为企业的创新和可持续发展提供有力支持。

4. 增强企业竞争力

优质的档案管理有助于提升企业的形象和声誉。"三合一"档案管理制度的实施，不仅提高了企业档案管理的规范化程度，还使得企业在处理客户信息、知识产权保护等方面更加得心应手。这有助于企业在激烈的市场竞争中树立良好的形象，提升市场地位。

第二节 "三合一"档案管理制度在企业管理中的实践案例

一、案例一：某大型企业"三合一"档案管理制度的实践

某大型企业，拥有数十年历史，积累了大量的档案资料。在传统档案管理模式下，这些资料主要以纸质形式保存，管理效率低下，且容易造成档案丢失或损坏。随着企业的发展，旧的档案管理模式已无法满足企业日益增长的需求。为此，该企业决定引入"三合一"档案管理制度，旨在提高档案管理效率，确保档案的安全性与完整性。

（一）实施背景

在市场竞争加剧、业务快速发展的背景下，该企业意识到档案管理对于企业运营和决策的重要性。然而，传统的档案管理模式已无法满足其需求，主要问题包括：档案管理流程不规范、档案信息安全性不足、档案查询和使用不便等。因此，该企业决定引入"三合一"档案管理制度，以解决这些问题。

（二）实施过程

为确保"三合一"档案管理制度的成功实施，该企业采取了以下关键措施。

1. 组织保障

成立专门的项目组，负责"三合一"档案管理制度的推进与实施。项目组由各部门档案管理专家组成，确保制度的全面性和专业性。

2. 制度建设

制定详细的档案管理规定和操作流程，明确档案的收集、整理、保存、利用等环节的具体要求，同时对档案管理人员进行培训，确保其熟练掌握新制度。

3. 技术支持

引入先进的档案管理信息系统，实现档案的数字化、信息化管理，同时加强信息系统的安全防护，确保档案信息的安全。

4. 监督与评估

建立档案管理的监督与评估机制，定期对档案管理工作进行检查和评估，及时发现问题并进行整改，确保制度的执行效果。

（三）实施效果

经过一段时间的实践，该企业"三合一"档案管理制度的实施取得了显著成效。

1. 档案管理效率大幅提升

通过数字化和信息化手段，档案的收集、整理、保存和利用等环节实现了自动化和智能化，档案管理工作效率得到极大提升，节省了大量人力和时间成本。

2. 档案安全性得到保障

采用先进的加密技术和安全防护措施，有效保障了档案信息的安全。同时，对档案的访问和使用进行严格的权限控制，防止了档案信息的泄露和非法篡改。

3. 档案查询和使用更加便捷

数字化和信息化管理使得档案查询更加快速、准确。通过档案管理信息系统，用户可以方便地检索、查看、下载和使用档案资料，为企业日常运营和决策提供了有力支持。

4. 促进企业知识管理

通过标准化的档案管理流程，企业可以更好地整合内外部知识资源。这有助于企业知识的积累、传承和创新，为企业创新和可持续发展提供有力支持。

5. 提高企业竞争力

优质的档案管理有助于提升企业的形象和声誉。该企业通过实施"三合一"档案管理制度，不仅提高了自身档案管理水平，还在客户信息管理、知识产权保护等方面取得了显著成效。这有助于企业在激烈的市场竞争中树立良好的形象，提升市场地位。

6. 促进企业各部门协同合作

档案管理不再只是档案部门的职责，而是涉及企业各个部门。"三合一"档案管理制度的实施，促进了企业各部门之间的沟通与合作，提高了企业的整体运营效率。

二、案例二：某中小企业"三合一"档案管理制度的实践

某中小企业，相较于大型企业规模较小，组织结构相对简单。然而，随着业务的快速发展和市场竞争的加剧，该企业意识到档案管理对于其运营和发展的重要性。为了提升档案管理效率并确保档案的安全性与完整性，该企业决定引入"三合一"档案管理制度。

（一）实施背景与目标

面对市场竞争的压力，该中小企业意识到，有效的档案管理是提升企业竞争力的重要手段。传统档案管理模式下，该企业的档案管理效率低下、信息不完整，严重影响了企业的运营和决策。因此，该企业决定实施"三合一"档案管理制度，旨在提高档案管理效率、确保档案的安全与完整、促进企业各部门之间

的协同合作。

（二）实施过程

在实施"三合一"档案管理制度的过程中，该企业采取了以下关键措施。

1. 培训与意识提升

组织内部培训和宣讲活动，使员工充分认识到档案管理的重要性，并了解新制度的实施要求。通过培训，员工们逐渐认识到档案管理与企业整体运营的紧密关系，提高了对档案管理的重视程度。

2. 流程优化与规范

对原有的档案管理流程进行全面梳理和优化，明确各部门的职责和操作规范，通过规范化的流程管理确保档案从收集、整理、保存到利用等各个环节都有明确的操作要求和标准。

3. 数字化与信息化

引入适合中小企业使用的档案管理信息系统，实现档案的数字化和信息化管理。该系统具有操作简便、功能齐全的特点，满足了企业日常档案管理的需求。使用数字化和信息化手段，提高了档案管理的效率和准确性。

4. 定期检查与评估

建立定期检查与评估机制，对档案管理工作进行定期检查和评估，及时发现并解决档案管理中存在的问题，确保制度的执行效果，同时根据评估结果不断优化和完善档案管理制度。

5. 反馈与改进

鼓励员工在日常工作中提出关于档案管理的意见和建议，及时收集并反馈给相关部门。通过员工的反馈，不断改进和优化档案管理制度，使其更加符合企业的实际需求。

（三）实施效果

经过一段时间的实践，"三合一"档案管理制度在该中小企业取得了以下成效。

1. 档案管理效率显著提升

通过数字化和信息化的管理方式，档案的收集、整理、保存和利用等环节实现了自动化和智能化,大幅提高了档案管理的工作效率,节省了人力成本。

2. 档案安全性得到保障

采用先进的加密技术和安全防护措施,确保了档案信息的安全。同时,对档案的访问和使用进行严格的权限控制,有效防止了档案信息的泄露和非法篡改。

3. 促进企业各部门之间的协同合作

通过实施"三合一"档案管理制度,企业各部门之间的沟通与合作得到了加强。各部门能够更好地共享档案资源,提高了整体运营效率。

4. 提升企业决策的科学性

准确、完整的档案信息为企业决策提供了有力支持。通过对历史数据的分析,企业能够更好地把握市场趋势和发展方向,制定出更加科学合理的战略规划。

5. 提高企业竞争力

优质的档案管理有助于提升企业的形象和声誉。该中小企业通过实施"三合一"档案管理制度,不仅提高了自身档案管理水平,还在客户信息管理、知识产权保护等方面取得了显著成效。这有助于企业在激烈的市场竞争中树立良好的形象,提升市场地位。

6. 促进企业创新与发展

通过标准化的档案管理流程,企业可以更好地积累和传承知识资源。这有助于激发员工的创新精神,促进企业的创新与发展。同时,通过对内外知识的整合与利用,企业能够更好地应对市场变化,实现可持续发展。

7. 加强企业文化建设

通过实施"三合一"档案管理制度,企业能够更好地记录和传承自身文化。员工可以通过档案了解企业的历史、价值观和发展历程,增强对企业的认同感和归属感。同时,这些珍贵的档案资料也成为企业文化建设的重要组成部分。

8. 增强员工档案意识

通过培训、宣讲和制度实施等环节,员工逐渐认识到档案管理的重要性。在日常工作中更加注重档案的收集、整理和保存工作,提高了整个企业的档案意识水平。

9. 降低档案管理成本

通过数字化和信息化的管理方式，企业可以更加高效地存储和管理档案资料。这避免了传统纸质档案管理中存在的存储空间大、维护成本高等问题，降低了企业的档案管理成本。

10. 提升客户满意度

通过准确、完整的客户信息管理，企业能够更好地满足客户需求，提高客户满意度。这有助于企业在市场竞争中赢得客户的信任和支持。同时，"三合一"档案管理制度的实施也有助于企业更好地保护客户隐私信息，提高客户数据的安全性。

11. 优化业务流程

通过实施"三合一"档案管理制度，企业可以对业务流程进行全面梳理和优化，发现并改进存在的问题，提高业务流程的效率和准确性。这有助于企业在激烈的市场竞争中保持竞争优势。

12. 促进企业可持续发展

优质的档案管理为企业可持续发展提供了有力支持。通过积累和传承知识资源、保持企业文化和价值观、优化业务流程等手段，企业能够更好地应对市场变化和挑战，实现可持续发展。

三、案例三：不同行业"三合一"档案管理制度的实践

随着"三合一"档案管理制度的推广和应用，越来越多的企业开始认识到其优势并在实践中加以运用。下面我们将分别介绍在不同行业中"三合一"档案管理制度的实践情况。

（一）制造业

档案管理是制造企业管理的重要组成部分。通过实施"三合一"档案管理制度，企业可以有效地提高生产效率、降低成本、提升产品质量和客户满意度。

某大型制造企业采用"三合一"档案管理制度对生产过程中的各个环节进行规范和管理。首先，企业制定了详细的档案管理规定，明确了各部门在档案管理中的职责和要求。其次，该企业通过建立档案管理信息系统，实现了档案信息

的实时更新、查询和共享。同时，该企业还加强了对档案管理的监督和考核，确保各项制度得到有效执行。

通过实施"三合一"档案管理制度，该制造企业不仅提高了生产效率，还降低了产品不良率和客户投诉率，提升了企业的市场竞争力。

（二）金融业

金融业是一个高度依赖档案信息进行业务决策和风险管理的行业。在金融业中，"三合一"档案管理制度的实施有助于保障信息安全、防范风险和提高服务质量。

某大型银行在实施"三合一"档案管理制度的过程中，注重从制度建设、组织架构、系统建设等方面入手。首先，该银行制定了严格的档案管理制度和操作规程，明确了档案的分类、保管、使用和销毁等方面的要求。其次，该银行建立了专门的档案管理部门，负责全行档案工作的统筹规划和管理监督。同时，该银行还投入大量资金建设档案管理信息系统，实现了档案信息的数字化、网络化和智能化管理。

通过实施"三合一"档案管理制度，该银行有效保障了客户信息安全和商业机密，提高了风险防范能力，提升了服务质量，赢得了客户的信任和支持。

（三）医疗业

医疗业是一个对档案管理要求极高的行业，其档案涉及患者的隐私、医疗质量和医疗纠纷等方面。"三合一"档案管理制度的实施有助于提高医疗质量、保障患者权益和提升医院管理水平。

某大型医院在实施"三合一"档案管理制度的过程中，注重从制度建设、流程优化和技术支持等方面入手。首先，该医院制定了详细的档案管理规定和操作流程，明确了各类档案的收集、整理、保管和利用等方面的要求。其次，该医院通过优化档案管理流程，实现了档案信息的快速检索、准确提供和有效利用。同时，该医院还引进先进的档案管理技术和设备，提高了档案管理的效率和安全性。

通过实施"三合一"档案管理制度，该医院有效提高了医疗质量，保障了患者的隐私和权益，减少了医疗纠纷的发生，提升了医院的整体形象和管理水平。

（四）教育行业

教育行业是一个信息密集型的行业，"三合一"档案管理制度的实施有助于提高教育质量、促进教育公平和提升学校管理水平。

某大学在实施"三合一"档案管理制度的过程中，注重从制度建设、组织架构和信息化手段等方面入手。首先，学校制定了全面的档案管理规定和操作流程，明确了各类档案的收集、整理、保管和利用等方面的要求。其次，学校建立了专门的档案管理部门，负责全校档案工作的统筹规划和管理监督。同时，学校还投入大量资金建设档案管理信息系统，实现了档案信息的数字化、网络化和智能化管理。

第三节 "三合一"档案管理制度在应用中存在的问题与挑战

随着信息技术的快速发展和档案种类的多样化，传统的档案管理方式已无法满足现代社会的需求。为了更有效地管理和利用档案资源，许多组织开始采用"三合一"档案管理制度，即将纸质、电子和实物档案统一纳入一个综合管理体系。然而，在实际应用中，这种制度也面临着一系列的问题和挑战。

一、管理标准的统一性

"三合一"档案管理需要统一的分类标准、存储规范和利用程序，以确保各类档案的顺畅流通。但不同类型档案的特性差异使得标准的统一成为一个难题。

如何制定既满足各类档案特性又适用于综合管理需求的统一标准，是"三合一"档案管理制度首先要面对的问题。

二、技术整合与更新

纸质档案、电子档案和实物档案分别需要不同的技术支持和管理系统。技术的整合、兼容与持续更新成为技术层面的一大挑战。

技术的迅速发展要求"三合一"档案管理制度不断进行技术更新和系统升级，以确保各类档案的长期保存和有效管理。

三、信息安全的保障

随着电子档案的加入，信息安全问题变得尤为突出。如何确保电子档案不被非法访问、篡改或泄露，成为"三合一"档案管理制度的重要挑战。

需要建立完善的信息安全机制，包括数据加密、权限控制、备份恢复等，以保障档案信息的安全与完整。

四、资源投入与效益分析

实施"三合一"档案管理需要大量的资源投入，包括硬件设备、软件系统、人员培训等。如何评估投入与产出的效益是一个实际的问题。

档案管理部门需要进行全面的成本效益分析，制定合理的资源分配方案，以确保"三合一"档案管理制度的可持续实施。

五、法律与合规性问题

不同国家或地区对档案管理的法律法规存在差异，企业在实施"三合一"档案管理制度时需格外注意合规性问题。

档案管理部门需要深入了解和遵循各地区的档案管理法律、法规要求，避免触犯法律或产生合规风险。

六、档案鉴定与分类的复杂性

纸质、电子和实物档案的鉴定标准和分类方法可能存在差异，增加了档案鉴定与分类的难度和工作量。

档案管理部门需要建立完善的鉴定标准和分类体系，确保各类档案得到准确鉴定和合理分类，为后续的管理和利用提供便利。

七、合作与沟通机制的建立

纸质、电子和实物档案可能分属于不同的部门或机构,合作与沟通是"三合一"档案管理制度有效实施的关键。

档案管理部门需要建立良好的合作与沟通机制,包括定期会议、信息共享平台等,促进各相关部门之间的协作与信息交流。

八、用户培训与支持需求

"三合一"档案管理系统的使用对用户提出了更高的要求,用户培训和支持成为不可或缺的一环。

档案管理部门需要为用户提供系统的培训和技术支持,帮助用户快速适应新的档案管理系统,提高用户满意度和操作效率。

九、长期保存与维护策略的制定

纸质、电子和实物档案的保存和维护条件存在差异,长期保存策略的制定成为一个重要的任务。

档案管理部门需要根据各类档案的特点制定相应的长期保存与维护策略,确保各类档案的长期安全和可用性。

第四节 "三合一"档案管理制度应用的优化策略与方法

一、优化档案管理流程,提高档案管理效率

随着社会的发展和科技的进步,档案管理工作面临着越来越高的要求。如何优化档案管理流程,提高档案管理效率,是档案管理工作者必须面对和解决的课题。"三合一"档案管理制度,作为档案管理的一种新模式,为解决这一问题提供了新的思路和方法。

（一）"三合一"档案管理制度的内涵及特点

"三合一"档案管理制度，即将档案实体管理、档案信息管理与档案知识管理相结合的一种档案管理模式。它具有以下特点。

1. 集成化管理

将实体管理、信息管理与知识管理融为一体，实现档案管理的全面覆盖和集成优化。

2. 信息化手段

借助现代信息技术手段，如云计算、大数据等，实现档案信息的快速处理和高效利用。

3. 知识服务导向

强调档案的知识属性，以知识服务为导向，满足用户多元化的信息需求。

（二）"三合一"档案管理制度优化档案管理流程

通过"三合一"档案管理制度的实施，可以有效地优化档案管理流程：

1. 实体管理方面

通过制定统一的分类标准和方法，实现档案实体的有序化管理，提高档案的检索和利用效率。

2. 信息管理方面

借助信息技术手段，实现档案信息的数字化、网络化，提高信息处理和利用的效率。

3. 知识管理方面

通过对档案知识的挖掘和分析，形成知识库和知识地图，为用户提供更精准的知识服务。

（三）"三合一"档案管理制度提高档案管理效率

"三合一"档案管理制度的实施，可以提高档案管理的效率。

1. 效率提升

实体、信息与知识的一体化管理，减少了传统档案管理中冗余的环节和重复的工作，提高了管理效率。

2. 技术应用

借助先进的信息技术手段，如云计算、大数据分析等，实现了档案信息的快速处理和高效利用。

3. 知识服务

通过对档案知识的挖掘和分析，形成的知识库和知识地图，可以为用户提供更精准的知识服务，提高服务的效率和质量。

4. 资源共享

建立统一的档案管理平台，可以实现各部门间资源的共享，避免重复工作和资源浪费。

5. 人员素质提升

通过培训和实践，提高管理人员素质和技术水平，使其能够更好地适应和胜任档案管理工作。

6. 制度完善

通过实践经验的总结和反馈，不断完善档案管理制度，提高其科学性和实用性。

7. 流程优化

通过对档案管理流程的不断优化和改进，使其更加合理、高效和便捷。

8. 服务拓展

拓展档案服务领域和提供个性化服务，满足用户多元化的需求，提高服务质量和效率。

9. 交流合作

加强与其他档案管理机构或相关组织的交流与合作，共同推动档案管理事业的发展和创新。

10. 持续发展

在不断变化的社会环境下，持续关注档案管理的新理念、新技术和新模式，不断推进档案管理的改革和创新，以适应社会发展的需要。

二、加强档案管理人员的培训，提高档案管理水平

（一）培训目标与内容

1. 培训目标

通过培训，档案管理人员可以具备以下能力：

（1）熟练掌握三合一档案管理的基本概念、原理和方法；

（2）能够运用信息技术进行档案信息处理和知识挖掘；

（3）增强服务意识，为用户提供高效、精准的知识服务；

（4）培养创新思维，探索档案管理的新模式和方法。

2. 培训内容

为了实现上述目标，培训内容应包括：

（1）"三合一"档案管理的理论体系与实践操作；

（2）信息技术在档案管理中的应用，如数字化技术、信息检索技术等；

（3）知识管理原理与实践，培养管理人员从海量信息中提炼知识的能力；

（4）服务意识与沟通技巧，提升服务质量和用户满意度；

（5）创新思维与方法论，激发管理人员的创新潜能。

（二）培训方式与方法

1. 理论授课

通过专家讲座、案例分析等形式，管理人员可以全面了解"三合一"档案管理的理论知识与实践经验。

2. 实践操作

组织实际操作练习，使管理人员熟练掌握档案实体管理、信息处理和知识服务的技能。

3. 小组讨论

鼓励管理人员交流心得、分享经验，通过团队协作提高整体水平。

4. 在职培训

针对实际工作中遇到的问题进行针对性的培训，提高管理人员的应变能力和解决问题的能力。

5. 远程教育

利用网络平台进行在线教学，打破时间和空间的限制，提高培训的灵活性和便捷性。

6. 激励与考核

建立完善的激励机制和考核制度，对表现优秀的档案管理人员给予奖励，激发其学习积极性和工作热情。

7. 反馈与改进

定期收集档案管理人员的反馈意见，针对存在的问题和不足进行改进和优化，不断增强培训效果。

8. 资源共享

建立档案管理资源共享平台，提供学习资料、案例分析等资源，方便档案管理人员随时随地学习。

9. 参观交流

组织参观其他先进档案管理机构，使档案管理人员了解其管理模式和工作流程，拓宽管理人员的视野和思路。

10. 个性化辅导

针对不同层次、不同需求的档案管理人员，提供个性化的辅导和指导，满足其个性化发展的需要。

11. 学术研究

鼓励档案管理人员参与学术研究活动，提高其学术水平和研究能力，推动档案管理理论的创新和发展。

三、完善档案管理规章制度，保障档案管理的规范性和合法性

（一）完善规章制度的必要性

1. 规范工作流程

完善的规章制度能够明确档案管理的工作流程和责任分工，确保各项工作按照既定流程进行，提高管理效率。

2. 保障信息安全

制定严格的档案保密和档案利用规定，可以有效地保障档案信息的安全，防止信息泄露和不当使用。

3. 合规性要求

法律法规对档案管理的规定越来越严格，完善的规章制度能够确保组织在档案管理中符合国家法律法规的要求，避免法律风险。

4.提高服务质量

制定服务标准和评价机制，可以促使档案管理人员提高服务质量，为用户提供更加优质的服务。

（二）完善规章制度的具体措施

1.明确工作流程和责任分工

制定详细的档案管理流程图，明确各个环节的责任人和工作内容，确保各岗位人员清楚自己的职责。

2.完善档案保密制度

制定严格的档案保密规定，明确档案的密级划分、保密措施和保密责任，确保档案信息不被泄露。

3.强化档案利用规定

制定档案利用管理办法，明确利用范围、审批程序和利用方式，确保档案信息得到合理利用。

4.建立监督与评价机制

设立专门的监督机构或人员，对档案管理工作进行定期检查和评估，确保各项规定得到有效执行。

5.完善培训与考核机制

制定档案管理人员的培训计划和考核标准，确保管理人员具备相应的素质和技能。

6.定期修订规章制度

根据实际情况和法律法规的变化，对规章制度进行定期修订和完善，确保其时效性和适用性。

7.建立奖惩机制

对违反规章制度的行为进行相应的处罚，同时对表现优秀的档案管理人员给予奖励，树立正面榜样。

8.加强与其他部门的沟通协作

与相关业务部门建立良好的沟通协作关系，确保档案管理工作与其他业务相互配合、协同发展。

9. 建立档案管理信息系统

利用信息技术手段建立档案管理信息系统，实现档案管理信息化、自动化和智能化，提高工作效率和规范性。

10. 推广宣传档案管理意识

通过各种渠道宣传档案管理的重要性，提高全员对档案管理的重视程度和参与度。

11. 建立健全的档案鉴定与销毁制度

对档案进行定期鉴定与销毁，确保永久保存的档案质量可靠、安全可用。

12. 完善档案移交与接收流程

制定详细的档案移交与接收流程，确保档案在组织内部流转的规范性和安全性。

13. 制定应急预案

针对档案管理过程中可能出现的突发事件制定应急预案，确保在紧急情况下能够迅速应对、有效处理。

14. 建立档案管理标准与规范

积极参与档案管理相关标准与规范的制定工作，推动档案管理行业的规范化发展。

15. 加强对外交流合作

与其他档案管理机构或国际组织进行交流合作，学习借鉴先进的管理经验和技术成果，提高档案管理水平。

第三章 "三合一"档案管理制度的未来发展

第一节 企业档案管理发展的趋势与方向

一、数字化和信息化

（一）数字化和信息化趋势对企业档案管理的意义

1. 提高管理效率

数字化和信息化使得企业档案管理更加便捷、高效。通过数字化手段，档案信息可以快速地被采集、存储、检索和利用，大大提高了管理效率。

2. 降低管理成本

传统的纸质档案管理需要耗费大量的纸张、存储空间和管理人员。数字化和信息化可以有效降低这些成本，使企业可以将更多资源投入核心业务。

3. 增强信息安全性

数字化和信息化为企业档案管理提供了更为安全的存储和传输方式。企业通过加密技术、备份机制等手段，可以有效保障档案信息的安全。

4. 促进信息共享与协同工作

数字化和信息化使得档案信息可以在企业内部更为便捷地共享，促进各部门之间的协同工作，提高整体工作效率。

（二）数字化和信息化趋势下企业档案管理面临的挑战

1. 技术更新与维护成本

数字化和信息化技术需要不断更新换代以适应新的需求。企业需要投入大量的资金进行技术更新、设备购置和维护。

2. 数据安全与隐私保护

数字化和信息化带来便捷的同时也带来了安全风险。企业需要加强数据安全防护，防止信息泄露和被非法获取。

3. 人员素质与技能要求

数字化和信息化对企业档案管理人员的素质和技能提出了更高的要求，企业为此需要加强培训和学习。

4. 法律法规与合规性要求

随着数字化和信息化的发展，相关的法律法规也在不断完善。企业需要关注法规变化，确保档案管理工作合规合法。

二、标准化和规范化

（一）标准化：统一管理的基础

随着企业规模的扩大和业务的多元化，档案数量和种类不断增加，管理难度相应提升。为了实现档案的统一管理，标准化成为必要的手段。标准化不仅有助于统一档案的存储、分类、标识等，还能确保档案的真实性、完整性和可靠性，为企业决策提供可靠依据。

（二）规范化：提升管理质量的保障

规范化是企业档案管理发展的另一个重要方向。规范化主要关注档案管理的流程和操作，通过制定和执行一系列的规范和制度，确保档案管理工作的有序进行。规范化有助于减少档案管理中的随意性和人为错误，提高档案的利用效率，进一步提升档案的价值。

（三）标准化与规范化的关系

标准化和规范化在档案管理中相辅相成。标准化为档案管理提供了统一的标准和依据，是实现规范化管理的前提；而规范化则是将这些标准和要求落实到实际工作中，确保档案管理的质量和效果。没有标准化，规范化管理就失去了依据；没有规范化，标准化的价值就无法体现。

（四）实现档案管理标准化和规范化的措施

1. 制定标准与规范

根据国家相关法规和企业实际情况，制定档案管理的标准与规范，明确档案的分类、存储、利用等各个环节的要求。

2. 培训与宣传

企业通过培训和宣传，使企业员工深入了解档案管理标准与规范的内容和意义，提高全员参与档案管理的意识和能力。

3. 严格执行与监督

确保标准与规范的严格执行，建立监督检查机制，对档案管理工作进行定期或不定期的检查，及时发现问题并整改。

4. 反馈与改进

鼓励员工对档案管理工作提出意见和建议，及时收集反馈信息，对标准与规范进行持续改进和优化。

5. 引入信息化手段

借助信息化手段，如档案管理软件等，实现档案的电子化管理，进一步提高档案管理的效率和规范性。

6. 建立档案管理考核机制

将档案管理纳入企业绩效考核体系，设置明确的考核指标和奖惩措施，激励员工积极参与档案管理工作，促进标准化和规范化的落实。

7. 学习借鉴先进经验

关注行业内的档案管理先进企业或案例，学习其成功经验，结合自身实际情况进行借鉴和创新，不断提升档案管理水平。

8. 加强档案管理人员队伍建设

重视档案管理人员的选拔和培养，建立一支具备专业素养、高度责任心和良好职业道德的档案管理团队，为标准化和规范化的实现提供人才保障。

9. 完善档案管理制度体系

在制定标准与规范的基础上，进一步建立健全档案管理制度体系，确保各项制度之间的协调性和完整性，形成有效的制度约束力。

10. 推动档案管理创新发展

鼓励档案管理人员积极探索档案管理的新方法、新思路和新模式，推动档案管理工作的创新发展，以满足企业不断发展的需求。

三、知识化和智能化

随着科技的快速发展和信息时代的到来，企业档案管理正在经历前所未有的变革。传统的档案管理方式已无法满足现代企业的需求，知识化和智能化成为企业档案管理发展的必然趋势。

（一）企业档案管理的知识化趋势

1. 知识管理理念的引入

知识管理是企业档案管理的新理念，它强调对知识的积累、共享和创新。通过将知识管理理念融入档案管理，企业能够更好地整合内外部资源，提高档案的利用价值，推动企业的发展。

2. 档案知识服务的兴起

档案知识服务是档案管理的新模式，它以满足用户需求为目标，通过深入挖掘档案资源，为企业提供决策支持和解决方案。档案知识服务能够帮助企业提高竞争力，实现可持续发展。

3. 档案知识共享平台的构建

为了促进知识的传播和共享，企业需要构建档案知识共享平台。该平台应具备检索、交流、发布等功能，使员工能够方便地获取和分享档案知识，提高企业的创新能力。

（二）企业档案管理的智能化趋势

1. 档案信息智能检索与挖掘

随着大数据和人工智能技术的发展，档案信息智能检索与挖掘成为可能。通过智能化技术，企业可以快速准确地检索和挖掘档案信息，提高档案的利用效率。

2. 档案工作流程的自动化

自动化技术能够优化档案工作流程，提高档案管理效率。例如，自动分类、自动编目、自动索引等技术的应用，可以减轻档案管理人员的负担，减少人为错误。

3. 智能辅助决策支持系统

智能辅助决策支持系统能够根据档案信息为企业提供决策建议，帮助企业做出科学决策。该系统的应用能够提高企业的决策水平，增强企业的竞争力。

4.智能安防与档案保护

借助智能安防技术，企业可以对档案进行全方位的安全保护。例如，采用智能监控、报警系统等技术手段，提高档案的安全性和保密性。

第二节 "三合一"档案管理制度与现代化企业管理的融合

一、"三合一"档案管理制度与企业管理模式的融合

（一）"三合一"档案管理制度概述

"三合一"档案管理制度是一种新型的档案管理模式，它将传统的档案管理、资料管理、信息管理三个独立的管理体系有机地结合起来，形成了一个完整的管理体系。该制度旨在提高企业的档案管理效率，促进企业内部的信息共享和协同工作，提升企业的核心竞争力。

（二）"三合一"档案管理制度与企业管理模式的融合

1.组织架构的融合

在组织架构上，"三合一"档案管理制度可以与企业管理模式相融合。企业可以根据自身的管理需求，将档案管理部门与其他部门进行整合，形成一个协同工作的组织架构。例如，将档案管理部门与信息管理部门或人力资源部门进行整合，以实现企业内部信息的快速流通和共享。

2.流程管理的融合

"三合一"档案管理制度注重流程的规范化和标准化，这与企业管理的流程管理理念不谋而合。企业可以将档案管理流程与业务流程相融合，确保企业在各项业务活动中所产生的档案得到及时准确的收集、整理和利用。同时，企业通过流程管理手段，可以进一步优化档案管理流程，提高管理效率。

3. 信息化手段的融合

"三合一"档案管理制度的实施需要借助信息化手段，因此可以与企业的信息化管理模式相融合。通过建立统一的档案管理信息系统，企业可以实现档案、资料、信息的集中管理，提高管理效率。同时，该系统还可以与企业其他管理系统进行集成，促进企业内部信息的协同工作和共享。

4. 人力资源的融合

在人力资源管理方面，"三合一"档案管理制度可以与企业管理模式相融合。企业可以培养一批既懂档案管理又懂企业管理的复合型人才，以满足"三合一"档案管理制度的实施需求，同时通过培训、交流等方式，可以提高员工的档案管理意识和技能水平，促进企业内部档案管理工作的顺利开展。

5. 制度体系的融合

"三合一"档案管理制度可以与企业内部的各项制度体系相融合。企业可以将档案管理的要求纳入相关管理制度中，确保各项业务活动所产生的档案得到规范化的管理。同时，"三合一"档案管理制度也可以为企业的决策提供有力支持，帮助企业做出科学、合理的决策。

（三）实施"三合一"档案管理制度的注意事项

1. 充分调研与规划

在实施"三合一"档案管理制度之前，企业应进行充分的调研和规划工作，了解自身的档案管理需求和现状，同时还要明确实施目标、计划和步骤，确保实施工作的顺利进行。

2. 制度建设与执行力度

企业应建立健全的档案管理制度体系，确保各项档案管理工作的规范化、标准化，同时还要加强制度的执行力度，对违反制度的行为进行及时纠正和处理。

3. 培训与宣传教育

实施"三合一"档案管理制度需要员工的积极参与和支持。企业应加强培训和宣传教育工作，提高员工的档案管理意识和技能水平，营造良好的档案管理氛围。

二、"三合一"档案管理制度与企业管理理念的融合

（一）一体化管理理念与"三合一"档案管理制度

一体化管理理念强调企业内部各部门的协同工作，实现资源的优化配置和信息的共享。在档案管理方面，"三合一"档案管理制度将档案、资料、信息管理融为一体，形成一个完整的管理体系。这种制度有助于打破部门间的信息壁垒，促进企业内部信息的快速流通和共享，提高工作效率。

（二）协同化管理理念与"三合一"档案管理制度

协同化管理理念强调企业内外部资源的整合，实现资源的优化配置。在档案管理方面，"三合一"档案管理制度可以通过档案管理部门与其他部门协同工作，更好地服务于企业的业务需求。例如，档案管理部门可以与业务部门、法务部门等协同工作，共同参与合同管理、知识产权管理等业务活动，确保档案管理的及时性和准确性。

（三）精细化管理理念与"三合一"档案管理制度

精细化管理理念强调工作的细节和过程控制，以提高管理效率和质量。"三合一"档案管理制度注重档案的分类、编号、存储等细节工作，确保档案的完整性和安全性。同时，该制度还通过规范化的流程管理，确保档案收集、整理、利用等环节的顺利进行，提高档案管理工作的质量和效率。

（四）创新化管理理念与"三合一"档案管理制度

创新化管理理念强调企业的创新意识和创新能力，以应对市场的变化和挑战。在"三合一"档案管理制度实施过程中，企业需要不断探索新的管理模式和技术手段，推动档案管理的创新和发展。例如，企业可以利用大数据、云计算等技术手段，实现档案数据的分析和挖掘，为企业决策提供有力支持。同时，企业还可以鼓励员工积极参与档案管理创新活动，激发员工的创新意识和创造力，推动企业档案管理的持续创新和发展。

（五）实施"三合一"档案管理制度的注意事项

1. 领导重视与支持

"三合一"档案管理制度的实施需要企业领导的重视和支持。领导应将档

案管理纳入企业战略规划中，为制度的实施提供有力保障。同时，领导还应关注制度的实施情况，及时解决实施过程中出现的问题和困难。

2. 制度执行力度

在实施"三合一"档案管理制度的过程中，企业应加强制度的执行力度。各部门应严格按照制度要求开展档案管理工作，确保制度的落地生根。同时，企业还应建立健全的监督机制，对违反制度的行为进行及时纠正和处理。

3. 培训与宣传教育

实施"三合一"档案管理制度需要员工的积极参与和支持。企业应加强培训和宣传教育工作，提高员工的档案管理意识和技能水平。同时，企业还应鼓励员工积极反馈制度实施过程中出现的问题和建议，促进制度的不断完善和优化。

4. 技术支持与创新发展

企业应积极探索新的档案管理技术和手段，推动"三合一"档案管理制度的创新和发展。例如，企业可以利用大数据、云计算等技术手段，实现档案数据的集中存储、分析和利用；还可以开发智能化的档案管理系统，提高档案管理工作的自动化和智能化水平。同时，企业还应关注行业发展趋势和市场需求变化，不断调整和优化"三合一"档案管理制度，以适应市场发展的需要。

三、"三合一"档案管理制度与企业管理手段的融合

（一）档案管理的重要性

档案管理是企业管理工作的重要组成部分，其重要性不言而喻。档案是企业各项业务活动的记录和见证，对于企业来说具有不可替代的价值。通过档案管理，企业可以有效地记录和保存业务数据和信息，为企业的决策、管理和发展提供重要的参考和支持。同时，档案管理也是企业合规经营和风险控制的重要保障，对于企业的长期稳定发展具有重要的意义。

（二）"三合一"档案管理制度特点

"三合一"档案管理制度是一种新型的档案管理模式，它将档案的整理、保管和利用三个环节整合在一起，以提高档案管理工作的效率和效果。该制度具有以下特点。

1. 一体化

将档案的整理、保管和利用三个环节整合在一起，形成一个完整的档案管理流程。

2. 协同化

在档案管理工作中注重部门之间的协作和配合，以提高工作效率和质量。

3. 精细化

对档案进行精细化管理，确保档案的完整性和准确性。

4. 创新化

采用先进的技术手段和管理方法，推动档案管理的创新和发展。

（三）企业管理手段对"三合一"档案管理制度的影响

1. 信息化管理手段

随着信息技术的不断发展，信息化管理手段在企业中被广泛应用。通过引入信息化管理手段，企业可以实现对档案的数字化管理，提高档案的存储、查询和利用效率。同时，信息化管理手段还可以帮助企业实现档案的远程管理和异地备份，提高档案的安全性和可靠性。"三合一"档案管理制度引入信息化管理手段，可以实现档案管理的自动化和智能化，进一步提高档案管理工作的效率和效果。例如，企业可以采用档案管理软件系统，对档案进行分类、编目、检索和利用等操作，简化档案管理流程，提高档案管理效率。同时，通过软件系统，企业还可以实现档案的实时更新和动态管理，确保档案的完整性和准确性。

2. 流程化管理手段

流程化管理手段是一种以流程为核心的管理方式，通过将企业的各项业务活动细化为具体的流程，实现对企业业务活动的全面管理和控制。"三合一"档案管理制度引入流程化管理手段，可以帮助企业将档案的整理、保管和利用等环节细化为具体的流程，明确各部门的职责和工作标准，实现档案管理的规范化和标准化。同时，通过流程化管理手段，企业还可以实现对档案管理的全过程监控和管理，及时发现和解决档案管理中存在的问题，提高档案管理工作的质量。

3. 精益化管理手段

精益化管理手段是一种追求卓越的管理方式，通过不断优化和改进企业的管理方式和业务流程，提高企业的竞争力和市场地位。"三合一"档案管理制度引入精益化管理手段，可以帮助企业不断优化档案管理流程和方式，提高档案管理工作的效率和质量。例如，企业可以采用PDCA循环等精益化管理工具，对档案管理过程进行全面分析和优化，不断改进和提高档案管理工作的效果。同时，通过精益化管理手段的应用，企业还可以培养员工的精益化思维和意识，提高员工的综合素质和工作能力。

第三节 "三合一"档案管理制度在未来的创新与发展

一、档案管理模式的创新与发展

（一）"三合一"档案管理模式概述

"三合一"档案管理模式是指将实体档案管理、数字档案管理和业务档案管理三个层面融合在一起的管理模式。这种模式强调档案的实体管理、数字管理和业务管理的协同与整合，以提高档案管理的效率和质量。

实体档案管理是指对档案实体的物流管理，包括档案的收集、整理、保管和利用等环节；数字档案管理是指对数字化档案的管理，包括数字化采集、存储、检索和利用等环节；业务档案管理则是指将档案作为一种业务资源进行管理，包括档案与业务活动的关联、档案信息的共享与利用等环节。

（二）"三合一"档案管理模式的创新点

1. 协同管理

"三合一"档案管理模式强调实体、数字和业务三个层面的协同管理，打破了过去三个层面各自为政的局面，提高了档案管理的整体效率。

2. 信息化手段

借助信息化手段，如档案管理系统、大数据分析等，可以实现数字化档案的采集、存储、检索和利用，提高档案管理的效率和准确性。

3. 业务化视角

将档案作为一种业务资源进行管理,强化了档案与业务活动的关联,提高了档案信息的共享与利用价值。

4. 标准化流程

通过制定和实施档案管理标准,规范实体、数字和业务三个层面的管理流程,确保档案管理的一致性和规范性。

(三)"三合一"档案管理模式的发展趋势

1. 智能化管理

随着人工智能技术的发展,未来档案管理将更加智能化,通过智能分类、智能检索和智能分析等技术手段,提高档案管理的自动化程度和准确性。

2. 云端化存储

借助云存储技术,实现档案信息的集中存储和备份,提高档案数据的安全性和可靠性。同时,云存储也方便了档案信息的远程访问和共享。

3. 定制化服务

针对不同业务需求,提供定制化的档案管理服务。通过定制化的服务,更好地满足客户的实际需求,提高档案管理的价值。

4. 社群化分享

借助社交媒体等平台,实现档案信息的社群化分享。通过分享和交流,提高档案信息的传播力和影响力。

5. 跨界融合发展

将档案管理与其他领域进行跨界融合,如文化创意产业、大数据分析等,开拓新的应用领域和发展空间。

二、档案管理技术的创新与发展

(一)"三合一"档案管理技术的创新点

1. 信息化技术应用

"三合一"档案管理技术充分利用信息化技术,如大数据、云计算、人工智能等,实现档案管理的数字化、智能化和网络化。这些技术的应用,大大提高了档案管理的效率和质量。

2. 跨平台整合

实体、数字和业务三个层面的档案管理需要进行有效的整合。"三合一"档案管理技术采用跨平台整合的方式，将这三个层面统一纳入一个档案管理系统中，实现了档案信息的共享和协同管理。

3. 标准化管理流程

"三合一"档案管理技术通过制定和实施一系列档案管理标准，规范了实体、数字和业务三个层面的管理流程。这有助于确保档案管理的规范性和一致性，提高了档案管理的可靠性。

4. 智能化检索与分析

利用人工智能技术，"三合一"档案管理技术实现了档案信息的智能化检索与分析。用户可以通过关键词、语义等方式快速检索到所需的档案信息，同时系统还能对档案信息进行深度分析，为决策提供有力支持。

（二）"三合一"档案管理技术的发展趋势

1. 智能化管理

随着人工智能技术的不断成熟，未来"三合一"档案管理将更加智能化。通过智能分类、智能检索等技术手段，系统可以自动对档案进行分类、标签化，提高档案管理的自动化程度。同时，智能分析技术可以帮助用户更好地理解档案信息，为决策提供有力支持。

2. 云端化存储

借助云计算技术，未来"三合一"档案管理将实现云端化存储。云存储具有容量大、可扩展性强、数据安全可靠等优点，可以满足大量档案信息的存储需求。同时，云存储还可以方便实现档案信息的远程访问和共享。

3. 定制化服务

针对不同行业、不同领域的需求，未来"三合一"档案管理将提供更加定制化的服务，通过定制化的服务，更好地满足客户的实际需求，提高档案管理的价值。

4. 社群化分享

借助社交媒体等平台，未来"三合一"档案管理将实现档案信息的社群化分享。通过分享和交流,提高档案信息的传播力和影响力,同时也可以促进不同领域之间的交流与合作。

5. 跨界融合发展

"三合一"档案管理与其他领域,如文化创意产业、大数据分析等进行跨界融合,可以开拓新的应用领域和发展空间。跨界融合将有助于推动档案管理的不断创新和发展。

三、档案管理理念的创新与发展

(一)"三合一"档案管理理念的创新点

1. 跨平台整合

传统的档案管理通常只关注实体档案的管理,忽视了数字和业务层面。"三合一"档案管理理念强调将实体、数字和业务三个层面进行有效的整合,形成一个完整的档案管理系统。这种跨平台整合的方式,使得档案信息能够在不同平台间无缝传递和共享,提高了档案管理的效率和质量。

2. 全流程管理

"三合一"档案管理理念强调对档案进行全流程管理,即从档案的生成、收集、整理、保存到利用的整个过程进行全面管理。这种全流程管理方式确保了档案信息的完整性和一致性,提高了档案管理的可靠性。

3. 智能化发展

借助信息化技术和人工智能技术,"三合一"档案管理理念可以实现档案管理的智能化。其通过智能分类、智能检索、智能分析等技术手段,可以自动化处理档案信息,提高档案管理的效率。同时,智能化发展还为档案信息的深入分析和利用提供了更多可能性。

4. 定制化服务

"三合一"档案管理理念强调根据不同行业、不同领域的需求,提供定制化的档案管理服务。其通过定制化的服务,可以更好地满足客户的实际需求,提高档案管理的价值。

5. 开放与共享

与传统档案管理理念相比,"三合一"档案管理理念更加注重档案信息的开放与共享。其通过开放和共享档案信息，可以促进信息的传播和交流，提高档案信息的利用率和影响力。

（二）"三合一"档案管理理念的发展趋势

1. 深度融合

随着信息化技术和人工智能技术的不断发展，实体、数字和业务三个层面的档案管理将实现更深度的融合。深度融合可以更好地实现档案信息的全面管理，提高档案管理的效率和质量。

2. 智能化升级

未来"三合一"档案管理理念将进一步智能化升级。应用更先进的人工智能技术，可以实现更高级别的自动化处理和分析，进一步提高档案管理的智能化水平。

3. 云端化存储与共享

随着云计算技术的不断发展，未来"三合一"档案管理理念将更加倾向于云端化存储与共享。云存储具有容量大、可扩展性强、数据安全可靠等优点，可以满足大量档案信息的存储需求，同时方便实现档案信息的远程访问和共享。

4. 定制化服务拓展

随着社会需求的多样化，未来"三合一"档案管理理念将更加注重拓展定制化服务的范围，通过满足不同行业、不同领域的实际需求，可以进一步提高档案管理的价值。

第四节 "三合一"档案管理制度对于企业长期发展的战略意义

一、有利于提高企业的核心竞争力

（一）三合一档案管理制度的创新点

1. 全面整合档案资源

三合一档案管理制度注重将实体、数字和业务三个层面的档案资源进行全面整合，形成一个完整的档案管理体系。这种整合方式有助于企业全面掌握各类档案信息，提高档案的利用率和价值。

2. 优化档案管理流程

通过将实体、数字和业务三个层面的档案管理流程进行整合和优化，三合一档案管理制度能够提高档案管理效率，减少重复和不必要的环节，降低管理成本。

3. 促进信息共享与交流

三合一档案管理制度强调信息的共享与交流，通过数字化技术和信息化平台，促进企业内部各部门之间的信息交流和共享，提高企业整体运营效率。

4. 提升档案信息安全

三合一档案管理制度注重档案信息的安全保护，通过采用先进的安全技术和严格的管理措施，确保档案信息的保密性、完整性和可用性。

5. 支持企业决策与战略发展

通过全面、准确的档案信息支持，三合一档案管理制度有助于企业做出科学、合理的决策，推动企业的战略发展。

（二）三合一档案管理制度对企业长期发展的战略意义

1. 提高企业核心竞争力

在激烈的市场竞争中，企业需要不断创新和提高核心竞争力，以获得竞争优势。三合一档案管理制度通过整合档案资源、优化管理流程、促进信息共享等手段，提高了企业的运营效率和管理水平，进而提升了企业的核心竞争力。

2. 支持企业知识管理

企业知识管理是提高企业创新能力、应变能力和竞争优势的重要手段。三合一档案管理制度通过有效管理企业各类档案信息，为企业知识管理提供了有力支持，有助于企业积累和传承宝贵的知识财富。

3. 促进企业可持续发展

企业可持续发展需要企业在追求经济效益的同时，关注环境保护、社会责任等因素。三合一档案管理制度不仅关注企业内部档案管理，还关注企业外部相关信息的收集与整理，为企业可持续发展提供了全面的信息支持。

4. 增强企业风险控制能力

通过三合一档案管理制度，企业可以更全面地了解市场环境、竞争对手、政策法规等信息，及时发现潜在风险并采取应对措施，提高企业的风险控制能力。

5. 提升企业形象与品牌价值

规范、高效的档案管理有助于提升企业的形象和品牌价值。三合一档案管理制度通过优化档案管理流程、提高档案管理水平，为企业树立良好形象、提升品牌价值提供了有力支持。

（三）如何通过三合一档案管理制度提高企业的核心竞争力

1. 强化档案管理意识

企业应充分认识到档案管理对于企业发展的重要性，加强员工的档案管理意识培训，营造全员参与、共同重视档案管理的良好氛围。

2. 完善档案管理制度

企业应建立健全的档案管理制度，明确档案管理流程和责任分工，确保实体、数字和业务三个层面的档案得到有效管理。

3. 加大技术投入

企业应加大技术投入，引进先进的档案管理技术和设备，提高档案管理信息化水平，为三合一档案管理制度的实施提供有力保障。

4. 强化人才队伍建设

企业应加强档案管理人才队伍建设，培养具备专业素养和技能的档案管理人才，为三合一档案管理制度的实施提供人才支持。

5. 创新档案管理模式

企业应积极探索和创新档案管理模式，结合自身实际情况制定符合发展需求的档案管理方案，推动三合一档案管理制度的深入实施。

6. 加强合作与交流

企业应加强与其他企业的合作与交流，借鉴先进的档案管理经验和方法，不断完善和优化自身的档案管理模式和制度。

二、有利于促进企业的可持续发展

（一）三合一档案管理制度促进企业可持续发展的方式

1. 提供全面决策支持

三合一档案管理制度通过整合实体、数字和业务三个层面的档案信息，为企业决策者提供全面、准确的数据支持。这有助于企业把握市场动态，制定科学的发展战略，从而提升可持续发展能力。

2. 优化资源配置

通过三合一档案管理制度，企业可以更加合理地分配资源，确保资源利用的最大化。实体、数字和业务三个层面的档案信息能够帮助企业全面了解自身资源的分布、使用和效益情况，进而优化资源配置，提高资源使用效率。

3. 提升企业创新能力

三合一档案管理制度鼓励企业积极收集、整理和利用创新档案，如知识产权、研发成果等。这些档案是企业创新能力的体现，通过有效的管理，可以激发企业的创新活力，推动企业持续创新发展。

4. 强化风险管理

三合一档案管理制度帮助企业系统地整理和分析内外部风险相关信息，如政策法规、市场趋势等。这有助于企业及时识别潜在风险，制定有效的风险应对策略，增强企业的风险防范和应对能力。

5. 提升企业文化价值

三合一档案管理制度不仅关注企业的物质资产，也重视企业文化等非物质资产的管理。对企业文化相关档案的整理和传承，有助于凝聚员工向心力，提升企业的文化价值，为企业可持续发展注入精神动力。

6. 促进企业绿色发展

在环保日益受到重视的今天，企业的绿色发展能力成了衡量企业竞争力的重要标准。通过三合一档案管理制度，企业可以系统地整理和分析环保相关档案，如环境影响评估报告、节能减排数据等。这有助于企业制定绿色发展战略，实现经济与环境的和谐发展。

7. 优化组织结构与管理流程

三合一档案管理制度的实施需要企业内部各部门的协同合作。这促使企业不断优化组织结构和管理流程，加强内部沟通与协作，提高企业的整体运营效率，为可持续发展提供组织保障。

8. 促进信息共享与交流

通过数字化技术和信息化平台，三合一档案管理制度为企业内部各部门之间的信息流通和共享提供了便利。这有助于消除信息孤岛，提高企业内部协同效率，进而提升企业的可持续发展能力。

9. 提升品牌形象与社会责任

三合一档案管理制度注重对企业品牌形象和社会责任的记录与传播。对社会责任实践、公益活动等相关档案的整理与展示，有助于提升企业的公众形象，增强企业的社会影响力，从而促进企业的可持续发展。

10. 促进知识与经验传承

通过三合一档案管理制度，企业可以将宝贵的经验和知识以档案的形式进行整理和保存，实现知识与经验的传承。这有助于减少企业因人员流动造成的知识流失，为企业可持续发展积累宝贵财富。

（二）如何实施三合一档案管理制度以促进企业可持续发展

1. 制定科学的发展战略

企业在实施三合一档案管理制度时，应将档案管理纳入企业整体发展战略之中，确保档案管理与企业发展目标的一致性。

2. 加强组织领导与协调

建立健全的档案管理组织体系和协调机制，明确各部门的职责与分工，确保实体、数字和业务三个层面的档案得到有效管理。

3. 加大技术投入

积极引进先进的档案管理技术和设备，提高档案管理信息化水平，同时加强网络安全防护，确保档案信息安全可靠。

4. 培养专业人才队伍

加强档案管理人员的培训和教育，提高档案管理人员的专业素质和技能水平。同时鼓励员工积极参与档案管理相关工作，形成全员参与的良好氛围。

5. 建立完善的制度体系

制定完善的档案管理规章制度和操作规程，确保档案管理工作的规范化、标准化和科学化，同时加强制度执行情况的监督检查和评估考核，确保制度的有效执行。

6. 创新档案管理模式

结合企业实际情况和发展需求，积极探索和创新档案管理模式和方法，鼓励员工提出改进意见和建议，持续改进和优化档案管理模式和制度。

7. 加强合作与交流

加强与其他企业、行业协会和档案管理机构的合作与交流，通过合作与交流，学习借鉴先进的档案管理经验和技术成果，促进企业之间的共同进步和发展。

8. 注重企业文化建设

将档案管理与企业文化建设相结合，通过举办展览、宣传等活动，展示企业的历史、文化和成就，营造良好的企业文化氛围，激发员工的归属感和自豪感，为企业的可持续发展注入强大的精神动力。

9. 关注法律法规要求

及时关注相关法律法规和政策要求，确保企业的档案管理符合法律法规和政策要求，降低法律风险，为企业可持续发展提供法律保障。

10.建立评估与反馈机制

定期对档案管理工作进行评估和反馈，及时发现和解决存在的问题，不断完善和提升档案管理水平，为企业的可持续发展提供有力支持。

三、有利于企业管理全面提升

（一）有利于实现企业的战略目标

1.明确战略方向

档案是企业历史和现实的记录，是企业制定战略规划的重要依据。"三合一"档案管理制度通过规范档案的收集、整理、保管和利用，为企业提供了系统、全面的档案信息支持，有助于企业明确战略发展方向。

2.支撑决策制定

档案中包含了大量的业务数据、市场信息和客户资料，这些信息对于企业决策层制定科学合理的决策至关重要。"三合一"档案管理制度确保了档案信息的完整性和准确性，为企业决策提供了有力支撑。

3.促进战略实施

通过"三合一"档案管理制度，企业可以系统地整理和归纳各类档案信息，为企业的战略实施提供有效的信息支持，帮助企业更好地实现战略目标。

（二）优化资源配置

1.提升资源利用效率

"三合一"档案管理制度通过规范档案管理流程，优化档案资源的存储和检索方式，提高了档案资源的利用效率，从而减少了企业在档案管理方面的资源浪费。

2.促进资源共享

"三合一"档案管理制度通过建立统一的档案管理平台，实现了企业内外部档案信息的共享，加强了企业内部各部门之间的沟通与协作，进一步提升了企业资源的利用效率。

3.优化人力资源配置

通过实施"三合一"档案管理制度，企业可以更合理地分配人力资源，使员工能够更好地发挥自身优势，提高工作效率。

（三）增强创新能力

1. 创新基础

档案是企业创新的基础，无论是产品研发、市场营销还是企业管理，都需要借助档案信息进行决策。"三合一"档案管理制度为企业创新提供了系统、全面的档案信息支持。

2. 激发创新活力

"三合一"档案管理制度通过建立完善的档案管理流程，鼓励员工积极参与档案管理，从而激发员工的创新意识，为企业创新注入活力。

3. 提升创新能力

"三合一"档案管理制度有助于企业从档案中挖掘出有价值的信息，如客户需求、市场趋势等，从而提升企业的创新能力。

（四）提升品牌形象与社会责任

1. 品牌形象建设

企业档案是企业历史和文化的积淀，"三合一"档案管理制度通过规范档案管理流程，为企业塑造良好的品牌形象提供了有力支持。

2. 社会责任履行

企业通过规范档案管理，保护企业知识产权和社会公共利益，体现了企业的社会责任意识。同时，"三合一"档案管理制度还有助于企业加强内部管理，提高企业抗风险能力。

3. 增强公众信任

规范的档案管理有助于企业树立诚信形象，增强公众对企业的信任感。例如，在面对危机事件时，企业能够迅速从档案中调取相关信息，向公众传递真实、准确的信息，有助于维护企业声誉。

第四章　文书档案管理

第一节　文书档案概述

一、文书档案的定义与特点

（一）文书档案的定义

文书档案，也称为公文档案，主要是由各种文书文件转化而来的，包括命令、指示、决定、布告、请示、报告、批复、通知、信函、简报、会议纪要等。这些文件在经过归档之后，就形成了有保存价值的档案。

（二）文书档案的特点

1. 法定性

文书档案通常是具有法律效力的正式文件，其内容涉及组织的决策、指令、命令等。因此，文书档案在形式和内容上都必须符合相关的法律法规和规章制度。

2. 规范性

文书档案的制作和存储都有严格的规定。例如，文书的格式、文书的用纸、文书的编号和文书的装订等都有明确的要求。这样做是为了确保文书档案的完整性和可读性，从而保证其法律效力的实现。

3. 机密性

许多文书档案涉及组织的内部事务和重要决策，这些信息往往需要保密。因此，文书档案的管理必须严格遵守保密规定，确保机密不被泄露。

4. 历史性

文书档案是组织历史的记录，它反映了组织在不同时期的发展状况和决策过程。因此，文书档案对于组织的历史研究和决策分析具有重要的参考价值。

5. 实用性

文书档案不仅是历史的记录，也是组织未来决策的重要参考。例如，在制定新的政策或计划时，组织通常会参考过去的文书档案，以便更好地理解和应对当前的问题。

6. 动态性

随着组织的不断发展，文书档案的内容和形式也会发生变化。例如，随着政策和法规的改变，文书档案的制作和存储方式也需要进行调整。因此，文书档案管理需要保持动态性和灵活性，以适应组织发展的需要。

7. 电子化趋势

随着信息技术的发展，许多组织开始将传统的纸质文书档案数字化，以便更方便地存储和检索。电子化文书档案具有许多优势，如存储空间小、查询速度快、传输方便等。但同时也需要注意电子文书档案的安全性和保密性问题。

二、文书档案的分类与作用

（一）文书档案的分类

1. 年度分类法

根据文件形成的年度对文书档案进行分类。这种方法适用于年度内形成的文件，如年度工作报告、年度工作计划等。

2. 组织机构分类法

根据组织内部的机构设置或职责范围对文书档案进行分类。这种方法适用于组织内部各部门形成的文件，如人事部门、财务部门、市场部门等。

3. 问题分类法

根据文件涉及的主题或问题对文书档案进行分类。这种方法适用于涉及多个部门、跨年度形成的文件，如工程项目档案、环保工作档案等。

4. 地域分类法

根据文件涉及的地区或地理位置对文书档案进行分类。这种方法适用于地方政府或大型企业跨地区形成的文件，如城市规划档案、分公司业务档案等。

5. 保管期限分类法

根据文件的保管期限对文书档案进行分类。这种方法适用于需要长期、短期或永久保存的文件，如永久保存的法律法规、短期保存的会议纪要等。

6. 专题分类法

根据特定的专题或项目对文书档案进行分类。这种方法适用于涉及特定事件、项目或活动的文件，如奥运会筹备档案、新产品研发档案等。

在实际应用中，组织可以根据自身的特点和需要选择合适的分类方法，或者综合运用多种分类方法以达到更好的档案管理效果。

（二）文书档案的作用

文书档案作为组织行政管理事务活动中产生的具有保存价值的文件，在组织的发展和运营中发挥着重要的作用。以下是文书档案的主要作用。

1. 记录历史

文书档案是组织历史的记录，它反映了组织在不同时期的发展状况、重大事件、决策过程等。文书档案为后人了解和研究组织的历史提供了真实可靠的资料。

2. 决策参考

文书档案中包含了组织过去的决策、计划、方案等，可以为组织的未来决策提供重要的参考和借鉴。通过分析文书档案中的历史数据和经验教训，组织可以更好地制定未来的战略和计划。

3. 法律凭证

文书档案中的许多文件具有法律效力，如合同、协议、批复等。在法律纠纷或诉讼中，这些文件可以作为法律凭证来维护组织的合法权益。

4. 沟通协调

文书档案在组织内部各部门之间传递和共享信息，有助于加强部门之间的沟通和协调。通过查阅文书档案，各部门可以了解其他部门的职责和工作情况，促进协同合作。

5. 宣传教育

文书档案中的一些重要文件和资料可以用于宣传和教育目的，提高组织成员对组织的认同感和归属感。例如，展示组织的荣誉证书、奖杯等文书档案，可以激发员工的自豪感和集体荣誉感。

6. 企业文化传承

文书档案承载了组织的企业文化和发展历程，对于企业文化的传承具有重要意义。通过文书档案，新员工可以更好地了解组织的企业文化，更快地融入组织。

7. 优化管理流程

通过对文书档案的分析和管理，组织可以发现和改进管理流程中的问题和不足之处，提高组织的运营效率和行政管理水平。例如，分析合同审批过程中的文书档案，可以优化合同审批流程，提高审批效率。

8. 社会监督

在一些公共事务领域，文书档案对于社会监督和公众参与具有重要意义。例如，政府部门的文书档案可以公开透明地展示政府的决策过程及其执行情况，接受社会监督和公众问责。

9. 知识管理

文书档案是一种重要的知识资源，其中包含了大量的经验和智慧。通过对文书档案的整理、分析和提炼，组织可以形成自己的知识体系和知识库，促进知识的共享和创新。

10. 提高效率

在许多日常工作中，查阅和利用文书档案是必不可少的环节。科学合理的档案管理，可以快速准确地提供和检索文书档案，提高工作效率和质量。

第二节　文书档案管理流程

一、文书档案的收集与整理

（一）文书档案的收集

文书档案的收集是档案管理工作的起点，也是后续整理、分类、利用等工作的基础。收集工作主要是通过一系列方法和措施，将组织内部各部门形成的文件资料集中到档案室进行统一管理。以下是文书档案收集的主要内容和要求。

1. 明确收集范围

根据组织的特点和档案管理的要求，明确需要收集的文书档案范围。这包括各类文件、资料、报表、信函等，确保重要的文件不被遗漏。

2. 制定收集制度

建立完善的收集制度，明确各部门的职责和义务。通过制定定期上交、移交等规定，确保各部门形成的文件能够及时、完整地移交到档案室。

3. 多种收集方式

根据实际情况采用多种收集方式，包括定期收集、零星收集、专项收集等。对于大型项目或长期活动的档案，可以采用跟踪收集的方式，确保档案的完整性。

4. 保证文件质量

在收集过程中，要注意文件的质量。对于字迹模糊、纸张质量差等不符合存档要求的文件，需要进行处理或重新制作。

5. 收集过程中的沟通协调

加强与各部门的沟通协调，了解文件形成和流转的情况，解决收集过程中遇到的问题，确保收集工作的顺利进行。

6. 收集工作的记录与统计

做好收集工作的记录和统计，包括各部门移交的文件数量、时间等，以便于对收集工作进行监督和评估。

（二）文书档案的整理

整理工作是文书档案管理中的重要环节，主要是对收集来的文书档案进行分类、排列、编号、编目等处理，以便于后续的检索、利用和保管。以下是文书档案整理的主要内容和要求。

1. 分类与排列

根据组织的特点和档案管理的需要，采用合适的分类方法对文书档案进行分类和排列。分类的结果应该清晰、准确，便于后续的管理和利用。

2.编号与编目

为每一份文书档案分配唯一的编号和编制详细的目录信息。编号应该简单明了，易于识别和记忆；目录应该包含足够的信息，如档号、题名、责任者、日期等，以便于快速检索到所需的档案。

3.数字化处理

对于传统载体的文书档案，需要进行数字化处理，以便于长期保存和远程利用。在数字化过程中需要注意图像质量、存储格式等问题，确保数字化后的档案能够清晰地再现原始内容。

4.实体安全管理

在整理过程中，要注意实体安全的管理。对于重要的文书档案，需要进行备份和特殊保管；对于破损或陈旧的档案，需要进行修复或替换；对于涉密档案，需要进行保密管理。

5.利用与开发

在整理过程中，可以根据需要开展文书档案的利用与开发工作。例如，可以编制全宗介绍、组织沿革等专题文件，为组织的发展提供参考；可以编辑大事记、基础数字汇编等参考资料；可以进行信息统计和分析，为组织的决策提供支持。

6.质量检查与评估

在整理工作完成后，需要进行质量检查与评估。检查整理工作的质量，确保档案分类准确、目录完整；评估整理工作的效果，发现问题并及时改进。

二、文书档案的鉴定与保管

（一）文书档案的鉴定

鉴定工作是档案管理中非常关键的一环，它直接关系到文书档案的价值和保管期限。通过鉴定，可以确定哪些档案具有长期或永久保存价值，哪些档案仅具有短期保存价值，从而为后续的保管工作提供依据。以下是鉴定工作的主要内容和要求。

1. 明确鉴定标准

制定明确的鉴定标准，以便对文书档案进行准确评估。这些标准可以包括档案的内容、形式、历史价值、法律价值等，以确保鉴定工作的客观性和公正性。

2. 定期开展鉴定工作

定期对文书档案进行鉴定，以确定其保管期限。对于具有长期或永久保存价值的档案，应采取适当的保管措施；对于仅具有短期保存价值的档案，可以采取适当的处理方式，如销毁或移交其他部门。

3. 专家参与鉴定

邀请相关领域的专家参与文书档案的鉴定工作。专家可以从专业角度出发，对档案的价值进行深入分析和评估，提高鉴定工作的准确性和可靠性。

4. 遵循法律法规

在鉴定过程中，要遵循相关的法律法规和政策要求。对于涉及国家秘密、商业机密和个人隐私的档案，要严格遵守保密规定，确保信息安全。

5. 记录与统计

对鉴定工作进行详细记录和统计，其中包括鉴定的时间、人员、方法、结果等，以便于对鉴定工作进行监督和评估。

在实际工作中，文书档案的鉴定可能会面临一些挑战，如鉴定标准的模糊性、鉴定人员的专业能力不足等。为了解决这些问题，档案管理部门需要加强鉴定人员的培训和教育，提高其专业素质和能力水平；同时建立健全的鉴定制度和流程，确保鉴定工作的规范化和科学化。

（二）文书档案的保管

保管工作是确保文书档案长期保存的重要环节。通过采取一系列措施和方法，可以有效地保护档案免受损坏、丢失和非法侵害。以下是保管工作的主要内容和要求。

1. 环境控制

保持库房适宜的温湿度环境，以防止档案受潮、发霉、虫蛀等问题。定期对库房进行通风换气，确保空气新鲜；同时做好防尘、防紫外线等工作，减少外部环境对档案的损害。

2. 存储管理

根据档案的类型和特点，选择合适的存储方式和装具。对于纸质档案，应选择适当的纸张和字迹材料；对于电子档案，应做好数据备份和存储介质的保护工作。同时要注意档案的排列和标识，方便查找和管理。

3. 安全防护

加强档案库房的安全管理，防止档案被盗窃或非法获取。设置必要的监控设施，对库房进行实时监控；加强门禁管理，确保只有获得授权的人员才能进入库房；定期检查库房安全设施的运行状况，确保其有效性。

4. 定期检查与维护

定期对文书档案进行检查和维护，及时发现和修复损坏的档案。对于受损严重的档案，可以进行抢救性修复；对于无法修复的档案，可以根据相关规定进行销毁或处理。

5. 应急预案

制定完善的应急预案，以应对突发事件或自然灾害等情况。应急预案应包括应急组织、通讯联络、紧急处置等方面的内容，确保在紧急情况下能够迅速采取有效措施保护档案的安全。

6. 信息化管理

加强文书档案的信息化管理，实现档案的数字化存储和检索利用。建立档案管理系统，可以对文书档案进行全面管理，同时方便远程查询和利用，提高档案的利用效率。

7. 人员管理

加强对保管人员的管理和教育，提高其职业素养和工作责任心。建立健全的保管制度和操作规程，确保保管工作的规范化和标准化；同时加强监督和考核机制，提高人员的工作积极性和执行力。

8. 制度建设

建立健全的文书档案管理制度体系，包括档案保管制度、库房管理制度、档案借阅制度等，通过制度建设规范各项工作流程和管理要求；同时加强制度执行情况的监督检查，确保各项制度得到有效执行。

9. 统计分析

定期对文书档案的保管情况进行统计分析，了解档案的数量、质量、损坏情况等信息，通过分析发现问题和不足之处，及时采取改进措施；同时为领导决策提供数据支持和参考依据。

10. 合作与交流

加强与其他档案管理机构或相关部门的合作与交流，共同推进文书档案保管工作的进步和发展，通过学术研讨、经验分享等方式交流保管工作心得和经验；同时积极参与行业标准和规范的制定与完善工作。

三、文书档案的利用与开发

（一）文书档案利用与开发的重要性

文书档案作为企业和机构的重要信息资源，包含了大量的历史记录、决策依据和参考资料。充分利用和开发文书档案，能够为企业和机构带来多方面的好处。首先，文书档案的利用有助于提高工作效率。通过对已有档案的查阅，可以避免重复劳动，节省时间和人力成本。其次，文书档案的开发能够提升决策的科学性。通过分析历史数据，企业能够更好地把握现在和预测未来，为决策提供有力支持。此外，文书档案的利用和开发还有助于提升企业和机构的形象。充分挖掘和展示文书档案中的文化价值，能够提升企业文化内涵和社会影响力。

（二）当前文书档案利用与开发存在的问题

尽管文书档案的利用与开发具有重要意义，但在实际工作中仍存在一些问题。首先，对文书档案的重视程度不够。一些企业和机构对档案管理工作不够重视，导致文书档案的收集、整理和保管工作不够规范，影响了其后续的利用和开发。其次，文书档案的信息化程度较低。随着信息技术的发展，电子化档案已经成为趋势。但一些企业和机构仍采用传统的纸质档案管理方式，这不仅管理效率低下，也不利于档案的查询和利用。此外，文书档案的编研工作不到位。编研工作是对文书档案进行整理、分类、分析和研究的过程，有助于深入挖掘档案的价值。但目前一些企业和机构的编研工作较为薄弱，缺乏深度的研究和开发。

（三）加强文书档案利用与开发的措施

为了更好地利用和开发文书档案，企业和机构需要采取一系列措施。首先，要提高对文书档案的重视程度。加强对档案管理工作重要性的认识，明确文书档案在企业或机构发展中的地位和作用。只有从思想上重视起来，才能更好地推动文书档案的利用与开发工作。其次，要加强文书档案的信息化建设。充分利用信息技术手段，建立电子化档案管理系统，实现档案的数字化存储、检索和利用。这不仅可以提高档案管理效率，还有利于档案的长久保存和远程共享。此外，还要加强文书档案的编研工作。通过开展深度编研，挖掘文书档案中的价值信息，形成有价值的参考资料和研究成果。同时注重编研成果的转化和应用，使其更好地服务于企业和机构的决策和发展。

（四）促进文书档案利用与开发的建议

1. 建立健全的文书档案管理机制

制定完善的档案管理规章制度，明确各部门在文书档案管理中的职责和义务。同时建立科学的档案管理流程，确保档案从收集、整理、保管到利用各环节的有序衔接。

2. 提高档案管理人员的素质

加强对档案管理人员的培训和教育，提高其专业素养和工作能力。同时注重引进高素质、专业化的人才，为文书档案管理工作注入新的活力。

3. 强化与其他档案管理机构的合作与交流

积极参与行业内的学术研讨和经验交流活动，学习借鉴先进的管理理念和技术手段，通过合作与共享，共同提升整个行业的档案管理水平。

4. 加大对文书档案利用与开发的投入

在人力、物力和财力方面给予充分支持，为文书档案的数字化建设、编研工作以及宣传推广提供有力保障。同时注重引入现代化的技术手段和管理方法，提升文书档案管理和服务的质量和效率。

5. 注重文书档案服务创新

以用户需求为导向，积极拓展服务内容和方式。例如，开展个性化定制服务、线上咨询与线下体验相结合的服务模式等，通过创新服务方式，满足用户多样化的需求，提升文书档案的利用率和社会影响力。

6. 完善文书档案的开发与传播方式

除了传统的编研出版物外，应充分利用数字化媒体和网络平台进行宣传推广。例如，制作电子书、数字博物馆、在线展览等数字化产品，以更加生动形象的方式展示文书档案的价值和魅力。同时注重与主流媒体合作，提高文书档案的社会关注度和影响力。

7. 加强对社会大众的宣传教育

通过开展各种形式的宣传活动和教育课程，提高社会大众对文书档案重要性的认识。例如，组织专题讲座、展览活动、知识竞赛等，吸引更多人参与到文书档案的保护、传承和创新中来，通过广泛的社会参与，进一步推动文书档案事业的发展壮大。

8. 建立有效的激励机制和评价机制

对在文书档案利用与开发工作中表现突出的个人和团队给予表彰和奖励；对创新性的成果和项目给予支持与推广；对存在的问题和不足及时指出并督促改进；通过科学合理的评价机制促进整个行业持续健康发展。

第三节 文书档案的收集与整理

一、文书档案的收集原则与方法

（一）文书档案的收集原则

文书档案的收集工作是档案管理工作的重要环节，它直接关系到档案的完整性和质量。为了确保文书档案的收集工作能够顺利进行，需要遵循以下原则。

1. 完整性原则

完整性原则是指确保文书档案的收集工作全面、完整，无遗漏。无论是上级机关下发的文件，还是本单位形成的文件，都应该一并收集，确保档案的完整性和系统性。

2. 准确性原则

准确性原则是指收集的文书档案必须真实、准确，能够反映事件或事物的本来面貌。对于涉及重要事项的文件，需要对其进行核实，避免出现误收或错收的情况。

3. 及时性原则

及时性原则是指在文件形成后，应该及时进行收集，避免文件散失或损坏。同时，对于不同时间形成的文件，也要及时进行整理和归档，保证档案的时效性和可用性。

4. 分类管理原则

分类管理原则是指根据文书档案的类型、内容、时间等特点，进行分类整理。分类整理可以使档案更加有序，便于查询和利用。同时，分类整理也有利于对不同类型、不同内容的档案进行有针对性的管理。

5. 密级管理原则

密级管理原则是指根据文书档案的保密等级，进行分类管理。对于不同保密等级的档案，应该采取不同的管理措施，如加锁、密码保护等，以确保档案的安全和保密。

（二）文书档案的收集方法

1. 定期收集法

定期收集法是指根据一定的时间间隔，定期进行文书档案的收集工作。例如，可以每月、每季度或每年进行一次收集。这种方法的优点是可以保证档案的完整性和时效性，但需要制定合理的收集计划，并确保各部门的配合与支持。

2. 随时收集法

随时收集法是指在日常工作中，随时留意和收集文书档案。这种方法适用于那些容易散失或损坏的文件，如传真、电子邮件等。采用随时收集法可以避免文件丢失或损坏，但需要保持对文件的关注和及时处理。

3. 专项收集法

专项收集法是指针对某一特定事件、项目或活动，进行专门的文书档案收集工作。例如，针对某次会议、项目或活动，可以专门进行相关文件的收集和整理。这种方法可以使档案更加系统和完整，适用于那些涉及重要事项或持续时间较长的文件收集工作。

4. 协作收集法

协作收集法是指与相关部门或单位进行合作，共同完成文书档案的收集工作。例如，档案管理部门与行政部门、业务部门或相关单位进行沟通与协调，共同制定文件收集计划和要求，确保文件能够及时、准确地收集和归档。这种方法有利于加强部门间的合作与交流，提高文件收集工作的效率和质量。

5. 数字化收集法

数字化收集法是指利用数字化技术进行文书档案的收集工作。随着数字化技术的不断发展，越来越多的文件以电子形式存在和传输。通过数字化技术，可以将这些电子文件进行收集、整理和归档，方便查询和利用。同时，数字化技术还可以实现对文书档案的加密和保护，提高档案的安全性和保密性。但需要注意的是，数字化技术需要相应的设备和软件支持，同时也需要注意电子文件的真实性和可靠性问题。

二、文书档案的整理原则与流程

（一）文书档案的整理原则

文书档案的整理工作是档案管理中至关重要的一环，它不仅关系到档案的存储和保管，更影响到档案的查询和利用。为了确保文书档案整理工作的有序和高效，应遵循以下原则。

1. 分类明确原则

对文书档案进行分类整理是确保档案有序性的基础。分类应依据档案的内容、形式、时间等特点，采用统一的标准。分类标准应清晰明确，避免交叉和重叠，确保档案的分类科学、合理。

2. 保持文件之间的历史联系

文书档案之间往往存在一定的历史联系，如同一事件、同一项目下的不同文件。整理时应保持这种历史联系，避免文件之间的相互割裂。这样可以更好地反映历史事件的完整性和系统性。

3. 便于检索和利用

整理文书档案的最终目的是便于查询和利用。因此，整理过程中应充分考虑档案的查询需求，采用合理的分类和归档方式，使档案能够快速、准确地被检索到。同时，也应考虑档案的利用价值，将有价值的档案妥善保存并合理利用。

4. 定期整理与及时更新

文书档案的数量和种类会随着时间的推移而不断增加。为了确保档案的时效性和完整性，应定期进行整理工作，及时剔除无效或过时的档案，补充新产生的档案。同时，对于内容有变动的档案，应及时更新和修正，确保档案的真实性和准确性。

5. 安全性原则

文书档案中可能包含一些机密或敏感信息，需确保其安全性。整理过程中应采取必要的保密措施，如设置密码、使用加密存储设备等，防止档案信息泄露或被非法获取。

（二）文书档案的整理流程

1. 收集与鉴别

文书档案整理的首要步骤是收集与鉴别。收集工作主要是将分散在各部门的文书档案集中到档案管理部门。鉴别是对收集到的文书档案进行初步筛选，判断其是否具有保存价值。经过鉴别的档案，应按一定顺序进行编号，便于后续整理和归档。

2. 分类与编号

分类是指根据文书档案的内容、形式等特点，将其划分到不同的类别中。分类应遵循明确、易于操作的原则，确保科学性和合理性。编号则是为每一份文书档案分配一个唯一的标识号，以便于后续检索和利用。编号应简洁明了，易于记忆。

3. 装订与修补

纸张较为散乱的文书档案，需要进行装订和修补。装订应注意保持文件的原始顺序和完整性；修补则是对破损或残缺的文书档案进行修复，使其尽可能恢复原貌。经过装订和修补的档案应重新编号并归入相应的类别中。

4. 归档与排序

归档是将经过分类、编号、装订和修补的文书档案按照一定的顺序放入指定的文件夹或盒子里。归档应遵循便于检索和利用的原则，同时考虑到档案的安全性和保密性。排序是在归档的基础上，对文书档案进行进一步的整理和排列，使其更加有序和系统化。

5. 数字化处理与存储

为了便于长期保存和利用，文书档案需要进行数字化处理，通过扫描、拍照等方式将纸质文档转化为电子格式，并存储在适当的介质中。数字化处理应保证图像清晰、完整；存储介质应安全可靠，便于数据的读取和管理。

6. 定期检查与维护

文书档案整理工作完成后，应定期进行检查与维护。检查的内容包括档案的完整性、安全性以及是否有损坏或遗失等情况；维护则是对出现问题的档案进行修复和更新，确保其长期保存的稳定性和可靠性。同时，也要关注数字化处理后的电子档案的定期备份和更新工作。

三、文书档案的整理标准与规范

（一）整理标准

1. 档案分类标准

档案分类是将文书档案划分为不同类别的过程，其目的是使档案能够按照一定的规律进行整理和归档。分类应根据档案的内容、形式、时间等特点进行，采用统一的标准进行划分。分类标准应具有明确性、科学性和可操作性，确保分类结果的一致性和合理性。常见的分类标准包括年度分类、组织机构分类、问题分类等。

2. 档案编号标准

档案编号是对文书档案进行唯一标识的过程，其目的是使档案能够按照编号进行有序管理。编号应根据档案的特点进行设计，确保编号的唯一性、简明性和易用性。编号应包括档号和件号两部分，档号应反映档案的分类信息，件号应反映档案的顺序信息。编号应在文书档案整理过程中及时填写,以便于归档和管理。

3. 档案装订标准

档案装订是对文书档案进行装订成册的过程,其目的是使档案能够整齐划一地进行保存和管理。装订应根据档案的实际情况进行选择,如线装、钉装等。装订应保持档案的原貌和完整性,不得损坏或遗失档案材料。同时,装订应牢固、美观,便于翻阅和保管。

4. 档案数字化标准

档案数字化是将文书档案进行数字化处理的过程,其目的是使档案能够长期保存和多次利用。数字化方式应根据档案的特点进行选择,如扫描、拍照等。数字化应保证图像清晰、完整,不得出现模糊、失真等现象。同时,数字化后的数据应存储在安全可靠的介质中,并进行备份和管理。

(二)整理规范

1. 文书档案整理规范

文书档案整理是指将分散、无序的文书档案进行分类、编号、装订、数字化等处理,使其成为有序、系统的档案。整理规范应包括以下内容。

(1)整理范围:明确需要整理的文书档案的范围,包括归档范围和保管期限等。

(2)整理程序:明确整理工作的流程和方法,包括收集、分类、编号、装订、数字化等。

(3)整理要求:明确整理工作的质量要求和标准,包括分类科学、编号一致、装订美观、数字化可靠等。

(4)整理责任:明确整理工作的责任和义务,包括责任主体、责任范围、责任追究等。

2. 文书档案分类规范

文书档案分类是指按照一定的标准将文书档案划分到不同的类别中。分类规范应包括以下内容。

(1)分类原则:明确分类的标准和原则,包括依据内容、形式、时间等特点进行分类。

（2）分类方法：明确分类的具体方法和操作流程，包括采用年度分类、组织机构分类、问题分类等。

（3）分类标识：明确分类结果的标识和表达方式，包括档号和件号的填写和标识等。

（4）分类管理：明确分类工作的责任和义务，包括分类标准的维护和更新等。

3. 文书档案编号规范

文书档案编号是指对文书档案进行唯一标识的过程。编号规范应包括以下内容。

（1）编号原则：明确编号的标准和原则，包括唯一性、简明性、易用性等原则。

（2）编号方法：明确编号的具体方法和操作流程，包括档号和件号的填写和标识等。

（3）编号管理：明确编号工作的责任和义务，包括编号的维护和更新等，同时也要关注编号的安全性和保密性。

第四节 文书档案的保管与利用

一、文书档案的保管原则与要求

（一）保管原则

1. 安全性原则

安全性原则是文书档案保管工作的首要原则，它要求档案管理人员采取一切必要措施确保文书档案的实体安全和信息安全。实体安全是指防止档案丢失、损坏、被盗等情况的发生，确保档案的真实性和完整性。信息安全是指防止档案内容泄露、被篡改等情况的发生，确保档案的保密性和隐私性。

2. 规范性原则

规范性原则是文书档案保管工作的基本原则，它要求档案管理人员按照统一的标准和规范进行档案管理，确保档案的整理、保存、利用等各个环节都符合规定。规范性原则的目的是提高档案管理的效率和质量，便于档案的查询、利用和共享。

3. 持久性原则

持久性原则是文书档案保管工作的长远原则，它要求档案管理人员充分考虑档案的长期保存和历史价值，采取适当的保管措施和技术手段，确保文书档案的长久保存。持久性原则要求档案管理人员定期对档案进行检查、维护和修复，确保档案在长期保存过程中保持良好状态。

（二）保管要求

1. 档案库房管理

档案库房是文书档案保管的重要场所，其管理要求包括以下几个方面：一是要保持库房的清洁、干燥、通风良好，避免档案受潮、霉变、虫蛀等情况的发生；二是要合理布局库房空间，分类存放档案，便于查找和管理；三是要加强库房的消防安全工作，配备必要的消防设施和器材，确保档案的安全；四是要建立完善的档案库房管理制度，加强库房的出入管理，确保档案的安全和保密。

2. 档案装具管理

档案装具是文书档案保管的重要工具，其管理要求包括以下几个方面：一是要选择合适的档案装具，如密集架、档案盒、档夹等，确保能够适应档案的大小和保护要求；二是要定期对装具进行检查和维护，确保装具的完好无损；三是要正确使用装具，避免装具损坏或失去保护效果；四是要保持装具的清洁卫生，避免对档案造成污染。

3. 档案管理系统管理

档案管理系统是文书档案保管的重要手段，其管理要求包括以下几个方面：一是要建立完善的档案管理系统，包括档案管理软件、硬件设备、网络环境等，确保系统的稳定性和安全性；二是要加强档案管理系统的维护和升级工作，确保系统能够适应档案数量和保管要求的变化；三是要加强档案管理系统的用户管理，建立完善的权限控制和身份认证机制，确保系统的安全和保密；四是要加强档案管理系统的数据备份和恢复工作，防止数据丢失或损坏。

4.档案保护管理

档案保护管理是文书档案保管的重要环节,其管理要求包括以下几个方面:一是要采取适当的保管措施和技术手段,如防潮、防霉、防虫、防火等措施,确保档案的安全;二是对受损或变质的档案要及时进行修复和保护处理,防止问题恶化;三是要定期对档案进行检查和维护,确保档案的完好无损;四是要加强对档案管理人员的培训和教育,提高档案管理人员的素质和能力,确保档案管理工作的质量和效率。

5.档案利用管理

档案利用管理是文书档案保管的重要目的之一,其管理要求包括以下几个方面:一是要建立完善的档案利用制度,规定利用的范围、方式、程序等,确保利用工作的规范化和合法化;二是要加强档案利用的监督和管理,防止档案被滥用、外泄或损坏;三是要提供优质的档案利用服务,其中包括提供方便快捷的查询、复制、借阅等服务,以提高利用效率和服务质量。

6.档案管理评估与改进

档案管理评估与改进是文书档案保管的重要环节之一,其管理要求包括以下几个方面:一是要定期对档案管理进行评估和检查,以发现问题并及时进行处理和改进;二是对档案管理过程中出现的问题要进行深入分析,找出原因并采取有效的措施进行改进;三是要不断探索和创新档案管理的新方法、新技术和新模式,提高档案管理的效率和水平;四是要加强档案管理经验的交流和分享,共同推动档案管理事业的发展。

二、文书档案的利用方式与服务

（一）文书档案的利用方式

1.传统利用方式

传统利用方式是最常见的文书档案利用方式,主要包括阅览、复制、摘录和借阅等。阅览是档案馆提供给读者在馆内阅读档案的方式,这种方式可以满足读者对档案原件的直接利用需求;复制是指档案馆根据读者需求,对档案进行复制并提供给读者,这种方式可以满足读者对档案信息的获取需求;摘录是档案馆提供给读者在档案原件上摘录相关信息的服务,这种方式可以满足读者对档案信息的摘要需求；借阅是档案馆提供给读者将档案借出馆外进行阅读的服务，这种方式可以满足读者对档案信息的深入研究和利用需求。

2. 现代利用方式

随着信息技术的发展，现代利用方式逐渐成为文书档案利用的重要方式。现代利用方式主要包括数字化利用、网络化利用和智能化利用等。数字化利用是将纸质档案通过扫描、拍照等方式转化为数字格式，并提供给读者在计算机或其他电子设备上进行查阅；网络化利用是借助互联网技术，提供远程查询、检索和获取档案信息等服务；智能化利用是借助人工智能技术，实现档案信息的自动分类、聚类和智能检索等功能，提高档案信息的利用效率和精准度。

（二）文书档案的服务类型

1. 公共服务

公共服务是文书档案最基本的类型，主要面向社会公众提供档案查阅、复制、摘录和借阅等服务。公共服务旨在满足社会公众对政府信息的需求，促进政府透明度和公信力的提升。在公共服务中，档案馆需要建立完善的检索体系和服务流程，提高服务质量和效率。

2. 学术服务

学术服务是文书档案的重要服务类型之一，主要面向学术研究机构和学者提供档案研究和利用服务。学术服务旨在满足学术研究对原始资料的需求，促进学术研究的深入和发展。在学术服务中，档案馆需要与学术研究机构和学者建立紧密的合作关系，提供专题性、个性化的服务和支持。

3. 行政服务

行政服务是文书档案特有的服务类型，主要面向政府机构和相关行政部门提供档案服务和支持。行政服务旨在满足政府机构对政策制定、决策支持和历史查询的需求。在行政服务中，档案馆需要建立完善的行政档案管理制度和规范，加强与政府机构的沟通和协作，确保行政服务的及时性和准确性。

4. 法律服务

法律服务是文书档案的重要应用之一，主要面向司法机关和律师等法律工作者提供档案证据和信息服务。法律服务旨在满足司法程序中对证据的核实和确认需求。在法律服务中，档案馆需要加强与司法机关和律师的合作和沟通，提供可靠的档案信息和证据支持。

三、文书档案的数字化管理与应用

（一）文书档案数字化管理的意义

随着信息技术的迅猛发展，数字化已经成为各行各业发展的重要趋势。文书档案作为企事业单位、政府机关等组织的重要信息资源，其数字化管理与应用具有重要意义。

1. 提高管理效率

数字化管理可以大幅提高文书档案的管理效率。通过数字化手段，可以实现档案的快速录入、存储、检索和利用，减少人工操作的烦琐和误差，提高管理工作的准确性和效率。

2. 便于信息共享

数字化文书档案可以方便地通过网络进行传输和共享，打破传统纸质档案利用的局限性，提高档案的利用率和利用效果。同时，通过权限控制和安全措施，保证信息安全和合规性。

3. 延长档案寿命

纸质文书档案在保存过程中容易受到损坏和老化，数字化管理可以有效延长档案的寿命。数字档案的存储和使用环境相对稳定，减少了档案损坏和丢失的风险。

4. 促进档案的深度开发利用

数字化文书档案可以方便地进行数据挖掘、统计分析等操作，为企事业单位和政府机关的决策提供有力支持。通过对档案的深度开发利用，可以充分发挥文书档案的价值。

（二）文书档案数字化管理的实施

1. 制定数字化战略

在实施文书档案数字化管理前，需要制定明确的数字化战略，其中包括数字化目标、实施步骤、资源投入、人员培训等方面，以确保数字化工作的有序推进。

2.建立数字化流程

建立科学合理的数字化流程是文书档案数字化管理的关键。要明确数字化过程中文件的收集、整理、扫描、存储、检索等环节的具体要求和工作标准，以确保数字化质量。

3.选择合适的数字化技术

根据文书档案的特点和利用需求，选择合适的数字化技术，包括扫描设备、图像处理软件、存储设备等，以确保数字化后的档案清晰、准确、易于检索。

4.建立完善的数字化档案管理制度

制定相应的管理制度，如数字化档案的存储、备份、利用、销毁等环节的管理规定，确保数字化档案的科学管理和有效利用。

第五章　科研档案管理

第一节　科研档案概述

一、科研档案的定义与特点

（一）科研档案的定义

科研档案是指在科研项目全过程中直接形成的具有保存价值的各种形式的历史记录。这些历史记录包括但不限于科研项目的计划书、合同书、实验数据、研究成果、技术资料等，是科研工作的重要组成部分。

（二）科研档案的特点

1. 原始性

科研档案是科研项目全过程的真实记录，具有原始性的特点。这些档案是在科研项目实施过程中自然产生的，是科研工作的第一手资料，具有很高的参考价值和权威性。

2. 多样性

科研档案的类型多样，既有文字材料，也有图表、数据、声像等多媒体材料。这些材料可以全面反映科研项目的进展情况和技术细节，为后续的研究工作提供重要的参考和借鉴。

3. 保密性

部分科研档案涉及国家机密或商业机密，具有保密性的特点。在档案管理过程中，需要采取严格的安全措施，确保档案的安全和保密。

4. 长期性

科研档案的保存时间通常较长，需要长期保存。在保存过程中，需要采取有效的管理措施，确保档案的完整性和安全性，避免档案的损坏或丢失。

5.可追溯性

科研档案是科研项目全过程的记录，具有可追溯性的特点。通过对科研档案的查询和利用，可以追溯科研项目的整个实施过程，为后续的研究工作提供重要的历史资料和参考依据。

二、科研档案的分类与作用

（一）按照科研项目阶段分类

1.立项阶段档案

立项阶段档案包括项目申请书、项目评审意见、合同协议等文件。这类档案为项目的必要性和可行性评价提供了依据。

2.实施阶段档案

实施阶段档案包括实验记录、数据分析、阶段性成果报告等。此类档案详细记录了项目实施过程中的重要数据和成果，为后续研究提供了基础资料。

3.结题阶段档案

结题阶段档案包括结题报告、研究成果报告、专家评审意见等。这类档案反映了项目的最终成果和评价，是项目验收的重要依据。

（二）按照档案内容分类

1.文字档案

文字档案主要包括项目计划书、实验记录、研究报告等文字材料，是科研工作的重要记录。

2.图表档案

图表档案如数据图表、流程图、示意图等，直观地展示了研究内容和结果。

3.多媒体档案

多媒体档案包括音频、视频、图片等资料，能够生动形象地展示研究过程和结果。

4.数据档案

数据档案包括实验数据、统计分析数据等，为研究提供了量化的支撑和依据。

（三）按照保密等级分类

1. 公开档案

公开档案指可以对外公开的科研档案，如已发表的论文、已公开的研究成果等。

2. 内部档案

内部档案指只限于内部使用或有限制性地对外提供的档案，如涉及商业机密或国家安全的资料。

3. 保密档案

保密档案指高度机密的档案，如涉及国家安全或重大利益的信息，需严格控制使用和传播范围。

（四）科研档案的作用

1. 学术传承与交流

科研档案是学术传承的重要载体，它记录了某一领域的最新研究成果和发展动态，为后来的学者提供了研究方向和基础材料，促进学术交流和知识传播。

2. 知识产权保护

科研档案是知识产权的重要证明，它保护了科研人员的创新成果，维护了学术界的公平竞争。同时，科研档案也是专利申请、科技成果鉴定等方面的重要依据。

3. 评估与决策支持

科研档案为项目评估、学科评估和机构评估提供了客观、真实的数据支持。通过分析科研档案，我们可以了解一个机构或学者的研究实力、学术影响力及研究方向等。同时，科研档案也为相关决策提供了重要的参考依据。

4. 历史资料保存

科研档案作为历史的见证，记录了一个时代科技发展的历程。对于未来的学术研究和社会发展，科研档案都具有极高的历史价值和文化意义。

5. 提升研究水平

完善的科研档案管理可以促使学者们在研究中更加注重规范性和条理性，

避免重复研究和无效劳动。同时，分析和梳理已有研究的系统，有助于发现研究的空白和不足，推动研究的深入和创新。

6. 辅助教学与培训

对于高校和研究机构而言，科研档案可以作为教学和培训的辅助材料，帮助学生和新手研究者了解真实的科研过程和经验，培养他们的科研素养和实践能力。

7. 推动科技进步与社会发展

科研档案的共享和传播，可以促进科技成果的转化和应用，推动科技进步和社会发展。例如，医学研究成果可以帮助改善人们的健康状况；农业研究成果可以提高农作物的产量和质量；工程研究成果可以促进产业创新和技术进步等。

8. 提升国际竞争力

在全球化的背景下，拥有丰富和高质量的科研档案是一个国家或地区科技创新能力和国际竞争力的重要体现。各个国家或地区的科研机构进行合作与交流，可以促进国际学术合作与共同进步，提升自身在国际学术界的影响力和地位。

9. 保障公众权益

涉及公共利益和社会发展的科研项目档案应向公众开放，接受监督和审查。这样既可以保障公众的知情权和参与权，也可以促使研究者更加严谨地开展研究工作，避免滥用科研资源和损害公共利益的行为发生。

10. 优化资源配置

分析和利用科研档案，可以更加合理地配置科技资源，避免重复投入和浪费。同时，了解某一领域的研究现状和发展趋势，可以更有针对性地制定科研政策和计划，提高科技投入的效益和效率。

第二节 科研档案管理流程

一、科研档案的立项与计划

（一）立项背景

在进行科研项目立项之前，首先要对当前的研究现状、市场需求、技术发展趋势等进行深入的分析和了解。明确项目的研究意义、目的和价值，以确保项目的针对性和实用性。同时，还要考虑项目的创新性、可行性和可持续性，确保项目的研究成果具有一定的独特性和社会价值。

（二）需求分析

需求分析是立项过程中的重要环节，它涉及对目标用户、市场需求、技术瓶颈等方面的深入调研和分析。通过需求分析，可以明确项目的实际需求和潜在需求，为后续的研究工作提供方向和依据。同时，还可以根据需求分析的结果，制定相应的项目计划和实施方案。

（三）研究方向与目标

研究方向与目标的确定是立项过程中的核心环节，它决定了整个项目的走向和发展路径。在确定研究方向与目标时，要充分考虑当前的研究现状、市场需求、技术发展趋势等因素，以确保研究方向与目标的合理性和可行性。同时，还要注意研究方向与目标的明确性和具体性，避免过于宽泛或模糊不清。

（四）项目计划

项目计划是对整个研究过程的规划和安排，包括研究内容、研究方法、时间安排、人员分工等方面的内容。在制定项目计划时，要充分考虑项目的实际情况和研究需要，制定科学合理的时间表和工作计划。同时，还要根据项目的大小和复杂程度，合理分配资源，确保研究工作的顺利进行。

（五）预期成果与价值

预期成果与价值是立项过程中需要考虑的重要因素之一。在制定项目计划时，要明确预期的研究成果和价值，以确保项目的研究成果能够满足实际需求并产生相应的社会效益和经济效益。同时，还要注意预期成果与价值的可行性和合理性，避免过于乐观或不切实际。

（六）风险评估与对策

科研项目的研究过程中难免会遇到各种风险和挑战，因此需要进行风险评估和制定相应的应对措施。在立项过程中，要对可能出现的风险进行充分的预测和分析，并制定相应的应对策略和预案。同时，还要注意风险评估的全面性和准确性，以确保应对措施的有效性和针对性。

（七）可行性分析

可行性分析是立项过程中不可或缺的一环，它涉及对项目的技术可行性、经济可行性、社会可行性等方面的分析和评估。通过可行性分析，可以充分了解项目的实际操作难度和实现难度，以确保项目的研究成果具有可行性和实用性。同时，还要注意可行性分析的准确性和全面性，避免出现遗漏或偏差。

（八）立项申请书撰写

撰写立项申请书是立项过程中的最后一步，它是对整个立项过程的总结和呈现。在撰写立项申请书时，要注重内容的完整性和条理性，充分展示项目的意义、目的、计划、预期成果和价值等方面的内容。同时，还要注意用词的准确性和严谨性，确保申请书的质量和水平。

（九）立项评审与决策

立项评审与决策是决定项目是否能够获得资助和支持的关键环节。在评审过程中，专家们会对申请书的内容进行深入的评估和分析，综合考虑项目的意义、目的、计划、预期成果和价值等方面的情况。评审结果将作为决策的重要依据，以决定是否给予项目资助和支持。因此，在撰写申请书时，要注重内容的完整性和条理性，充分展示项目的优势和潜力。同时，还要注意加强与评审专家的沟通和交流，以提升项目的竞争力和获得资助的可能性。

二、科研档案的收集与整理

（一）科研档案的收集

科研档案的收集是整个档案管理工作的起点，它涉及对科研活动中产生的各种文件、资料、数据进行全面、准确、系统的收集，以确保档案的完整性和真实性。在收集过程中，需要注意以下几点。

1. 确定收集范围

根据科研项目的特点和实际情况，确定需要收集的文件、资料、数据等范围，确保无遗漏。同时，要根据项目进展情况，及时调整收集范围，以保证档案的实时更新。

2. 选择合适的载体

随着数字化技术的发展，档案载体越来越多样化，如纸质、电子、音频、视频等。在收集过程中，要根据实际情况选择合适的载体，并确保其质量和长期保存性。

3. 制定收集计划

根据科研项目的进度和时间安排，制定合理的收集计划，确保在项目进行过程中及时收集相关档案。同时，要明确各阶段收集的重点和难点，以便更好地安排工作。

4. 建立收集机制

建立一套完善的收集机制，包括责任分工、收集流程、整理标准等，以确保收集工作的规范化和高效化。同时，要加强对各环节的监督和管理，确保档案的真实性和完整性。

（二）科研档案的整理

整理是科研档案管理中的重要环节之一，它涉及对收集来的档案进行分类、编目、归档等操作，以便更好地保管和利用。在整理过程中，需要注意以下几点。

1. 分类与编目

根据档案的内容、形式、时间等特点，对其进行分类和编目。分类要科学、合理、易于理解；编目要详细、准确、便于查询。同时，要注意分类与编目的动态调整，以适应档案管理的新需求。

2. 归档管理

根据科研项目的特点和实际情况，制定相应的归档管理制度和规范，明确归档范围、归档方式、归档时间等要求。同时，要加强归档工作的监督和管理，确保归档档案的质量和完整性。

3. 数字化处理

随着数字化技术的不断发展，越来越多的档案需要进行数字化处理。在数字化处理过程中，要选择合适的数字化格式和技术手段，以确保数字化档案的质量和长期保存性。同时，要加强数字化档案的安全管理和权限控制，防止信息泄露和不当使用。

4. 定期审查与更新

档案管理不是一次性的工作，而是需要定期进行审查和更新。要定期检查档案的完整性和真实性，对于缺失或错误的档案要及时进行补充或修正。同时，要根据项目进展和档案管理的新需求，及时调整档案管理的方法和规范，以确保档案管理的科学性和有效性。

5. 人员培训与意识提升

档案管理需要专业的人员进行操作和管理。因此，要加强对档案管理人员的培训和意识提升，提高其专业素养和责任心。同时，还要加强全员的档案管理意识宣传和教育，形成全员参与、共同管理的良好氛围。

三、科研档案的鉴定与保管

（一）科研档案鉴定的重要性和原则

科研档案鉴定是档案管理中的重要环节，它决定了科研档案的质量、价值和保管期限。鉴定工作不仅涉及档案的收集、整理，还直接影响档案的保管和利用。因此，做好科研档案鉴定工作对于提高档案管理水平具有重要意义。

在进行科研档案鉴定时，应遵循以下原则。

1. 真实性原则

真实性是科研档案鉴定的首要原则。鉴定工作应确保收集的档案资料与实际研究活动一致，没有篡改、伪造或虚假成分。

2. 完整性原则

科研档案应完整地反映研究活动的全过程，各个阶段、各方面的资料都应完整无缺。鉴定工作应保证档案资料的完整性，避免重要信息的遗漏。

3. 价值性原则

科研档案具有很高的价值，包括科学价值、历史价值、社会价值等。鉴定工作应根据档案的价值大小来确定其保管期限，并针对不同价值的档案采取不同的保管措施。

4. 法律性原则

科研档案可能涉及知识产权、隐私权等问题。鉴定工作应确保档案不侵犯任何法律权益，遵守相关法律法规。

5. 规范性原则

科研档案的鉴定应遵循统一的规范和标准，确保鉴定工作的标准化、规范化，避免主观性和随意性。

（二）科研档案鉴定的内容

1. 内容鉴定

内容鉴定指是对科研档案所记录的内容进行审查，判断其真实性和价值。鉴定人员应了解研究项目的背景、目的、方法、结果等，确保档案内容真实、准确、完整地反映研究情况。

2. 形式鉴定

形式鉴定是对科研档案的形式要素进行审查，包括档案的纸张、墨迹、照片等。鉴定人员应判断档案是否符合长期保存的要求，如纸张是否易于保存、墨迹是否清晰等。

3. 价值鉴定

价值鉴定是根据科研档案的价值大小来确定其保管期限。鉴定人员应根据档案的历史价值、科学价值、社会价值等综合评估其重要性，并确定相应的保管期限。

4. 法律鉴定

法律鉴定是对科研档案是否涉及法律问题进行审查。鉴定人员应判断档案是否涉及知识产权、隐私权等问题，确保档案的合法性。

（三）科研档案鉴定的方法

科研档案鉴定可以采用以下方法。

1. 专家评审

对于重要或复杂的科研档案，可以请相关领域的专家进行评审，以确保鉴定的准确性和权威性。

2. 比较法

通过比较同类研究项目的档案资料，可以判断本项目的档案是否完整、准确。

3. 指标法

对于有量化指标的科研档案，可以通过对比指标来判断其真实性和完整性。

4. 流程审查

通过对研究流程的审查，可以判断档案是否真实地反映了研究过程。

（三）科研档案的保管要求与措施

1. 分类保管

根据科研项目的不同性质和特点，将科研档案进行分类。同一类别的档案可以集中存放，方便管理、检索和利用。

2. 定期整理

定期对科研档案进行整理，保持档案的整齐有序。同时，对损坏或变质的档案进行修复或替换，确保档案的长期保存。

3. 环境控制

保持库房适宜的温湿度环境，防止档案受潮、霉变或被虫蛀。对于特殊类型的档案，如胶片、录像带等，需采取特殊的保管措施。

4. 密级管理

根据科研档案的密级，采取不同的管理措施。对于涉密档案，应严格控制使用范围和借阅权限，确保保密安全。

5. 备份与容灾

对重要科研档案进行备份，防止数据丢失或损坏。同时，制定容灾计划和应急预案，以应对突发事件和自然灾害。

6. 信息化管理

加强科研档案的数字化和信息化建设，提高档案管理效率和利用价值。建立完善的电子档案管理系统，实现档案的数字化存储、检索和利用。

7. 定期审计与检查

对科研档案管理情况进行定期审计和检查，发现问题及时处理和改进，确保档案管理工作的规范化和有效性。

8. 人员培训与责任落实

加强档案管理人员的培训和教育，提高其专业素质和管理能力。同时，落实档案管理责任制，明确各级管理人员的工作职责和要求。

9. 制度建设与执行

建立健全的科研档案管理制度，包括档案管理办法、归档范围与保管期限表、借阅制度等。制度的制定要科学合理、可操作性强，并随着实际情况的变化及时进行调整和完善。同时要强化制度的执行力度，确保各项制度得到有效执行。

10. 合作与交流

加强与其他机构或部门的合作与交流，共同推进科研档案管理工作的进步和发展。可以定期举办学术交流活动、座谈会等，分享档案管理经验和成果，促进共同进步。

11. 监督与评估

建立有效的监督与评估机制，对科研档案管理工作进行定期评估和监督。通过评估，发现档案管理中存在的问题和不足，及时进行整改和完善。同时，将评估结果作为对档案管理人员工作绩效评价的重要依据，激励其更好地履行职责。

四、科研档案的利用与开发

（一）科研档案利用与开发的重要性

科研档案是指在科研活动中形成的具有保存价值的各种形式的历史记录。随着知识经济的发展和信息时代的到来，科研档案的利用与开发显得尤为重要。这不仅有助于提高科研成果的转化率，促进科技进步和社会发展，还有利于提升机构和国家的核心竞争力。科研档案的利用与开发，是实现其价值的关键环节，也是科研管理工作的重要组成部分。

（二）科研档案的利用

1. 科研档案的直接利用

科研档案的直接利用是指根据用户需求，提供档案原件、复制件或档案信息内容的服务。这种利用方式主要针对特定用户的特定需求，如研究人员查阅相关领域的文献资料，决策者参考某一领域的专业数据，等等。直接利用具有针对性强、服务效果明显的特点，是科研档案利用的主要方式。

2. 科研档案的间接利用

间接利用是指对科研档案进行加工、整理和编纂，形成新的文献资料或信息产品，供用户利用。例如，对科研档案中的数据进行分析整理，形成具有针对性的报告或数据集；对某一领域的科研档案进行综合分析，形成综述性文献，等等。间接利用是对科研档案的深度开发和增值服务，能够充分发挥科研档案的价值。

（三）科研档案的开发

1. 数字化开发

随着信息技术的发展，数字化已成为科研档案开发的重要方向。通过数字化技术，将传统的纸质、胶片等载体的科研档案转化为数字格式，实现档案信息的数字化存储和利用。数字化开发有助于提高科研档案的检索效率和利用价值，实现档案信息的远程共享和交流。

2. 专题性开发

针对特定主题或领域，对科研档案进行开发，形成具有专题性的文献资料或数据产品。例如，针对某一学科领域的科研档案进行整理分析，形成学科发展报告或专业数据集；针对某一特定时期的科研档案进行综合分析，形成时代发展报告，等等。专题性开发有助于提高科研档案的针对性和实用性，满足用户对专业领域信息的需求。

3. 综合性开发

综合性开发是指对一定范围内的科研档案进行全面系统的分析和整理，形成综合性的信息产品或知识服务。例如，对某一机构或地区的科研档案进行全面梳理和分析，形成机构或地区发展报告；对某一学科领域的科研档案进行深度挖掘和整合，形成学科知识库或学科发展地图等。综合性开发有助于提高科研档案的全面性和系统性，为决策者提供有力的信息支持。

（四）加强科研档案利用与开发的措施

1. 提高认识，加强领导

要充分认识科研档案利用与开发的重要性，加强组织领导和协调管理。建立健全科研档案管理机构和制度体系，明确各级管理职责和工作要求。将科研档案工作纳入科研管理的重要议程，与科研业务工作同部署、同落实、同考核。

2. 加大投入，提供保障

加大对科研档案工作的投入力度，保障档案基础设施建设、信息化建设和人员培训等方面的经费需求。积极争取各级财政和社会资金支持，鼓励社会力量参与科研档案工作。同时，要注重提高投入效益，加强经费使用的监督和管理。

3. 强化培训，提高素质

加强科研档案管理人员的培训和教育，提高其专业素质和综合能力。通过定期培训、学术交流和进修学习等方式，使管理人员不断更新知识、提升技能。同时，要加强团队建设，提高管理人员的协作意识和能力，共同推动科研档案工作的发展。

第三节　科研档案的收集与整理

一、科研档案的收集原则与方法

科研档案作为科学研究活动的历史记录，具有重要的保存和利用价值。为了确保科研档案的真实、完整和可用，必须遵循一定的收集原则，并采取科学的方法进行操作。下面将深入探讨科研档案的收集原则及方法，以指导相关实践工作。

（一）科研档案的收集原则

1. 真实性原则

科研档案必须真实反映科研活动的实际情况，不得有任何虚假或篡改。确保档案的真实性是收集工作的基本要求。

2. 完整性原则

科研档案应涵盖科研活动的全过程，包括立项、实施、结题等各个环节，确保档案内容的完整性。

3. 规范性原则

科研档案的收集应遵循统一的标准和规范，如档案格式、文件命名、存储方式等，以确保档案的可读性和可利用性。

4. 及时性原则

科研档案的收集应与科研活动的进展同步，及时收集和整理各阶段产生的文件资料，避免遗漏或延误。

5. 安全性原则

科研档案的收集过程中，应确保档案的安全，防止档案遗失、损坏或被非法获取。

（二）科研档案的收集方法

1. 制订收集计划

在科研项目开始前，应制订详细的档案收集计划，明确收集范围、时间节点和责任人。

2. 建立档案管理制度

通过建立完善的档案管理制度，明确档案的分类、归档要求和保管期限，为档案的收集提供依据。

3. 培训档案管理人员

对参与科研档案管理的人员进行专业培训，提高其档案管理意识和技能。

4. 定期检查与督导

定期对科研档案的收集情况进行检查和督导，确保收集工作的顺利进行。

5. 建立电子化管理系统

通过建立电子化档案管理系统，实现科研档案的数字化存储、检索和利用，提高档案管理效率。

6. 做好备份与安全防护

对收集到的科研档案进行备份,并采取必要的安全措施,如加密、防火墙等,确保档案的安全性。

7. 加强与其他部门的沟通与协作

与科研项目相关的其他部门保持密切沟通与协作,确保科研档案的完整性。

8. 制定应急预案

针对可能出现的突发事件或意外情况,制定应急预案,确保科研档案的安全和完整。

9. 持续改进与优化

根据实际情况和需求变化,持续改进和优化科研档案的收集方法,提高工作效率和质量。

10. 落实责任与奖惩机制

明确各级人员在科研档案管理中的责任与义务,对于工作出色的个人或团队给予奖励;对于工作疏忽或失误的行为进行适当的惩罚。通过奖惩机制激励大家更加重视和积极参与科研档案的管理工作。

二、科研档案的整理原则与流程

(一)科研档案的整理原则

1. 分类明确

科研档案应按照项目、课题、学科等不同维度进行明确分类,确保档案之间的逻辑关系清晰。

2. 保持原始性

整理过程中应尽量保持科研档案的原始状态,不随意改变其内容和形式。

3. 简化操作

整理流程应尽可能简化,避免烦琐和重复的工作,提高工作效率。

4. 便于检索

整理后的科研档案应便于检索和利用,满足使用者的查询需求。

5. 安全性原则

在整理过程中，应确保科研档案的安全，防止信息泄露和损坏。

（二）科研档案的整理流程

1. 初步筛选

根据档案的收集原则，剔除无效、重复或与科研无关的文件。

2. 分类

根据科研项目、课题、学科等维度，将筛选后的文件进行分类。分类应根据实际情况制定统一的标准和规范，确保分类的准确性和一致性。

3. 归档编号

为每份文件分配唯一的编号，以便于日后的检索和利用。编号应简洁明了，易于记忆。

4. 文件命名

根据文件内容为每份文件命名，命名应准确反映文件主题，避免歧义。同时，文件命名应遵循统一的标准和规范。

5. 装订与装盒

将分类、编号和命名的文件进行装订，然后按照编号顺序装入档案盒中。装订和装盒应整齐美观，便于查找。

6. 目录编制

为每个档案盒编制目录，包括盒内文件的编号、名称等信息，以便快速了解档案盒中文件的内容。

7. 电子化处理

对于需要进行电子化存储的科研档案，应进行扫描、拍照等处理，生成电子文件。电子文件应与纸质文件保持一致，方便日后检索和利用。

8. 验收与移交

整理完成后，应对档案进行验收，确保整理工作的质量和准确性。验收合格后，将档案移交给相关部门或个人进行保管和使用。

9. 定期维护与更新

定期对科研档案进行维护和更新，确保档案的完整性和准确性。对于损坏或遗失的档案应及时处理和补充。

10. 建立电子化管理系统

科研档案的电子化处理，应建立电子化管理系统，实现档案的数字化存储、检索和利用。电子化管理系统应具备强大的检索功能、权限控制和安全防护措施。

三、科研档案的整理标准与规范

（一）整理标准

1. 分类标准

科研档案应按照项目、课题、学科等不同维度进行分类。分类标准应根据实际情况制定，确保分类的准确性和一致性。分类结果应清晰明了，便于检索和利用。

2. 编号标准

为确保每份科研档案的唯一性，应为其分配一个唯一的编号。编号标准应统一、规范，编号信息应简明扼要，便于记忆和识别。编号应包含档案的基本信息，如项目编号、课题编号、学科编号等。

3. 文件命名标准

科研档案的文件命名应准确反映文件主题，避免歧义。命名标准应统一、规范，文件名应简洁明了，易于理解。命名格式应明确，避免使用过于复杂的符号或格式。

4. 装订与装盒标准

科研档案的装订和装盒应整齐美观，便于查找。装订和装盒的标准应统一，装订材料和装盒规格应符合相关规定。档案盒上应标明档案的基本信息，如编号、名称等。

（二）规范要求

1. 完整性规范

科研档案整理工作应确保档案的完整性。整理过程中应仔细核对档案内容，确保无遗漏、无缺失。对于不完整的档案应及时补充和完善，以保证档案的整体性和连贯性。

2. 准确性规范

科研档案的准确性至关重要，因此整理工作应特别关注档案的准确性。整理人员应对档案内容进行仔细核对，确保信息的真实性和准确性。对于错误的档案应及时纠正，以避免误导后续的利用者。

3. 可读性规范

整理后的科研档案应具有良好的可读性，方便利用者阅读和使用。整理人员应对档案进行仔细审查，确保文件内容清晰易读，排版美观整齐。对于难以识别的档案应及时修复或重新制作，以提高可读性。

4. 安全性规范

科研档案涉及的知识产权和保密问题较多，因此整理工作应特别注重安全性。整理人员应对档案进行严格审查，确保无泄密风险。对于涉密档案应采取加密、水印等安全措施，以确保档案的安全性。同时，整理人员应遵守相关法律法规和规章制度，不得擅自泄露或传播涉密信息。

5. 电子化处理规范

对于电子化处理的科研档案，应遵循相关技术标准和规范，确保电子文件的真实性和完整性。电子文件的格式、命名、存储方式等应符合相关规定。同时，应采取数据备份、加密等安全措施，以保障电子文件的安全性。电子化处理过程应有专业技术人员参与，以确保处理质量和效率。

（三）实施与监督

为确保科研档案整理标准与规范的实施效果，应建立完善的监督机制。监督人员应对整理工作进行定期检查和评估，及时发现问题并采取改进措施。同时，监督人员还应提供必要的指导和支持，帮助整理人员更好地执行相关标准和规范。通过持续改进和优化整理工作流程和方法，不断提高科研档案的管理水平和利用价值。

第四节 科研档案的保管与利用

一、科研档案的保管原则与要求

（一）保管原则

1. 完整性原则

科研档案保管工作应确保档案的完整性，避免遗失或损坏。为此，应制定完善的档案交接制度和保管流程，确保档案在各个环节都能得到妥善处理。同时，应定期对档案进行清点和检查，确保档案的完整性。

2. 安全性原则

科研档案涉及的知识产权和保密问题较多，因此，其保管工作应特别注重安全性。应采取有效的安全措施，如设置档案库房的安全设施、使用加密技术等，确保档案的安全性。同时，保管人员应严格遵守相关法律法规和规章制度，不得擅自泄露或传播涉密信息。

3. 可用性原则

科研档案的保管应确保档案的可用性，方便后续的科研活动和利用者使用。应定期对档案进行整理和修复，确保档案的可读性和完整性。同时，应建立完善的档案检索和利用制度，提高档案的利用效率。

（二）保管要求

1. 硬件设施要求

为确保科研档案的保管质量，应具备合适的硬件设施。档案库房应满足档案保管的环境要求，如适宜的温度、湿度和防潮、防虫等条件。同时，档案库房应具备安全设施，如监控摄像头、报警器等，以确保档案的安全性。

2. 档案管理系统要求

为提高科研档案的管理效率和利用价值，应建立完善的档案管理系统。档案管理系统应具备档案的分类、编目、检索、利用等功能，并能实现电子化处理和数字化存储。同时，档案管理系统应符合相关技术标准和规范，确保档案数据的真实性和完整性。

3. 人员素质要求

保管科研档案的人员应具备较高的素质。人员应具备档案管理专业知识和技能，了解科研档案管理的要求和规范。同时，人员应具备较强的责任心和严谨的工作态度，能够认真履行科研档案保管职责。此外，人员还应具备相关法律法规和规章制度的知识，以确保档案的安全性和保密性。

4. 制度建设要求

科研档案的保管工作应建立完善的制度体系。该制度应包括档案的收集、整理、编目、检索、利用、鉴定、销毁等全过程的管理要求，以确保档案的完整性和安全性。同时，该制度还应明确相关人员的职责和权限，建立完善的监督机制，确保制度的执行效果。

5. 数字化存储要求

随着信息技术的发展，数字化存储已成为科研档案管理的重要趋势。数字化存储能够提高档案的利用效率和可读性，降低档案损坏和丢失的风险。因此，科研档案的保管工作应加强数字化存储技术的研发和应用，提高数字化存储的质量和安全性。同时，数字化存储应符合相关技术标准和规范，确保数据的真实性和完整性。

（三）实施与监督

为确保科研档案保管原则与要求的实施效果，应建立完善的监督机制。监督人员应对保管工作进行定期检查和评估，及时发现问题并采取改进措施。同时，监督人员还应提供必要的指导和支持，帮助保管人员更好地执行相关原则和要求。通过持续改进和优化保管工作流程和方法，不断提高科研档案的管理水平和利用价值。

二、科研档案的利用方式与服务

（一）科研档案的利用方式

1. 传统借阅服务

传统的借阅服务是档案利用的主要方式之一。用户通过填写借阅申请表，获得所需档案的副本或原件。这种服务方式简单直接，但需注意档案的保护，防止损坏、丢失。

2. 在线查询与下载

随着信息技术的发展，在线查询与下载成为科研档案利用的新趋势。用户通过档案管理系统的网站或 App，可在线浏览、下载或打印所需档案。这种方式方便快捷，提高了档案的利用率，扩大了档案的传播范围。

3. 专题研究与咨询

针对特定科研项目或主题，档案管理部门可提供专题研究与咨询服务。通过整合相关档案资源，为科研人员提供系统、深入的资料支持。这种服务方式有助于推动科研工作的深入开展。

（二）科研档案服务的特点与要求

1. 针对性与个性化

针对不同用户的需求和特点，档案管理部门应提供具有针对性的服务。例如，为科研人员提供专业化的档案咨询，为学生和教育工作者提供易于理解的档案资料。个性化的服务能更好地满足用户需求，提高用户满意度。

2. 互动性与参与性

现代档案服务强调与用户的互动和参与。通过在线论坛、社交媒体等方式，档案管理部门可与用户进行实时交流，了解用户需求和反馈，提高服务的针对性和有效性。同时，鼓励用户参与档案资源的建设，如上传个人研究成果、共享学术资料等，以丰富档案资源，提高档案的社会影响力。

3. 数字化与智能化

借助数字化和智能化技术，档案管理部门可为用户提供更加便捷、高效的服务。例如，通过数据挖掘和机器学习技术，对档案资源进行深度分析，为用户提供有价值的信息和建议。同时，数字化服务还能降低档案存储成本，提高档案的保存质量。

（三）提升科研档案服务质量的措施

1. 加强数字化建设

加大对科研档案数字化建设的投入，提高数字化水平。通过数字化技术将传统纸质档案转化为电子格式，便于在线查询和下载，提升服务效率。同时，注意保护数字化档案的安全性和知识产权。

2. 完善用户服务体系

建立健全的用户服务体系，提供全方位的服务支持，包括在线咨询、电话热线、邮件等多种服务方式，满足用户的不同需求。同时，加强对用户需求的调研和分析，优化服务流程和内容。

3. 提升服务人员素质

加强对服务人员的培训和教育，提升其专业素质和业务能力。使服务人员具备丰富的档案管理知识、技能和良好的沟通协调能力，为用户提供高质量的服务。此外，建立完善的激励制度，激发服务人员的工作积极性和创新精神。

三、科研档案的数字化管理与应用

（一）科研档案数字化管理的意义

1. 提高管理效率

传统的档案管理方式依赖于纸质档案，查询、检索和保存都较为不便。数字化管理通过将档案转化为数字格式，便于计算机系统进行高效管理，大大提高了档案的管理效率。

2. 方便查询与利用

数字化管理使得科研档案的查询与利用变得极为方便。用户可以通过计算机或移动设备随时随地访问档案，大大提高了档案的利用率。

3. 保护原件

通过数字化管理，原始纸质档案可以得到有效保护。用户在访问数字档案的同时，减少了直接接触原件的机会，降低了原件损坏和丢失的风险。

4. 促进信息共享与传播

数字化管理打破了传统档案管理中的地域和时间限制，使得科研档案可以在更广的范围内传播和共享。这有助于促进学术交流和知识传承。

（二）科研档案数字化管理的实施要点

1. 建立数字化标准与规范

为确保数字化管理的统一性和规范性，应建立相应的标准与规范，包括数字格式、存储方式、数据交换等方面，确保数字化档案的质量和兼容性。

2. 保障数据安全与隐私

在数字化管理中，数据安全与隐私保护至关重要。应采取有效的技术和管理措施，确保数字档案的安全性和保密性。例如，设置访问权限、加密传输和存储数据等。

3. 完善数字化设施与设备

为顺利实施数字化管理，需要配备相应的设施与设备，包括高性能计算机、扫描仪、存储设备等，确保数字化过程的顺利进行。

4. 强化人才培养与管理

数字化管理需要具备专业知识和技能的档案管理人才。应加强对档案管理人员的培训和教育，培养一支既懂档案管理又懂信息技术的人才队伍。

第六章　基本建设档案管理

第一节　基本建设档案概述

一、基本建设档案的定义与特点

（一）基本建设档案的定义

基本建设档案，也被称为基建档案，主要是指在各种建筑物、构筑物、地上和地下管线等基本建设工程的规划、设计、施工、使用和维修等活动中直接形成的，具有保存价值的文字、图表、声像等各种形式的历史记录。这些记录以书面材料、胶片、录音带、录像带、磁盘或光盘等载体形式存在，反映了基本建设项目的整个生命周期。

（二）基本建设档案的特点

1.内容的专业性和技术的复杂性

基本建设档案涉及的专业领域广泛，包括建筑、道路桥梁、水利、电力等，每个领域都有其特定的技术要求和规范。因此，基本建设档案的内容具有很强的专业性和技术性。同时，随着科技的发展，新的技术和材料不断涌现，使得基本建设档案的技术复杂性不断增加。

2.信息的原始性和真实性

基本建设档案是建筑物、构筑物等基本建设工程的原始记录，这些记录经过审查和归档后，具有法律效力。因此，基本建设档案必须保证信息的原始性和真实性，任何篡改或伪造的行为都是不被允许的。

3.信息的多样性和完整性

基本建设档案的信息形式多样，可以是文字、图表、声音等多种形式。这些信息记录了基本建设工程的各个方面，包括规划、设计、施工、使用和维修等，因此必须保证信息的完整性和系统性。

4. 使用的频繁性和长期性

基本建设档案在建设工程的全过程中都会被频繁使用。例如，在工程的规划阶段，需要查阅相关的地质资料、气象资料等；在施工阶段，需要查阅施工图纸、施工记录等；在后期的维护和改造阶段，同样需要查阅相关的档案资料。因此，基本建设档案的使用具有频繁性和长期性的特点。

5. 管理上的规范性和法律性

由于基本建设档案具有重要的法律和历史价值，因此对其管理必须遵循一定的规范和法律要求。例如，对于档案的归档范围、归档时间、归档质量等都有明确的规定；同时，对于档案的保管、利用和销毁等也必须遵循相关的法律法规。

6. 动态性和动态管理

基本建设档案并不是一成不变的，而是随着工程项目的进展而不断更新和变化的。因此，对于基本建设档案的管理必须是动态的，需要及时更新和补充新的信息。同时，对于一些重要的档案资料，需要进行动态管理，定期进行复查和审核，以确保其真实性和准确性。

7. 信息化和数字化趋势

随着信息技术和数字化技术的发展，基本建设档案的管理也在逐步实现信息化和数字化。数字化技术可以将传统的纸质档案转化为数字档案，方便存储、检索和传输；信息化技术则可以实现档案资源的共享和协同管理，提高管理效率。因此，信息化和数字化已经成为基本建设档案管理的重要趋势。

二、基本建设档案的分类与作用

（一）基本建设档案的分类

基本建设档案的分类是根据档案的内容、性质、作用等多种因素，将不同类型的档案进行系统化的整理和归类。以下是常见的几种基本建设档案分类方式。

1.按工程阶段分类

根据基本建设工程的阶段，可以将档案分为规划阶段档案、设计阶段档案、施工阶段档案、竣工阶段档案等。这种分类方式便于对工程项目的整体把握和管理。

2.按工程内容分类

根据基本建设工程的具体内容，可以将档案分为建筑类档案、市政类档案、水利类档案、电力类档案等。这种分类方式有利于对工程项目的专业化和精细化管理和利用。

3.按信息形式分类

根据档案信息的表现形式，可以将档案分为文字档案、图表档案、声像档案等。这种分类方式便于对档案信息的多元化管理和利用。

4.按保管期限分类

根据档案的保管期限，可以将档案分为永久保管档案、长期保管档案和短期保管档案。这种分类方式有利于对档案的合理保存和管理，避免浪费资源。

5.按密级分类

根据档案的保密程度，可以将档案分为绝密档案、机密档案、秘密档案等。这种分类方式有利于对档案的安全管理和保护。

（二）基本建设档案的作用

基本建设档案作为建筑物、构筑物等基本建设工程的重要历史记录，具有多方面的作用和价值，主要体现在以下几个方面。

1.历史凭证作用

基本建设档案是建筑物、构筑物等基本建设工程的历史凭证，记录了工程从规划、设计、施工到竣工的全过程。这些记录可以为历史的查考、工程的维修改造、事故原因的分析等提供重要的依据和证据。

2.行政管理作用

基本建设档案是行政管理和决策的重要依据。例如，在城市规划和建设中，基本建设档案可以为城市规划部门提供规划的基础数据和信息；在项目审批和验收中，基本建设档案可以作为重要的依据和凭证。

3. 生产建设和科学研究作用

基本建设档案可以作为生产建设和科学研究的参考和借鉴。例如，在新的工程项目中，可以利用已有的基本建设档案进行参考和借鉴，避免重复劳动和浪费；在科学研究方面，基本建设档案可以提供大量的数据和信息，为科学研究提供重要的支撑和帮助。

4. 法律凭证作用

基本建设档案具有法律效力，可以作为法律凭证和依据。例如，在涉及建筑物的纠纷和诉讼中，基本建设档案可以作为重要的证据和凭证，保障当事人的合法权益。

5. 社会教育作用

基本建设档案可以发挥社会教育作用。例如，通过展示城市的历史建筑和文化遗产等基本建设档案，可以让人们更好地了解城市的历史和文化，提高社会的文化素养和文化自信心。

6. 经济作用

基本建设档案是建筑物、构筑物等基本建设工程的重要资产，具有潜在的经济价值。例如，在房地产市场中，建筑物的历史信息和数据等基本建设档案可以影响其价值和价格；在投资决策中，基本建设档案可以为投资者提供重要的参考和依据。

7. 维护和改造作用

基本建设档案可以为建筑物的维护和改造提供重要的参考和依据。例如，在建筑物的维修和改造中，可以利用原有的设计图纸和施工记录等基本建设档案进行参考和借鉴，提高维护和改造的效率和质量。

◀ 档案管理制度与流程

第二节 基本建设档案管理流程

一、基本建设档案的立项与计划

(一)基本建设档案的立项

基本建设档案的立项是整个档案管理工作的起点,它涉及对项目的认知、需求分析和目标设定等多个方面。立项阶段的主要工作包括确定项目范围、明确档案收集与整理的要求,以及制定相应的管理计划。

1. 项目范围确定

在立项阶段,首先需要明确项目的范围,包括项目的性质、规模、主要内容等。这有助于确定档案收集的范围和重点,为后续的档案管理工作打下基础。

2. 需求分析

需求分析是立项阶段的重要环节,它涉及对项目参与方的需求、档案管理的要求等方面的调研和分析。通过需求分析,可以更好地理解项目对档案管理的要求,为制定管理计划提供依据。

3. 目标设定

在立项阶段,还需要设定档案管理的目标,包括档案的完整性、准确性、安全性等方面的目标。这些目标将作为整个档案管理工作的指导和评估标准。

(二)基本建设档案的计划制定

在立项之后,需要制定详细的档案管理计划,以确保档案管理工作能够有序、高效地进行。档案管理计划应包括以下内容。

1. 档案收集计划

根据项目的实际情况和档案管理的目标,制定档案收集计划,明确收集范围、时间节点和责任人等方面的要求。

2. 档案整理计划

档案整理是档案管理的重要环节,需要根据档案的内容、形式和特点,制定整理计划，明确整理方法、标准和技术要求等方面的内容。

3.档案利用计划

为了充分发挥档案的价值，需要制定档案利用计划，明确利用方式、范围和权限等方面的要求，以确保档案的合理利用和保护。

4.档案管理人员的培训和指导

针对档案管理人员的实际情况，制定相应的培训和指导计划，以提高他们的专业素质和管理水平，确保档案管理工作的专业性和规范性。

5.档案管理制度的制定和执行

为了保障档案管理的规范化和标准化，需要制定科学、合理、完善的档案管理制度，并确保其得到有效执行。管理制度应包括档案管理流程、责任分工、安全保密等方面的内容。

6.档案验收和移交计划

在项目竣工验收阶段，应根据档案管理的要求，制定档案验收和移交计划，以确保档案的完整性和准确性。移交计划应明确移交时间、移交方式和移交内容等方面的要求。

7.档案数字化与信息化管理

为了提高档案管理效率和质量，需要加强档案数字化与信息化管理。通过建立数字化档案库和信息化管理系统，实现档案的快速检索、查询和利用，提高档案管理和利用的效率。

8.档案保管与维护计划

在制定档案管理计划时，还需考虑档案的保管与维护问题。应制定相应的计划，明确档案保管的场所、环境条件和维护措施等方面的要求，以确保档案的安全和长期保存。

9.档案管理效果的评估与改进

为了持续提高档案管理水平，应对档案管理效果进行评估和改进。通过定期对档案管理计划的执行情况进行检查和评估，发现存在的问题和不足之处，及时进行调整和改进，以不断完善档案管理计划和管理体系。

二、基本建设档案的收集与整理

（一）基本建设档案的收集

收集工作是档案管理的基础，其目的是确保档案的完整性和连续性。在基本建设档案的收集过程中，应遵循以下原则。

1. 及时性原则

建设项目的各个阶段都会产生大量的文件资料，因此需要及时收集，避免遗漏或丢失。在项目开始阶段，就应该制定档案收集计划，明确各阶段需要收集的文件类型和时间节点，确保收集工作的及时性。

2. 完整性原则

基本建设档案应完整地反映项目的整个建设过程，包括前期准备、施工、竣工验收等各个阶段。因此，在收集过程中，应全面考虑各种文件类型，确保档案的完整性。

3. 准确性原则

档案的真实性和准确性对于后续的利用和历史研究具有重要的意义。在收集过程中，应对文件资料进行仔细核实，确保其真实准确。对于有疑问的文件，应及时与相关部门沟通核实。

4. 规范性原则

为了便于后续的整理和利用，收集的文件资料应符合规范要求。在收集过程中，应统一文件格式、纸张大小等，确保档案的规范性。

（二）基本建设档案的整理

整理工作是档案管理的核心环节之一，其目的是将收集到的文件资料进行分类、编目、装订等处理，便于后续的检索和利用。在基本建设档案的整理过程中，应遵循以下原则。

1. 系统性原则

基本建设档案涉及的内容广泛、种类繁多，因此需要进行科学的分类和系统化的整理。分类应根据项目的特点和档案管理的要求进行合理设置，确保档案的有序化。

2.实用性原则

整理后的档案应便于后续的检索和利用。在分类、编目等环节中，应充分考虑实际使用的需要，提高档案的实用性。

3.规范性原则

为了便于管理和利用，整理后的档案应符合规范要求。在整理过程中，应统一装订、排版等格式要求，确保档案的一致性。

4.安全性原则

整理后的档案应妥善保管，确保其安全性和保密性。在整理过程中，应对档案进行备份、加密等处理，确保其安全性。

三、基本建设档案的鉴定与保管

（一）基本建设档案的鉴定

鉴定工作是档案管理的重要环节之一，其目的是对档案的价值进行评估，确定其保管期限和利用方式。在基本建设档案的鉴定过程中，应遵循以下原则。

1.真实性原则

鉴定工作首先要确保档案的真实性。对于有疑问的档案，应进行核实和确认，确保其真实可靠。

2.完整性原则

鉴定工作应全面考虑档案的完整性。对于不完整的档案，应及时进行补充和完善，确保其能够全面反映项目的建设过程。

3.价值性原则

鉴定工作应评估档案的价值，确定其保管期限和利用方式。对于具有重要价值的档案，应重点保管和利用，发挥其应有的价值。

4.规范性原则

鉴定工作应遵循规范要求，对档案进行科学合理的分类和评估。同时，应统一鉴定标准和方法，确保鉴定工作的规范性和一致性。

（二）基本建设档案的保管

保管工作是档案管理的基础工作之一，其目的是确保档案的安全、完整和长期保存。在基本建设档案的保管过程中，应遵循以下原则。

1. 安全性原则

保管工作首先要确保档案的安全。应采取有效的安全措施和技术手段，防止档案的丢失、损坏和泄密。同时，应定期对档案进行备份和加密处理，确保其安全性和保密性。

2. 适宜性原则

保管工作应根据档案的特点和要求选择适宜的保管方式和场所。例如，对于纸质档案应选择适当的存储架和存放位置，避免潮湿、阳光直射等不利条件；对于电子档案应选择可靠的存储介质和备份方式，确保其可靠性和可用性。

3. 规范性原则

为了便于管理和利用，保管工作应遵循规范要求。应统一档案的分类、编号、装订等格式要求，确保档案的一致性和规范性。同时，应建立健全的档案保管制度和工作流程，明确各个环节的责任和要求。

4. 有效性原则

保管工作应关注档案的有效性。应及时对损坏、失效的档案进行修复和更新，确保其可用性和有效性。同时，应对保管工作进行定期检查和评估，及时发现和解决问题，确保档案的完整性和可用性。

四、基本建设档案的利用与开发

（一）基本建设档案的利用

基本建设档案的利用是档案管理工作的最终目的之一，也是实现档案价值的重要途径。通过合理的利用，基本建设档案可以发挥出巨大的经济效益和社会效益。在基本建设档案的利用过程中，应遵循以下原则。

1. 服务性原则

档案利用工作应以服务为宗旨，以满足用户需求为出发点和落脚点。应积极开展档案利用服务，为用户提供便捷、高效、准确的档案信息。同时，应加强与用户的沟通交流，了解其需求和反馈意见，不断改进服务质量。

2. 合法性原则

档案利用应遵循相关法律法规和规章制度的要求，确保合法合规。对于涉及国家秘密、商业机密和个人隐私的档案，应严格遵守保密规定，防止泄密和侵权行为的发生。同时，应加强对用户利用行为的监管，防止档案的损坏和丢失。

3. 规范性原则

为了便于管理和利用，档案利用应遵循规范要求。应统一档案的分类、编号、检索等格式要求，确保档案的一致性和规范性。同时，应建立健全的档案利用制度和工作流程，明确各个环节的责任和要求。

4. 效益性原则

档案利用应注重效益，既要考虑经济效益，也要考虑社会效益。应加强对档案的整理、编研和开发，挖掘其潜在价值，提高档案的利用率和利用效果。同时，应积极探索新的利用方式和手段，提高档案利用的经济效益和社会效益。

（二）基本建设档案的开发

基本建设档案的开发是档案管理工作的拓展和深化，也是实现档案价值的重要途径之一。通过开发，可以挖掘出档案中蕴含的丰富信息和知识，为决策、研究、管理等活动提供有力支持。在基本建设档案的开发过程中，应遵循以下原则。

1. 目的性原则

档案开发应有明确的目的和针对性，以满足特定需求为出发点和落脚点。在开发前应对需求进行深入分析和研究，制定合理的开发计划和方案，确保开发的针对性和实效性。

2. 全面性原则

档案开发应全面考虑各种因素和条件，对档案进行全方位、多角度的开发和利用。例如，可以开展专题研究、数据统计、趋势预测等不同类型的开发项目，以满足不同领域的需求。

3. 科学性原则

档案开发应遵循科学的方法和流程，确保开发的质量和效率。例如，可以采用数据分析、内容分析、文本挖掘等方法进行开发;同时应注意数据的准确性和可靠性,加强质量管理和监督。

4.保密性原则

对于涉及国家秘密、商业机密和个人隐私的档案,在开发过程中应严格遵守保密规定和要求,防止泄密和侵权行为的发生。同时应注意对开发成果的保护和管理,防止其被非法获取和使用。

第三节 基本建设档案的收集与整理

一、基本建设档案的收集原则与方法

(一)基本建设档案收集的原则

基本建设档案的收集是档案管理工作的基础环节,对于后续的档案整理、保管和利用具有重要意义。在收集过程中,应遵循以下原则。

1.完整性原则

确保档案的完整性是收集工作的首要原则。应全面收集与基本建设项目相关的各类文件材料,包括前期准备、施工过程、竣工验收等各个阶段的资料,确保档案的连续性和全面性。

2.准确性原则

准确性原则要求收集到的档案信息真实、准确、可靠。在收集过程中,应对档案的真实性和准确性进行核实,避免出现虚假、错误的信息,影响后续的利用和参考。

3.规范性原则

规范性原则要求收集的档案应符合国家、行业和企业的相关标准和规范。在收集过程中,应统一档案的格式、分类、标识等要求,确保档案的一致性和规范性。

4.及时性原则

及时性原则要求在项目建设过程中,应按照相关规定及时归档各阶段的文

件资料。避免拖延或遗漏，确保档案的时效性和可用性。

5. 安全性原则

安全性原则要求在收集过程中，应采取必要的措施保障档案的安全。防止档案损坏、丢失或被非法获取，确保档案的安全保密和长期保存。

（二）基本建设档案收集的方法

为了确保基本建设档案的收集工作能够顺利实施，需要采取科学合理的方法和措施。以下是几种常用的基本建设档案收集方法。

1. 制定收集计划

在收集工作开始前，应制定详细的收集计划，明确收集的范围、重点、时间节点等要求。这有助于提高收集工作的针对性和效率。同时，可根据实际情况灵活调整计划，以适应不同项目的需求。

2. 建立档案管理制度

建立健全的档案管理制度是保障收集工作顺利进行的重要措施。通过制定档案管理规定、明确归档范围和要求、落实责任部门和人员等措施，可以规范档案的收集和管理行为，确保档案的完整性和规范性。

3. 定期整理与检查

在项目建设过程中，应定期对产生的文件资料进行整理与检查，确保各类文件资料能够及时归档。同时，应对已归档的档案进行定期检查和维护，防止损坏或丢失。

4. 建立档案目录与索引

为了方便档案的查询和利用，应建立详细的档案目录与索引体系。根据项目特点和档案管理要求，可以编制多种目录与索引，如按项目阶段、文件类型、责任部门等分类编制目录，便于用户快速定位所需档案。

5. 利用信息化手段

随着信息化技术的发展，档案管理也应逐步实现数字化、信息化。通过建立电子档案管理系统，实现档案的数字化存储、整理、查询和利用。这不仅可以提高档案的管理效率，还有利于档案的长久保存和异地备份。

6. 加强沟通与协作

基本建设项目的参与方较多，涉及多个部门和单位。因此，在收集过程中应加强沟通与协作，确保各方的文件资料能够及时、准确地归档。可以定期召开协调会议，明确各方职责与分工，确保收集工作的顺利进行。

7. 培训与指导

针对不同项目和参与方，应提供有针对性的培训与指导服务。通过培训和指导，可以提高各参与方对档案管理工作的重视程度和实际操作能力，确保档案的完整性和规范性。

8. 监督与考核

为了确保收集工作的有效执行，应建立监督与考核机制。对各参与方的归档工作进行定期检查和评估，发现问题及时整改。同时，可以将档案管理纳入项目绩效考核体系，提高各方的积极性和责任心。

9. 分类与归档

在收集过程中，应根据项目特点和档案管理要求对档案进行分类与归档。分类应科学合理，便于后续的整理、查询和利用；归档应及时准确，确保档案的安全性和保密性。同时，应加强对电子档案的管理，建立电子文件归档范围和管理要求，确保电子档案的真实性、完整性和可用性。

10. 鉴定与销毁

对于收集到的档案，应进行鉴定与销毁工作。鉴定工作主要是对档案的价值进行评估，确定其保管期限和密级；销毁工作则是在鉴定后对无保存价值的档案进行彻底销毁，确保信息的安全保密。同时，应注意销毁工作的规范性和安全性，防止涉密信息泄露或误销重要档案。

二、基本建设档案的整理原则与流程

（一）整理原则

基本建设档案的整理工作是对收集来的档案进行有序化、规范化的处理，使其便于保存和利用。在整理过程中，应遵循以下原则。

1. 真实性原则

确保档案的真实性是整理工作的基础。在整理过程中，不应改变档案的原始内容，应保持档案的原始状态，确保其真实可信。

2. 完整性原则

整理工作应确保档案的完整性。对于收集来的档案，应全面检查其是否齐全、无遗漏，确保各个阶段、各类文件的完整性。

3. 规范性原则

整理工作应遵循国家、行业和企业内部的规范和标准。对档案进行分类、编目、标识时，应统一格式和要求，确保整理出的档案符合规范标准。

4. 效率性原则

在保证整理质量的前提下，应注重提高整理工作的效率。通过合理的方法和流程，简化整理过程，降低人工成本和时间成本。

5. 安全性原则

整理过程中，应采取必要的措施保障档案的安全。防止档案损坏、丢失或被非法获取，确保档案的安全保密和长期保存。

（二）整理流程

基本建设档案的整理流程一般包括以下步骤。

1. 分类与标识

根据项目特点和档案管理要求，将收集来的档案进行分类，如按项目阶段、文件类型、责任部门等分类。同时，对档案进行标识，注明档案的名称、编号、日期等信息。

2. 编目与排序

为便于档案的查询和利用，应对档案进行编目和排序。根据分类结果，建立详细的档案目录和索引体系，明确档案的存放位置和顺序。同时，确保档案的编目信息准确、完整。

3. 筛选与鉴定

在整理过程中，应对档案进行筛选与鉴定，确定其保管期限和密级。对于无保存价值和过期档案进行鉴定后予以销毁；对于重要档案，应延长其保管期限或提高其密级。

4. 数字化处理

随着信息化技术的发展，数字化处理成为档案管理的重要手段。通过数字化处理，将纸质档案转化为电子档案，便于长期保存和异地备份。同时，数字化处理可以提高档案的查询和利用效率。

5. 存储与备份

整理后的档案应进行安全、可靠的存储与备份。根据档案的重要性和密级，选择适当的存储方式和备份策略，确保档案的安全性和可用性。同时，定期对存储介质进行检查和维护，防止损坏或数据丢失。

6. 维护与更新

整理后的档案应进行定期维护与更新。对于损坏或变质的档案应及时修复；对于保管期限届满的档案应及时鉴定销毁或延长保管期限；对于密级变更或涉密等级调整的档案应及时调整其管理方式和策略；对于新增或变更的档案应及时补充和完善档案管理系统中的相关信息和数据。

7. 利用与开发

整理后的档案应便于查询和利用。通过建立查询系统、编制专题文件汇编、开展数据分析等方式，对档案进行深度开发利用。同时，加强与其他部门或单位的合作与交流，促进信息共享和资源整合。

8. 检查与评估

定期对整理后的档案进行检查与评估，确保其质量和可用性。检查内容包括档案的真实性、完整性、规范性、安全性等方面；评估则是对档案管理工作的效果进行综合评价，发现问题及时整改和完善。

9. 监督与考核

加强对档案管理工作的监督与考核力度。通过制定考核标准、明确考核内容、实施定期检查等方式，确保各项整理工作得到有效执行和落实。同时，将监督与考核结果作为改进和完善档案管理工作的依据，提高整体管理水平和服务质量。

10. 交流与合作

与其他单位或部门加强交流与合作，分享档案管理经验和技术成果。通过参加学术交流活动、参观考察学习等方式，不断提高自身的档案管理水平和管理理念。同时积极参与行业标准的制定和修订工作推动档案管理工作的规范化、标准化发展。

三、基本建设档案的整理标准与规范

（一）整理标准

基本建设档案的整理标准是为了确保档案的规范化和标准化，提高档案的管理和利用效率。以下是一些常见的整理标准。

1. 档案分类标准

根据项目的特点和管理的需要，制定合理的档案分类标准。分类标准可以按照项目阶段、文件类型、责任部门等进行划分，确保档案分类的准确性和一致性。同时，应明确各类档案的属性特征和相互关系，建立完善的分类体系。在制定分类标准时，应充分考虑档案的内容、形式、用途等特点，并遵循简洁、明确、易于操作的原则。要避免分类过于复杂或模糊不清，确保分类后的档案能够快速检索和利用。

2. 档案标识标准

为了便于档案的检索和识别，应对档案进行统一的标识和命名规则。标识信息应包括档案的名称、编号、日期、密级等关键要素，以便快速了解档案的内容和属性。同时，应注意标识的清晰、简洁和易于理解，避免产生歧义或误解。在制定标识标准时，应充分考虑档案的特点和管理需要，确保标识的准确性和规范性。要统一标识的格式、字体、颜色等，确保标识的一致性和美观性。

3. 档案编目标准

建立规范的档案编目体系，确保档案的编目信息准确、完整。编目信息应包括档案的题名、责任者、文件编号、日期等关键元数据，以便快速定位和检索档案。同时，应注意编目格式的一致性和规范性，便于统一管理和利用。在制定编目标准时，应充分考虑档案的属性和管理要求，确保编目信息的准确性和完整性。要统一编目的格式、内容、格式等，确保编目的规范性和易用性。

4. 档案数字化标准

在数字化处理过程中，应遵循统一的数字化标准，确保数字化质量和兼容性。数字化标准应包括图像质量要求、文件格式要求、元数据要求等，以确保数

字化后的档案能够清晰、准确地反映原始内容。同时，应注意数字化过程中的信息安全和保密要求。在制定数字化标准时，应充分考虑数字化技术的特点和档案管理的要求，确保数字化质量和信息安全。要统一数字化设备的规格、参数、技术指标等，确保数字化处理的一致性和可靠性。

5.档案管理系统标准

为了提高档案管理效率，应采用符合国家、行业标准的档案管理系统。系统应具备档案的采集、存储、管理、检索、利用等功能，并能够与其他相关系统进行集成和数据交换。同时，应注意系统的安全性和稳定性，保障档案数据的安全和完整。在选择档案管理系统时，应充分考虑系统的功能、性能、安全性等要求，确保系统能够满足档案管理的实际需要。要关注系统的可扩展性和可维护性，以便适应档案管理的新需求和技术发展。

（二）规范要求

在基本建设档案的整理过程中，还应遵循以下规范要求。

1.遵守法律法规

在整理档案时，应遵守国家相关的法律法规和政策规定，确保档案的真实性、合法性和合规性。不得随意更改或伪造档案内容，保证档案的历史记录价值。要关注法律法规的变化和更新，及时调整档案管理的要求和方法，确保档案管理的合法性和规范性。

2.执行行业标准

应遵循档案管理行业的标准和规范，如《国家重大建设项目文件材料归档要求与档案整理规范》《机关档案分类与号码》等。这些标准和规范提供了档案管理的指导和依据，有助于提高整理工作的规范化水平。要关注行业标准的更新和发展，及时掌握最新的档案管理理念和技术方法，确保档案管理工作的先进性和有效性。

3.制定管理规定

根据项目特点和机构实际，制定具体的档案管理规定或办法。规定或办法应明确档案的收集范围、整理要求、保管期限、利用方式等事项，确保档案管理有章可循、有据可查。同时应定期对规定或办法进行审查和更新，以适应档案管理的新形势和新要求。要注重管理规定的针对性和可操作性，确保规定能够有效地指导档案管理工作的具体实施。

4. 保障安全性与保密性

在整理档案过程中，应采取有效的措施保障档案的安全性和保密性。对于涉及国家安全、商业机密和个人隐私的档案，应严格控制其知悉范围和使用权限。同时，应加强档案管理系统的安全防护措施，防止档案数据被非法获取、篡改或破坏。要重视档案的安全和保密工作，采取物理和逻辑的安全措施，确保档案数据的安全可靠和完整持久。

5. 优化管理流程

对档案管理流程进行持续优化和改进，以提高工作效率和质量。通过分析现有流程存在的问题和瓶颈，采取有效措施进行改进。例如，简化不必要的环节、优化工作流程、引入自动化技术等，以提升档案管理工作的效能。要注重管理流程的科学性和高效性，不断优化流程设计和方法改进，提高档案管理工作的效率和效益。

三、提升整理效果的措施

为了进一步提升基本建设档案的整理效果，可以采取以下措施。

1. 加强培训与指导

对档案管理人员进行定期的培训和指导，提高其档案整理的专业素质和能力。通过培训，使档案管理人员熟悉档案管理法律法规、行业标准和规范，掌握档案整理的方法和技巧。同时，可以组织经验交流会、案例分析会等活动，促进档案管理人员的相互学习和共同进步。

2. 完善制度与规范

建立健全档案管理制度和规范，确保档案整理工作的规范化、标准化和科学化。通过制定完善的档案管理制度，明确档案的收集、整理、保管、利用等环节的要求和流程，形成统一的管理标准和操作规范。同时，应加强制度执行情况的监督检查，确保各项制度和规范得到有效落实。

3. 强化信息技术应用

充分利用信息技术手段，提高档案整理的效率和效果。通过引入档案管理系统等信息技术工具，实现档案的数字化管理、自动化整理和智能化检索。同时，可以借助大数据、云计算等技术手段，对档案数据进行深入挖掘和分析，为决策提供有力支持。

4. 建立考核与激励机制

建立科学的考核与激励机制，激发档案管理人员的工作积极性和创造性。通过制定具体的考核指标和评价标准，对档案整理工作进行定期评估和考核。同时，可以设立奖励机制，对在档案整理工作中表现突出的个人或团队给予表彰和奖励，营造积极向上的工作氛围。

5. 促进沟通与协作

加强档案管理部门与其他相关部门之间的沟通与协作，形成良好的档案管理网络。通过与相关部门建立定期的交流机制，及时了解项目进展情况、文件形成情况等，确保档案收集的完整性和及时性。同时，可以共同开展档案管理培训、研讨会等活动，增进相互了解和合作，提升档案管理整体水平。

第四节　基本建设档案的保管与利用

一、基本建设档案的保管原则与要求

（一）基本建设档案保管的意义

基本建设档案是指在各类建设项目从决策、设计、施工到竣工验收、交付使用的全过程中形成的具有保存价值的文字、图表、声音等不同形式的历史记录。这些档案不仅对项目的建设和管理具有重要意义，同时也是国家和社会宝贵的文化遗产。因此，对基本建设档案进行科学、规范、合理的保管，是确保这些档案能够长期保存和有效利用的关键。

（二）基本建设档案保管的原则

1. 完整性原则

档案保管应确保其完整性，即各类档案应按照其形成规律和特点，进行科学分类和系统排列，以便于后续的检索、利用和保管。

2. 安全性原则

档案保管应确保其安全性，采取有效的措施防止档案的损坏、丢失和被盗。同时，应定期对档案进行检查和维护，确保其长期保存。

3. 规范性原则

档案保管应遵循国家及行业的相关标准和规范，建立完善的档案管理制度和操作规程，确保档案的整理、保管和利用都符合规范要求。

4. 信息化原则

在信息化时代，应充分利用信息技术手段提高档案保管的效果和效率。通过数字化、网络化等技术手段，实现档案信息的共享、传递和长期保存。

5. 适应性原则

档案保管应适应时代的发展和需求的变化，不断完善和优化档案管理模式和方法，以更好地服务于社会发展和经济建设。

（三）基本建设档案保管的要求

1. 分类管理

根据项目的特点和要求，对基本建设档案进行科学分类，包括按项目阶段、文件类型、专业领域等分类方式。分类应合理、清晰，便于后续的整理、保管和利用。

2. 定期检查

定期对基本建设档案进行检查，确保其完整性、准确性和安全性。检查内容包括档案的物理状态、存储环境以及信息内容的准确性等。发现问题应及时处理，防止问题扩大。

3. 维护与修复

对受损或老化严重的档案应及时进行修复和维护，包括纸质档案的加固、修裱、数字档案的迁移、格式转换等。同时，应加强预防性保护，采取措施减少档案受损的可能性。

4. 数据备份与安全保护

建立完善的数据备份和安全保护机制，防止数据丢失或被非法访问。采用加密技术、防火墙技术等手段保障档案数据的安全性。同时，对重要档案应进行异地备份，以应对突发事件对档案造成的损害。

5. 存储环境

保持适宜的档案存储环境对于延长档案寿命至关重要。控制好温湿度、防尘防潮、防鼠防虫等环境因素，确保档案存储环境的稳定与适宜。此外，对于特殊类型的档案（如胶片、录像带等），需按其特性进行特殊保存。

6. 信息化管理

推进基本建设档案的信息化管理进程，实现档案数字化、网络化与智能化管理。建立档案管理系统，实现档案信息的在线收集、分类、存储、检索与利用。同时，加强信息安全管理，防止档案信息被非法获取或滥用。

7. 制度建设

建立健全档案管理相关制度与规范，包括档案的收集范围、分类标准、保管期限、利用程序等。通过制度的严格执行，确保档案管理工作的规范化与标准化，提升档案管理水平。

8. 人员培训

加强档案管理人员的培训与教育，提高其专业素质和职业道德水平。培训内容包括档案管理基础理论、实践操作技能以及相关法律法规等。同时，增强档案管理人员的责任感和服务意识，使其能够更好地为项目单位和社会公众提供优质服务。

9. 定期审计

对基本建设档案的保管工作进行定期审计，检查档案管理工作的执行情况、制度落实情况等。发现问题及时整改并追究责任人责任。通过审计工作不断优化档案管理流程和方法，提高档案管理水平。

10. 协作与沟通

加强与其他相关部门（如项目设计单位、施工单位等）的沟通与协作，共同推进项目档案管理工作的顺利开展。定期召开协调会议，解决档案管理过程中遇到的问题和困难，形成良好的工作机制和合作关系。

11. 设施设备配置

根据需要配置相应的档案管理设施设备，包括档案库房、密集架、除湿机、加湿器、空调设备等。设施设备应满足档案管理的基本需求，保证档案的安全存储和有效管理。同时，应注意设备的维护和更新，以确保其正常运转。

12. 应急预案制定

针对可能发生的突发事件（如地震、洪水等自然灾害）制定相应的应急预案。预案中应明确应急组织、应急流程和应对措施等具体内容。确保在紧急情况下能够迅速响应并采取有效措施保护档案的安全。

13. 定期汇报

定期向上级主管部门汇报档案管理工作的进展情况、存在的问题及改进措施等。通过汇报工作及时反馈档案管理中的问题和困难，争取上级主管部门的支持和指导，促进档案管理工作的持续改进和发展。

二、基本建设档案的利用方式与服务

（一）基本建设档案利用的意义

基本建设档案作为一种重要的信息资源，不仅对项目的建设和管理具有重要意义，还对社会经济的发展和科技进步发挥着重要作用。通过合理、有效地利用这些档案，可以发挥其巨大的价值，为各个领域提供有力支持。因此，提供优质的基本建设档案服务，是档案管理工作的重要任务之一。

（二）基本建设档案的利用方式

1. 传统阅览服务

为满足用户对基本建设档案的阅览需求，档案管理部门可设立阅览室或提供阅览服务。用户可在指定的时间和地点，现场查阅、复制或借阅档案。这种服务方式适合需求量较小、较为分散的用户。

2. 数字化服务

通过数字化技术将纸质、胶片或其他载体形式的档案转化为数字格式，便于网络传输和远程利用。用户可通过档案管理系统的在线平台，进行档案检索、浏览和下载。数字化服务可大大提高档案利用的便利性和效率。

3. 专题研究服务

针对特定主题或领域，档案管理部门可组织专家进行专题研究，挖掘档案中的有价值的信息，为用户提供专业的咨询和建议。这种服务方式适合需求较为复杂、专业性较强的用户。

4. 展览与文化教育服务

通过举办基本建设档案展览、开展专题讲座等形式，普及档案知识，提高公众对基本建设档案的认识和重视程度。同时，挖掘档案中的文化价值，丰富人民群众的文化生活。

5. 共享服务

建立基本建设档案资源共享平台，促进不同部门、地区间的档案信息交流与合作。通过共享服务，提高档案的利用率和影响力，推动档案事业的整体发展。

6. 知识产权保护服务

针对涉及知识产权的基本建设档案，档案管理部门应提供知识产权保护咨询和服务。协助用户进行知识产权的申请、维护和管理，保护合法权益不受侵害。

7. 决策支持服务

为政府和企业决策提供重要参考依据。通过对基本建设档案的综合分析，挖掘数据背后的规律和趋势，为决策者提供有价值的信息和建议。

8. 涉外交流与合作

加强与国际档案组织的交流与合作，引进先进的档案管理理念和技术，提高我国基本建设档案管理的国际化水平。同时，推动我国基本建设档案走向世界舞台，增强国际影响力。

（三）基本建设档案服务的优化措施

1. 提升服务意识

档案管理部门应树立以用户为中心的服务理念，积极主动地为用户提供优质服务。加强与用户的沟通与联系，了解用户需求，不断改进服务方式和内容。

2. 加强数字化建设

加大数字化建设的投入力度，提高基本建设档案的数字化率。完善数字化设施设备，提升数字化技术水平，为用户提供更加便捷、高效的数字化服务。

3. 拓展服务范围

根据社会发展和用户需求的变化，不断拓展基本建设档案的服务领域。例如，在环境保护、城市规划、历史文化保护等方面提供专业化的档案服务。

4. 提高服务质量

加强服务人员的培训和教育，提高其业务素质和职业道德水平。建立服务质量评估机制，定期对服务进行评估和监督，发现问题及时整改。

5. 创新服务模式

积极探索和创新服务模式，以满足不同用户的需求。例如，开展个性化定制服务、提供移动端服务等。通过创新服务模式，提高服务的针对性和有效性。

6. 完善法律法规体系

加强相关法律法规的建设和完善，为基本建设档案服务的开展提供有力保障。同时，加大执法力度，保障档案的安全和用户的合法权益。

7. 建立合作机制

加强与其他相关机构和组织的合作与交流，共同推动基本建设档案服务的优化和发展。例如，与高校、研究机构等开展合作项目、共同研究等。通过合作机制的建立，实现资源共享和优势互补。

8. 加强宣传与推广

通过多种渠道和形式加强宣传与推广工作，提高基本建设档案的知名度和影响力。例如，举办宣传活动、制作宣传资料、利用社交媒体等途径进行推广。通过宣传与推广工作，吸引更多用户利用基本建设档案，发挥其价值作用。

9. 关注用户反馈

重视用户对服务的反馈意见和建议，及时了解用户需求和期望。针对反馈意见进行改进和优化，提高服务的满意度和用户忠诚度。同时，通过用户反馈不断挖掘潜在需求，拓展服务领域和提升服务质量。

10. 强化安全管理

确保基本建设档案的安全是服务的首要任务之一。加强安全管理措施的落实和维护工作，防止档案信息的泄露、损坏和丢失等安全事故的发生。同时，建立完善的安全管理制度和技术防范体系，提高安全防范能力。

11. 探索市场化运营模式

在确保公共服务和公益性质的前提下，可探索市场化运营模式来优化基本建设档案服务。通过引入市场竞争机制、创新经营模式等方式激发服务的活力和创新力提升服务质量和社会效益的平衡发展。

12. 关注国际发展趋势

关注国际上基本建设档案服务的发展趋势和先进理念，加强与国际档案组织的交流与合作。引进国际先进的管理经验和技术手段，提升我国基本建设档案服务的国际化水平。同时，推动我国基本建设档案服务走向世界舞台，为全球档案事业的发展做出贡献。

三、基本建设档案的数字化管理与应用

（一）基本建设档案数字化的意义

1. 提升档案管理效率

传统的基本建设档案多以纸质形式保存，管理难度大，查找、检索等操作烦琐。数字化技术的应用，使得档案信息能够以数字形式存储、处理和检索，极大地提高了档案管理的效率和精度。

2. 保障档案安全

纸质档案在保存过程中易受环境影响，如温湿度、虫霉等，同时存在人为损坏的风险。数字化管理可以通过备份、加密等手段，有效保障档案的安全，降低档案损坏和丢失的风险。

3. 促进档案资源共享

数字化档案可以实现远程传输、在线查阅等功能，促进档案资源的共享和利用。同时，数字化档案可以方便地进行复制、迁移，为档案的异地保存和备份提供便利。

（二）基本建设档案数字化管理的技术手段

1. 数字化采集技术

数字化采集技术是实现基本建设档案数字化的基础。通过扫描、摄影等技术手段，将纸质档案转化为数字信息，便于存储、传输和处理。在采集过程中，应保证数字信息的真实、完整和可识别性。

2. 数据压缩技术

为了节约存储空间和提高传输效率，需要对数字化的档案数据进行压缩。

数据压缩技术可以分为有损压缩和无损压缩两类。有损压缩适用于图像、视频等数据，无损压缩适用于文本、表格等数据。应根据不同类型的数据选择合适的压缩技术。

3. 存储管理技术

数字化档案的存储管理技术主要包括数据存储格式、存储介质和存储安全等方面。应选择合适的存储格式，保证数字信息的长期可读性；根据数据的重要性和使用频率选择合适的存储介质；同时，应采取加密、备份等措施保障存储安全。

4. 检索与应用技术

为了方便用户对数字化档案的检索和应用，需要开发高效、便捷的检索系统。可以采用全文检索、关键词检索等技术手段，提高检索的准确性和速度。同时，应积极开发数字化档案的应用功能，如数据分析、可视化展示等，为用户提供更多元化的服务。

（三）基本建设档案数字化管理的实施要点

1. 制定科学合理的数字化方案

在实施基本建设档案数字化管理之前，应制定科学合理的数字化方案。方案应包括数字化目标、范围、方法、时间安排、预算等方面，以确保数字化工作的有序开展。同时，应根据实际情况对方案进行动态调整，以满足不断变化的需求。

2. 选择合适的数字化设备和软件

选择合适的数字化设备和软件是实现基本建设档案数字化的关键。应综合考虑设备的性能、稳定性、兼容性以及软件的功能、易用性、可扩展性等方面，以确保数字化工作的质量和效率。同时，应重视设备的更新和维护，以保证数字化工作的持续进行。

第七章 设备档案管理

第一节 设备档案概述

一、设备档案的定义与特点

（一）设备档案的定义

设备档案是对组织内部各类设备信息的系统收集和整理，它详细记录了每台设备的购置、安装、使用、维护及维修等信息。这些信息对于设备的正常运行、故障排查以及未来设备的更新和替换都具有极其重要的意义。设备档案不仅包括设备的基本信息，如生产厂家、设备型号、规格等，还包含了设备运行过程中的各种数据、维护记录、维修记录以及设备的使用状况等。

（二）设备档案的特点

1. 完整性

设备档案必须全面反映设备的状况。从设备的采购、安装到使用、维护，每一个环节的信息都应当被完整地记录下来。这样，管理者和维修人员才能全面了解设备的状况，进行有效的管理。

2. 动态性

设备档案不是一成不变的。随着设备的运行，会有新的数据和信息产生，如设备的运行数据、维修记录等。因此，设备档案需要定期更新，以保持其时效性和准确性。

3. 规范性

为了方便管理和使用，设备档案的记录应当遵循一定的规范和标准。例如，数据的记录格式、设备的分类方法等都应有明确的规定。规范化的档案不仅便于内部管理，也方便与其他部门或单位的信息交流。

4. 安全性

设备档案中包含了大量的敏感信息，如设备的核心技术参数、维护细节等，这些信息如果泄露可能会对组织造成严重的影响。因此，设备档案的管理必须严格遵循信息安全规范，采取必要的安全措施，如加密存储、访问控制等。

5. 高效性

随着技术的发展，设备档案的管理也应与时俱进，采用先进的技术手段来提高档案的管理效率。例如，可以利用数据库技术、云计算技术等来提高档案的存储和处理效率。同时，也可以利用智能化的管理软件，实现设备的实时监控和预警，提高设备的运行效率和安全性。

6. 长期保存性

设备档案往往具有较长的生命周期，尤其是对于一些关键设备和重要设施，其档案可能需要长期保存。因此，设备档案的管理必须注重长期保存的问题，采取适当的存储介质和保存方法，确保档案的长久保存和可读性。

7. 法律性

在某些情况下，设备档案可能涉及法律问题。例如，在设备的采购、维修或报废过程中，可能需要进行法律文件的归档和保存，如合同、发票等。这些文件对于后续的法律纠纷解决具有重要的证据价值。因此，设备档案的管理也需注重法律问题的处理。

8. 专业性

由于设备种类繁多，涉及不同的专业领域和技术知识，因此设备档案的管理需要具备一定的专业背景和技术能力。管理人员需要了解相关设备的原理、结构、操作方法等，以便准确记录和整理相关档案。同时，随着技术的不断更新换代，管理人员还需要不断更新自己的专业知识，以适应新设备的管理需求。

二、设备档案的分类与作用

（一）设备档案的分类方法

1. 按设备类型分类

根据设备的种类，如生产线设备、办公设备、检测设备等，进行分类。这种分类方法便于对某一类设备的集中管理和维护。

2. 按设备状态分类

根据设备的运行状态，如正常、维修中、报废等，进行分类。这种分类有助于及时了解设备的状况，预测潜在问题。

3. 按设备生命周期分类

从设备的采购、安装、使用、维护到报废，每一个阶段都有相应的档案资料。按生命周期分类有助于了解设备的整体运行状况和预测未来的维护需求。

4. 按维护和维修记录分类

根据设备的维护和维修记录，如定期检查、故障处理等，进行分类。这样可以快速定位到设备的维护历史和潜在问题点。

（二）设备档案的作用

1. 设备管理

设备档案提供了设备的全面信息，使得管理者能够更有效地进行设备的采购、调配和报废决策。通过对设备档案的分析，可以制定更为合理的设备更新和替换计划。

2. 故障诊断与维修

详细的设备档案可以帮助维修人员快速找到故障的原因，减少停机时间。同时，维修记录的保存和分析，有助于预测设备的潜在问题，提前进行维护，降低故障率。

3. 提高设备利用率

通过对设备档案的分析，可以了解设备的运行状况和使用效率。通过优化设备的配置和使用方式，可以提高设备的利用率，降低闲置和浪费。

4. 保障生产安全

对于一些关键设备和危险性较高的设备，设备档案中的安全操作规程、维修记录等信息对于保障生产安全至关重要。通过对这些信息的定期检查和分析，可以及时发现和解决安全隐患。

5. 辅助决策支持

设备档案中的数据可以为企业的决策提供有力支持。例如，通过对设备运行数据的分析，可以了解设备的能耗状况，为企业制定节能减排策略提供依据；

通过对设备维修记录的分析,可以评估设备的价值和维修成本,为企业制定投资决策提供参考。

6. 法律与合规

设备档案中的采购合同、发票、维修记录等资料是证明企业合规性的重要证据。在出现法律纠纷时,这些资料可以为企业提供法律保护。

7. 知识传承与培训

随着人员的流动和技术的发展,设备档案可以作为新员工培训的教材,使新员工快速了解设备的操作和维护要点。同时,它也是老员工经验传承的重要载体,确保核心知识的持久保存。

8. 提高工作效率

通过数字化的设备档案管理系统,可以实现档案的快速检索、查询和更新,大大提高了工作效率。员工不再需要翻阅纸质档案,节省了大量时间和人力成本。

9. 促进部门协同

设备档案的管理往往涉及多个部门,如采购、生产、维修等。规范化的设备档案管理可以促进部门之间的信息共享和协同工作,提高整体运营效率。

10. 为科研和技术创新提供支持

对于一些科研机构和高科技企业来说,设备档案中的技术参数、实验数据等可以为科研和技术创新提供支持。通过对这些数据的深入分析和挖掘,可以推动技术的不断进步和创新。

第二节 设备档案管理流程

一、设备档案的立项与计划

(一)设备档案的立项

1. 需求分析

要明确设备档案管理的目的和需求。这包括确定需要管理的设备类型、范围和重点，以及预期的档案使用方式。深入分析这些需求，为后续的计划制定提供明确的方向。

2. 资源评估

评估现有的资源，包括人力、物力和财力，以及现有的档案管理设施和技术水平。这有助于确定项目实施的可行性，并为后续的计划制定提供依据。

3. 项目目标设定

根据需求分析和资源评估的结果，设定明确的项目目标。这些目标应具体、可衡量，并符合实际资源情况。例如，目标可以包括提高档案数字化率、优化档案分类体系等。

（二）设备档案的计划

1. 组织与人员分工

明确项目实施过程中的组织架构和人员分工。确保每个环节都有专人负责，并明确各岗位的职责和权限。建立有效的沟通机制，确保团队之间的信息传递畅通。

2. 时间进度安排

根据项目目标，制定详细的时间进度表。这包括从项目启动到档案整理、分类、数字化等各阶段的时间节点和完成标准。确保项目按计划顺利进行。

3. 预算制定

根据资源评估和实际需求，制定合理的项目预算。预算应涵盖从设备购置、人员培训到后期维护等各方面的费用。同时，要做好预算控制，确保实际支出与预算相符。

4. 风险评估与应对策略

对项目实施过程中可能出现的风险进行预测和评估。针对不同的风险，制定相应的应对策略和预案。这有助于降低项目实施过程中的不确定性，提高项目的成功率。

5. 监督与评估机制

建立有效的监督与评估机制，确保项目按照既定的计划和目标进行。定期对项目进度进行检查和评估，及时发现问题并进行调整。同时，建立奖惩机制，激励团队成员更好地完成工作任务。

6. 培训与知识传递

在项目开始之前，组织相关人员进行设备档案管理知识和技能的培训。确保团队成员具备足够的专业能力和知识，能够顺利完成项目任务。同时，建立知识传递机制，确保团队成员之间的知识和经验能够得到有效传递和共享。

7. 沟通与协作

加强团队内部和外部的沟通与协作，确保信息畅通无阻。通过定期召开会议、建立信息共享平台等方式，提高团队协同工作的效率。同时，加强与相关部门的沟通与协作，确保设备档案管理工作能够得到充分的支持和配合。

8. 文档管理

建立完善的文档管理制度，确保设备档案的完整性和准确性。对档案进行定期备份和安全防护，防止数据丢失或被非法访问。同时，建立文档索引和目录体系，方便后续的查询和使用。

9. 持续改进与优化

在设备档案管理过程中，不断总结经验教训，持续改进和优化管理流程和方法。根据实际需求和技术发展，及时更新档案管理系统和设施，提高管理效率和质量。同时，关注行业动态和最佳实践，不断学习和借鉴先进的档案管理理念和方法，保持与时俱进。

二、设备档案的收集与整理

（一）设备档案的收集

1. 确定收集范围

首先，要明确需要收集的设备档案类型和范围。这包括设备的采购信息、使用说明书、维修记录、技术参数等各个方面。确保收集范围的全面性和准确性，是保证档案完整性的基础。

2. 制定收集计划

根据收集范围，制定详细的收集计划。这包括确定收集时间、责任人、收集方式等。确保计划的合理性和可行性,以保证收集工作的顺利进行。

3. 收集过程管理

在收集过程中,要注重对档案的真实性和完整性的核查。对于缺失或不全的档案,要及时进行补充和完善。同时,要注意档案的保管安全,防止损坏或丢失。

4. 标准化管理

为了便于后续的整理和利用,在收集过程中应注重档案的标准化管理。这包括统一档案格式、分类标准等,以提高档案的利用效率和准确性。

(二)设备档案的整理

1. 分类与编号

对收集到的设备档案进行分类和编号。分类应依据设备的类型、用途等因素进行,编号应遵循统一、易记的原则。确保分类和编号的科学性和合理性,以提高档案检索的效率和准确性。

2. 整理与编目

对分类和编号后的档案进行整理和编目。整理应注重档案的顺序、整洁和规范;编目应包括档案的名称、存放位置等信息,以方便后续检索和利用。

3. 数字化处理

随着信息技术的发展,数字化已经成为档案管理的重要趋势。通过数字化处理,可以将传统的纸质档案转化为电子格式,便于存储、检索和传输。同时,数字化处理可以提高档案的安全性和保密性。

4. 质量检查与审核

在整理过程中,应对档案的质量进行检查和审核。对于不符合要求的档案,应及时进行整改和完善。同时,应注重对整理过程的监督和管理,确保整理工作的质量和效率。

5. 文档安全与保密

在整理过程中,要注重档案的安全和保密工作。对于涉密或敏感的档案,应采取相应的加密、防火、防潮等安全措施,确保档案的安全和保密性。

6. 定期维护与更新

设备档案不是一成不变的，随着设备的更新、维修等情况的变化，档案也需要进行相应的更新和维护。因此，应定期对设备档案进行检查和维护，确保其始终保持最新状态。

7. 培训与指导

对于设备档案的整理工作，需要具备一定的专业知识和技能。因此，应对相关人员进行培训和指导，提高其整理工作的能力和水平。同时，应注重对整理工作的监督和管理，确保其按照标准和要求进行。

8. 制度建设与执行

建立完善的整理制度，明确各项工作的流程和要求。确保相关人员能够严格按照制度进行工作，提高整理工作的规范性和质量。同时，应加强对制度执行情况的监督和管理，及时发现和纠正不规范的行为。

三、设备档案的鉴定与保管

（一）设备档案的鉴定

1. 鉴定内容

设备档案的鉴定主要包括对档案的真实性、完整性、价值和使用期限等方面的评估。具体来说，就是要确定档案是否真实反映了设备的实际情况，是否包含了设备的全部重要信息，以及档案的重要性和保管期限等。

2. 鉴定原则

在进行设备档案鉴定时，应遵循以下原则：一是真实性原则，确保档案内容真实可靠；二是完整性原则，确保档案内容全面、无缺漏；三是价值原则，依据档案的历史、现实和将来价值进行评估；四是保管期限原则，根据档案的重要性和使用期限确定合理的保管期限。

3. 鉴定方法

可以采用专家鉴定法、对比鉴定法等多种方法进行设备档案的鉴定。对于一些难以确定价值的档案，可以组织专家进行评估；对于一些可以对比的档案，可以通过对比其他类似档案来确定其价值。

4. 鉴定程序

首先，要对档案进行初步审查，了解档案的基本情况；其次，要进行详细的分析和评估，确定档案的价值和使用期限；最后，要形成鉴定意见，填写鉴定报告，并归档保存。

（二）设备档案的保管

1. 物理保管

物理保管主要涉及档案的存储环境和存储设备。要确保存储环境的温度、湿度等环境因素符合标准要求，避免高温、潮湿等不良环境对档案造成损害。同时，要选择合适的存储设备，如纸质档案应选择适当的纸质盒、防潮袋等。

2. 数字化保管

对于数字化设备档案，需要进行数据备份和加密等处理，以保障数据的安全和完整。同时，需要定期对数字化设备档案进行完整性检查和维护，避免数据丢失或损坏。

3. 安全管理

设备档案的安全管理涉及档案的保密、隐私保护等方面。需要采取有效的安全措施，如设置密码、权限管理等，确保设备档案不被非法访问或篡改。同时，应加强档案的保密工作，防止敏感信息的泄露。

4. 定期检查与维护

应定期对设备档案进行检查和维护，包括对物理实体的检查和对数字化数据的检查。对于损坏或变质的档案应及时进行修复或替换。同时，应关注新的保管技术和方法的发展，及时更新和完善保管手段。

5. 应急处理

针对可能发生的火灾、水灾等自然灾害或人为事故，应制定相应的应急预案。在紧急情况下，应迅速采取有效措施，保护设备档案的安全，尽量减少损失。

6. 记录管理

建立完善的记录管理制度，包括保管记录、检查记录、维护记录等。通过记录管理，可以更好地掌握设备档案的保管情况，及时发现和解决问题。同时，记录管理也有助于提高设备档案保管工作的规范性和效率。

7. 人员培训与责任意识

加强对设备档案保管人员的培训和指导，提高其保管技能和责任意识。通过培训和教育活动，使保管人员充分认识到设备档案的重要性和特殊性，明确自身的责任和义务。同时，应建立健全的奖惩机制，将设备档案的保管与员工的绩效挂钩，激励员工更好地履行保管职责。

四、设备档案的利用与开发

（一）设备档案的利用

1. 设备档案的查阅与借阅

设备档案是企业的重要资产，为满足企业日常运营、维修、改造等多方面的需求，需建立完善的查阅与借阅制度。对于不同需求的用户，应设定相应的权限，确保档案的安全性和保密性。同时，应积极推广数字化查阅方式，提高档案的利用效率。

2. 设备档案的信息服务

随着企业信息化程度的提高，信息服务在设备档案管理中的地位日益突出。企业可以依托设备档案，提供各种定制的信息服务，如设备运行状态监测、故障预警等，帮助企业更好地进行决策。

3. 设备档案的宣传与教育

设备档案不仅是企业生产经营的参考资料，也是企业宣传和教育的重要素材。通过展览、宣传册等方式，设备档案可以向员工传递企业文化、历史和价值观，增强员工的归属感和荣誉感。

（二）设备档案的开发

1. 设备档案的数据分析

通过对设备档案中的大量数据进行分析，可以发现设备的运行规律、故障模式等，为企业制定更为精准的维护策略提供依据。数据分析的方法包括统计分析、趋势预测等。

2. 设备档案的知识挖掘

除了数据层面的分析，设备档案中还蕴含着大量的隐性知识。通过知识挖掘技术，可以从档案中提取出关键技术参数、故障处理经验等信息，形成知识库或专家系统，为企业的技术研发和故障诊断提供支持。

3. 设备档案的数字化与信息化

借助现代信息技术手段，如大数据、云计算、人工智能等，可以进一步提升设备档案的开发效果。例如，通过构建数字化平台，实现设备档案的在线查询、分析和管理；通过信息化手段整合各类设备档案资源，提高档案的共享和利用效率。

4. 跨界合作与资源整合

在开发设备档案的过程中，应注重跨界合作与资源整合。通过与高校、研究机构等进行合作，共同开展设备档案的开发研究；同时，积极寻求与其他企业的交流与合作，实现资源共享和优势互补。通过跨界合作与资源整合，可以进一步拓展设备档案的开发途径和应用领域。

5. 培养专业的设备档案管理人才

设备档案的利用与开发需要专业的档案管理人才作为支撑。企业应注重培养具备档案管理知识、信息技术知识以及数据分析能力的复合型人才。通过定期培训、交流学习等方式不断提高档案管理人员的专业素养和技能水平。同时，建立健全的激励机制和考核体系，鼓励档案管理人员积极参与设备档案的利用与开发工作。

第三节　设备档案的收集与整理

一、设备档案的收集原则与方法

（一）收集原则

1. 全面性原则

设备档案的收集应全面覆盖企业所拥有的各类设备，确保无遗漏。无论是大型的生产线设备还是小型辅助工具，都应纳入收集范围。

2. 实时性原则

设备档案的收集应与设备的实际运行状况保持同步。当设备进行维修、改造或升级时，相关档案应及时更新，确保档案的时效性。

3. 规范性原则

收集的设备档案应符合统一的规范和标准，确保不同设备档案之间的可比性和可追溯性，为后续的数据分析奠定基础。

4. 保密性原则

对于涉及企业核心技术的设备档案，应采取相应的保密措施，确保信息的安全。对不同等级的设备档案应设定相应的查阅权限。

（二）收集方法

1. 制定详细的收集计划

在开始收集前，应制定详细的计划，明确收集的范围、时间节点和责任人。计划的制定应结合企业的实际情况，考虑设备的数量、类型和使用状况。

2. 建立完善的收集机制

企业应建立一套完善的收集机制，确保设备档案能够及时、完整地移交到档案管理部门。这包括明确档案移交的流程、责任和时间要求等。

3. 定期与各部门沟通协调

档案管理部门应定期与设备使用部门、维修部门等沟通协调，了解设备的最新状况，确保档案的实时更新。通过定期沟通，可以解决档案收集过程中的各种问题和难点。

4. 采用信息化手段辅助收集

随着信息技术的发展，数字化设备档案的收集已成为趋势。通过建立电子化的档案管理系统，可以方便快捷地完成设备档案的收集、整理和存储工作。信息化手段的应用不仅可以提高收集效率，还能降低管理成本。

5. 加强培训与指导

对于设备档案管理人员的培训和指导是确保收集工作顺利进行的关键。通过培训，可以提高管理人员的专业素养和技能水平，使他们更好地理解和执行收集工作的原则和方法。同时，培训还可以加强管理人员的责任感和职业操守。

6. 建立监督与考核机制

为确保设备档案收集工作的有效执行，应建立相应的监督与考核机制。通过定期对收集工作进行检查和评估，及时发现和纠正存在的问题，并采取相应的奖惩措施激励员工积极参与档案收集工作。同时，监督与考核机制还可以促进档案管理部门与其他部门的协作与配合，共同推动设备档案收集工作的顺利开展。

7. 重视原始资料的保存

在收集设备档案的过程中，应特别重视对原始资料的保存。原始资料包括设备的出厂资料、安装调试记录、维修保养记录等，这些资料对于了解设备的性能、运行状况和故障处理具有重要的参考价值。因此，在收集过程中应对原始资料进行仔细核对和整理，确保其真实性和完整性。

8. 采用标准化的档案格式与处理流程

为便于后续的利用和开发，设备档案的格式和处理流程应标准化。这包括统一的文件命名规则、分类标准、数据编码等。标准化的处理流程可以提高档案管理工作的效率和质量，为企业的决策提供更有价值的信息支持。同时，标准化的档案格式也便于与其他企业或机构进行交流与合作。

二、设备档案的整理原则与流程

设备档案整理是档案管理中的重要环节，它是对收集来的设备档案进行分类、编目、排序和整合的过程。整理工作的目的是使档案更加系统化、条理化，便于后续的检索、利用和开发。以下是设备档案整理的原则与流程。

（一）整理原则

1. 科学分类

设备档案应根据其属性、特点和利用需求进行科学分类。分类应具有系统性、逻辑性和实用性，便于档案的归类、组织和查询。

2. 保持原始状态

整理过程中应尽量保持档案的原始状态，避免对原始信息的篡改和丢失。对于有缺陷的档案，应采取相应的修复措施，确保其完整性。

3. 便于检索利用

整理的目标是提高档案的检索效率和利用价值。因此，整理流程应便于档案的快速检索、准确查找和全面利用。

4. 动态管理

设备档案是一个动态的资料集合，随着设备的运行状况、维修记录等实时更新。因此，整理工作应保持动态管理，及时对新增档案进行分类、编目和归档。

（二）整理流程

1. 分类与标识

根据设备档案的类型、属性和利用需求进行分类。对不同类型的档案进行标识，便于后续的检索和查找。标识应简洁明了，易于识别。

2. 排序与编号

按照一定的顺序对设备档案进行排序，如按设备型号、使用部门、购置时间等。为每份档案分配唯一的编号，确保档案的唯一性和可追溯性。编号应具有规律性，方便记忆和查询。

3. 编目与著录

对每份设备档案进行详细的编目和著录，包括设备的名称、型号、规格、购置日期、使用部门、保管人等信息。编目与著录应遵循规范，确保信息的准确性和完整性。通过编目与著录，可以快速了解设备的详细信息，提高检索效率。

4. 数字化处理

对于传统的纸质档案，应进行数字化处理，将其转化为电子格式。数字化处理后的档案可以方便地进行复制、传输和远程查阅，提高档案的利用率和共享性。同时，数字化处理还有助于保护纸质档案的原件，减少原件的磨损和损坏。

5. 建立索引与目录

为方便快速检索和查找设备档案，应建立相应的索引与目录。索引可根据档案的关键字、关键词等信息建立，目录则是对档案内容的详细分类和组织。通过索引与目录，可以快速定位到所需的档案资料，提高工作效率。

6. 定期审查与更新

设备档案是一个动态的资料集合，随着时间的推移和设备的更新换代，部分档案可能会发生变化或失效。因此，应定期对设备档案进行审查与更新，确保档案的时效性和准确性。对于失效或过时的档案应及时进行处理和销毁，避免误导和造成混乱。同时，对于新增的设备档案应及时进行分类、编目和归档，确保档案的系统性和完整性。

三、设备档案的整理标准与规范

（一）整理标准

1. 完整性标准

设备档案应包含设备从购置到报废全过程的所有相关资料，包括技术资料、使用记录、维修保养记录、事故处理报告等。任何缺失的资料都可能影响设备档案的完整性，进而影响其利用价值。

2. 准确性标准

设备档案中的所有信息都应准确无误。这包括设备的型号、规格、技术参数、维修记录等。任何错误的或不准确的信息都可能误导使用者，甚至造成不必要的损失。

3. 系统性标准

设备档案的整理应遵循一定的逻辑和分类原则，确保档案的条理清晰、层次分明。这有助于使用者快速找到所需信息，提高档案的利用率。

（二）整理规范

1. 档案分类规范

设备档案应根据其属性、用途、购置时间等进行分类。分类应遵循简明、统一的原则，便于档案的归类和组织。同时，分类标准应保持相对稳定，以利于档案的长期管理。

2. 档案编目规范

对每一份设备档案都应进行详细的编目，包括档案编号、设备名称、型号、规格等基本信息，以及归档日期、保管期限等管理信息。编目应遵循规范，确保信息的准确性和一致性。同时，编目格式应便于打印和复印，以提高工作效率。

3. 档案数字化规范

对于纸质档案，应进行数字化处理，以利于长期保存和远程查阅。数字化过程应遵循规范，确保信息的完整性和准确性。数字化格式应统一，以便于信息的交换和共享。同时，数字化文件应定期备份，以防数据丢失。

4. 档案存储规范

设备档案的存储应遵循防潮、防尘、防鼠、防虫等原则，确保档案的安全与完整。存储环境应保持适宜的温度和湿度，以延长档案的使用寿命。同时，存储空间应合理布局，便于档案的查找和利用。对于贵重设备或核心技术的档案，应采取更为严格的保密措施，确保其安全与保密性。

5. 档案管理软件规范

选择合适的档案管理软件是提高整理效率和检索准确性的关键。档案管理软件应具备强大的信息组织、检索和统计分析功能，能够满足设备档案管理的基本需求。同时，软件应具有良好的用户界面和操作性能，便于档案管理人员使用和维护。此外，软件应具备较高的安全性和稳定性，能够保障档案信息的安全与保密性。档案管理软件的选择应遵循国家相关标准和规范，确保软件的合规性和可靠性。在软件实施过程中，应对相关人员进行培训和技术支持，以确保软件的顺利运行和有效利用。

6. 档案管理流程规范

设备档案的管理应遵循一定的流程规范，以确保整理工作的有序进行。这包括档案的收集、分类、编目、存储、利用和处置等环节。每个环节都应有明确的工作要求和责任人，以确保工作的顺利进行。同时，应定期对档案管理流程进行审查和优化，以提高工作效率和质量。通过规范化的档案管理流程，可以确保设备档案的完整性和准确性，为企业提供更好的信息支持和服务。

7. 档案利用规范

设备档案的整理不仅是为了保存和管理，更是为了更好地利用和服务于企业生产经营活动。因此，应制定相应的档案利用规范，明确利用方式和范围，以及相关的审批程序和保密要求等。利用规范应注重保护档案信息的安全和保密性，同时也要满足企业生产经营活动的需求。通过合理的利用规范，可以提高设备档案的利用率和价值发挥水平。

第四节　设备档案的保管与利用

一、设备档案的保管原则与要求

（一）保管原则

1. 安全第一原则

设备档案是企业的重要资产，必须确保其安全与完整。在保管过程中，应采取严格的安保措施，防止档案被盗、丢失或损坏。同时，对于涉及核心技术和商业机密的档案，应采取更为严格的保密措施，确保其不被泄露。

2. 预防为主原则

设备档案的保管应注重预防，采取有效的措施预防档案的损坏和丢失。例如，定期检查档案的保存状况，及时处理潜在的问题，确保档案处于良好的保存状态。

3. 科学管理原则

设备档案的保管应遵循科学的管理方法，采用现代化的技术和手段，提高档案的保存质量和管理效率。例如，利用数字化技术、档案管理软件等工具，实现档案的信息化、标准化管理。

（二）保管要求

1. 适宜的存储环境

设备档案的存储环境对其保存质量有着至关重要的影响。适宜的存储环境应满足温度、湿度、光照、防尘等要求。一般来说，设备档案应存放在恒温、恒湿的环境中，避免阳光直射和有害气体侵蚀。同时，库房的卫生条件也应保持良好，定期进行清洁和维护。

2. 定期检查与维护

设备档案应定期进行检查，包括档案的完整性、保存状况、是否有霉变、虫蛀等情况。发现问题应及时处理，如进行修复、替换或采取其他有效的措施。同时，应定期对档案管理设施进行检查和维护，确保其正常运行。

3.防灾措施

在设备档案的保管过程中,应考虑到各种可能发生的灾害,如火灾、水灾、地震等,并制定相应的应对措施。例如,建立完善的消防设施,定期进行消防演练;加强库房的防水、防震措施;制定紧急应对方案等。这些措施有助于减少灾害对设备档案造成的损失。

4.备份与恢复

为确保设备档案的安全与完整,应进行备份管理。备份文件应存放在安全可靠的地方,并定期进行检查和更新。同时,应建立档案恢复机制,一旦发生意外情况导致档案受损或丢失,能够及时进行恢复和处理。

5.档案管理人员的素质要求

设备档案的保管工作需要具备一定的专业知识和技能。管理人员应具备相关的档案管理知识、技能和实践经验,能够熟练掌握各种档案管理工具和软件。同时,管理人员应具备较强的责任心和严谨的工作态度,确保档案的安全与完整。

6.档案管理规章制度

建立健全的档案管理规章制度是确保设备档案保管工作有序进行的重要保障。规章制度应明确档案的保管责任、工作流程、管理要求等内容,为管理人员提供明确的指导和依据。同时,应定期对规章制度进行审查和更新,以适应档案管理工作的变化和发展。

二、设备档案的利用方式与服务

设备档案的利用是指企业或机构对其所拥有的设备档案进行查阅、借阅、复印、检索等操作,以满足各种不同的需求。设备档案的利用方式与服务是设备档案管理工作的重要组成部分,它不仅有助于提高设备档案的利用率,还能为企业或机构的决策、管理、维护和改进提供有力的支持。以下是关于设备档案的利用方式与服务的详细说明。

(一)设备档案的利用方式

1.现场查阅

现场查阅是指利用者在档案部门的现场对设备档案进行查阅。这种方式适用于一般的日常查阅需求，如了解设备的型号、规格、使用说明等信息。现场查阅要求档案部门提供足够的查阅空间和设施，以便利用者能够方便地查阅档案。

2.借阅服务

借阅服务是指档案部门将设备档案借给利用者带出档案部门使用。这种方式适用于需要长时间使用或深入研究设备档案的情况。借阅服务要求建立完善的借阅制度和流程，确保设备档案的安全和完整。

3.复印服务

复印服务是指根据利用者的需求，对设备档案进行复印并提供的服务。这种方式适用于需要获取设备档案的某一部分或全部内容的情况。复印服务要求确保复印的质量和准确性，并严格控制复印的数量和使用范围。

4.数字化服务

数字化服务是指将设备档案进行数字化处理，并提供在线检索和获取的服务。这种方式适用于需要远程获取设备档案的情况。数字化服务要求建立稳定的数字化管理系统，确保数字化的质量和效率，并提供安全的在线访问和传输服务。

（二）设备档案的服务内容

1.咨询服务

咨询服务是指档案部门为利用者提供关于设备档案的咨询和解答服务。咨询服务可以帮助利用者更好地理解设备档案的内容和使用方式，提高设备档案的利用率和利用效果。咨询服务可以通过现场咨询、电话咨询、在线咨询等方式提供。

2.专题服务

专题服务是指档案部门根据利用者的特定需求，为其提供针对性的设备档案服务和解决方案。专题服务可以帮助利用者深入了解设备的性能、使用和维护情况，为其决策提供有力支持。专题服务可以根据利用者的具体需求进行定制，包括数据统计、报告撰写等。

3.培训服务

培训服务是指档案部门为利用者提供有关设备档案的培训和指导服务。培训服务可以帮助利用者更好地掌握设备档案的利用方法和技巧,提高其利用效率和应用能力。培训服务可以通过现场培训、网络培训等方式提供,内容可以根据利用者的需求进行定制。

4. 参与决策支持

参与决策支持是指档案部门为企业的决策层提供基于设备档案的决策支持和建议。这种服务可以帮助企业更好地了解设备的性能、运行状况和使用情况,为企业的战略规划和决策提供有力支持。参与决策支持需要档案部门具备较高的专业素养和业务能力,能够准确把握企业的需求并提供有针对性的建议和支持。

5. 合作与共享

合作与共享是指企业与其他机构或组织之间进行设备档案的合作与共享。这种服务有助于提高设备档案的利用率和价值,促进企业与其他机构或组织的交流与合作。合作与共享可以通过建立合作伙伴关系、参与行业交流活动等方式实现,需要建立完善的合作机制和规范,确保合作与共享的顺利进行。

6. 知识管理服务

知识管理服务是指企业将设备档案作为一种知识资源进行管理和利用,通过知识管理系统的建设和完善,提高企业的知识管理水平。这种服务可以帮助企业更好地积累和传承知识,提高企业的创新能力和竞争力。知识管理服务需要建立完善的知识管理体系和制度,包括知识分类、知识共享、知识保护等方面的工作。

三、设备档案的数字化管理与应用

(一)数字化管理的优势

1. 高效存储与检索

传统的纸质档案存储需要占用大量空间,且查找不便。数字化管理可将设备档案转化为电子格式,大大节省存储空间,并实现快速检索。

2. 便于备份与迁移

数字化管理允许档案进行多重备份,有效防止数据丢失。同时,数字化档案更易于迁移,为应对自然灾害或突发事件提供了保障。

3.促进信息共享

数字化档案可以轻松地在网络上进行分享和传输，方便企业内部或与其他机构之间的信息交流与合作。

4.深度数据分析

数字化档案为数据分析提供了便利，使用软件工具对设备档案进行挖掘和分析，可为企业决策提供有力支持。

（二）数字化管理的实施

1.基础设施建设

建立稳定、高效的硬件和软件基础设施是实施数字化管理的基础。这包括高性能计算机、大容量存储设备、网络安全设备等。

2.标准化与规范化

制定设备档案数字化的标准和规范至关重要，以确保数字化质量。这包括文件格式标准、数据交换标准、元数据标准等。

3.数据转换与整理

将传统纸质或实物档案转化为数字格式需要经过扫描、拍照等技术手段，并进行数据整理和分类。

4.安全保障

确保数字化档案的安全是关键。应建立完善的安全机制，包括数据加密、权限控制、备份恢复等措施。

5.人员培训

对相关人员进行数字化管理的培训，提高其技能和意识，以确保数字化工作的顺利进行。

（三）数字化管理的应用场景

1.远程协作

在设备档案管理中，常常涉及异地查阅和审批的需求。数字化管理允许远程访问设备档案，为异地协作提供了便利。

2.智能分析

通过数字化管理，可以运用大数据和人工智能技术对设备档案进行分析，为设备维护、故障预测等提供支持。

3. 虚拟展示

数字化档案可利用 3D 扫描和可视化技术进行虚拟展示，使得设备档案的展示更加生动和直观。

4. 历史追溯与决策支持

数字化管理使得设备档案的历史数据得以完整保存，为企业决策者提供历史数据支持，帮助其更好地进行决策。

5. 应急响应

在遇到突发事件或设备故障时，数字化管理允许迅速调阅相关档案，为应急响应提供及时的信息支持。

（四）面临的挑战与对策

1. 数据安全与隐私保护

随着数字化程度的提高，数据安全和隐私保护成为重要问题。应采取有效的加密技术和访问控制机制来确保数据安全。

2. 法规遵从与证据保全

在实施数字化管理过程中，应确保符合相关法律法规要求，特别是对于需要保全的证据类档案，应采取额外的安全措施。

3. 技术更新与维护

随着技术的不断发展，数字化管理系统需要不断更新和维护。应建立有效的技术更新机制和专业的维护团队，以确保系统的稳定运行。

4. 人员素质提升

持续提高管理人员的素质是实施数字化管理的关键。应定期对相关人员进行培训和技术交流，使其适应数字化管理的新要求。

5. 跨部门协作与沟通

设备档案的数字化管理往往涉及多个部门和多方利益相关者，良好的跨部门协作与沟通至关重要。应建立有效的沟通机制和协作平台，确保各部门之间的顺畅合作。

第八章　照片音像档案管理

第一节　照片音像档案概述

一、照片音像档案的定义与特点

（一）照片音像档案的定义

照片音像档案是指在社会活动中直接形成的、以模拟或数字方式记录和处理的，以档案载体的照片、音频和视频等文件，用于记录、证明或展示历史或现实场景的凭证和参考。这些档案通常是以实体或数字形式存储的，反映了各个时期的历史、文化和社会活动等方面的重要信息。

（二）照片音像档案的特点

1. 直观性和生动性

照片音像档案以图像和声音的方式记录了历史或现实场景，能够直观地展现人物、事物或场景的真实面貌，给人以强烈的视觉和听觉冲击力，使人们能够更加生动地了解历史或现实。

2. 凭证性和参考性

照片音像档案是历史的见证和记录，具有很高的凭证价值和参考价值。它们可以用于证明某一事件或人物的真实存在和活动情况，为学术研究、文化交流等领域提供宝贵的信息和资料。

3. 多样性和特殊性

照片音像档案的形式多种多样，包括胶片照片、数字照片、录音带、录像带等不同载体和格式。这些档案在记录方式和保存条件等方面也具有一定的特殊性和要求，需要采取相应的管理措施和技术手段来保证其长久保存。

4. 法律性和证据性

由于照片音像档案具有真实性和不可篡改性，因此在法律上具有一定的证据价值。它们可以作为证明某一事实或事件的重要证据，为司法机关、政府机构等提供有力的支持和帮助。

5. 传播性和共享性

随着数字技术和网络技术的不断发展，照片音像档案的传播和共享变得越来越便捷。通过数字化处理和网络传输，人们可以轻松地分享和传播这些档案，使更多的人了解和认识历史或现实场景的真实面貌。

二、照片音像档案的分类与作用

（一）照片音像档案的分类

照片音像档案作为一种特殊的档案形式，可以根据不同的分类标准进行分类。以下是常见的几种分类方式。

1. 根据载体和格式分类

照片音像档案可以按照其存储的载体和格式进行分类，如胶片照片、数字照片、录音带、录像带等。这种分类方式便于对不同类型档案的管理、保存和利用。

2. 根据内容分类

照片音像档案也可以按照其记录的内容进行分类，如人物、事物、场景等。这种分类方式有助于对档案进行主题化的管理和利用，方便查找和检索。

3. 根据时间分类

根据照片音像档案的拍摄或制作时间进行分类，可以按照年份、月份等时间节点进行归档和整理。这种分类方式有助于对档案进行时间线性的管理和利用，便于研究和追溯历史事件或社会现象的发展变化。

4. 根据来源分类

照片音像档案还可以按照其来源进行分类，如个人拍摄、新闻机构、政府机构等。这种分类方式有助于对档案进行来源管理，便于追溯档案的来源和可靠性。

（二）照片音像档案的作用

1. 记录历史

照片音像档案是历史的见证和记录，能够真实地再现历史事件或现实场景，为人们提供直观的视觉和听觉体验。这些档案对于传承历史文化、研究历史事件等方面都具有重要意义，是珍贵的历史资料。

2. 传播文化

照片音像档案是文化的重要组成部分，通过这些档案可以传播各种文化信息，如风俗习惯、艺术表演等。这些档案对于传承和弘扬民族文化、推动文化交流等方面都具有积极的作用。

3. 提供凭证

照片音像档案具有凭证价值，可以作为证明某一事实或事件的重要证据。在司法、行政等领域，这些档案可以用于调查取证、解决纠纷等方面，维护社会公正和公平。

4. 展示形象

照片音像档案可以用于展示各种形象，如人物形象、城市形象等。通过这些档案的展示，可以传递各种信息，提高人们对形象的认知度和认同感，对于形象塑造和传播具有重要的作用。

5. 促进交流

照片音像档案可以促进不同地区、不同国家之间的文化交流和互动。通过这些档案的共享和传播，可以让更多人了解不同的历史和文化背景，增进相互之间的理解和友谊。

第二节 照片音像档案管理流程

一、照片音像档案的采集与制作

（一）采集

照片音像档案的采集是整个档案管理工作的基础，其质量直接影响到档案的保存和利用价值。因此，在进行采集时，必须遵循一定的原则和方法。

1. 确定采集范围和目标

在采集照片音像档案前，首先要明确采集的范围和目标。范围包括时间范围、地理范围、主题范围等，目标则是希望通过采集达到的效果或目的。只有明确了范围和目标，才能有针对性地进行采集工作。

2. 选择合适的载体和格式

载体和格式的选择对于照片音像档案的长期保存和利用至关重要。在选择载体时，应优先考虑具有良好稳定性和耐久性的载体，如高质量的胶片、数字存储卡等。在选择格式时，应选择通用、广泛接受的格式，以便于未来的读取和处理。

3. 确保内容真实可靠

照片音像档案作为历史的记录，必须保证其内容的真实可靠性。采集时要尽可能选择具有代表性的内容，避免出现夸大、虚假等情况。同时，要确保采集过程中的操作规范，避免人为因素对档案的真实性造成影响。

4. 规范元数据采集

元数据是描述档案属性和特征的信息，对于照片音像档案的管理和利用至关重要。在采集过程中，要规范元数据的采集，确保元数据的完整性和准确性。这有助于提高档案的检索效率和利用价值。

（二）制作

照片音像档案的制作是采集后的一个重要环节，其质量直接影响到档案的呈现效果和利用体验。因此，在制作过程中，必须遵循一定的原则和方法。

1. 确定制作标准和要求

在制作照片音像档案前，要明确制作的标准和要求。标准包括技术标准和规范、质量标准等，要求则是根据实际需求制定的具体要求。只有明确了标准和要求，才能有针对性地进行制作工作。

2. 选择合适的制作设备和软件

制作设备和软件的选择对于照片音像档案的制作质量至关重要。在选择设备时，应优先考虑具有高分辨率和高画质的设备，如高分辨率相机、摄像机等。在选择软件时，应选择功能强大、操作简便的软件，以便于后期处理和编辑。

3. 提高制作效率和质量

制作效率和质量是衡量制作水平的两个重要指标。在制作过程中，要不断优化制作流程和方法，提高制作效率。同时，要注重细节处理和质量控制，确保制作出的照片音像档案具有较高的质量水平。

4. 规范后期处理和编辑

后期处理和编辑是制作过程中的重要环节，其质量直接影响到档案的最终呈现效果。在后期处理时，要注重色彩调整、对比度控制等方面的处理，使档案呈现出更加真实、生动的画面效果。在编辑时，要注重内容的连贯性和完整性，使档案能够完整地呈现主题和事件。

二、照片音像档案的整理与分类

（一）整理原则与方法

1. 整理原则

照片音像档案的整理应遵循以下原则。

（1）真实性原则：确保照片音像档案的真实性，不得随意篡改或修饰。

（2）完整性原则：确保照片音像档案的完整性，包括内容、时间、地点等方面的完整性。

（3）有序性原则：按照一定的顺序和规律对照片音像档案进行整理，便于后续的分类和检索。

2. 整理方法

（1）编号与命名：为每一张照片或每一个音像资料进行编号，并为其命名，确保编号和名称的唯一性。编号和名称应简洁明了，能够准确反映档案的内容和特点。

（2）标注与说明：在照片或音像资料的背面或说明文件中，详细标注档案的时间、地点、人物等信息，以便于后续的分类和检索。标注应准确、规范，使用统一的格式和字体。

（3）分类与分组：根据照片或音像资料的主题、事件、时间等特征，将其进行分类和分组。分类应清晰、明确，避免交叉和重叠。分组应按照一定的逻辑关系进行，便于后续的查找和使用。

（4）编目与索引：根据整理好的照片音像档案，编制详细的目录和索引，以便于后续的检索和使用。编目应包括档案编号、名称、时间、地点等信息。索引应按照一定的规则进行编制，便于快速查找所需档案。

（二）分类体系与标准

1. 分类体系

照片音像档案的分类体系应根据具体情况进行制定。常见的分类体系包括：主题分类、事件分类、时间分类等。主题分类是根据照片或音像资料的主题内容进行分类；事件分类是根据发生的事件进行分类；时间分类是根据时间顺序进行分类。在实际应用中，可以根据具体情况选择合适的分类体系，也可以将多个分类体系结合起来使用。

2. 分类标准

分类标准是确定照片音像档案类别的准则和依据。分类标准应根据具体情况进行制定，确保类别的准确性和完整性。常见的分类标准包括：内容、时间、地点等。内容分类是根据照片或音像资料所反映的内容进行分类；时间分类是根据照片或音像资料的拍摄时间或事件发生时间进行分类；地点分类是根据照片或音像资料的拍摄地点或事件发生地点进行分类。在实际应用中，可以根据具体情况选择合适的分类标准，也可以将多个分类标准结合起来使用。

（三）实践应用与案例分析

1. 实践应用

某博物馆为了更好地展示其收藏的照片音像档案，开展了整理与分类工作。他们按照编号、命名、标注与说明、分类与分组、编目与索引等步骤进行了整理工作，并采用了主题分类体系和内容分类标准进行分类。通过整理与分类，博物馆的照片音像档案得到了规范化和系统化的管理，提高了检索和使用效率。同时，这也为博物馆的展览和研究提供了更加全面和准确的信息支持。

2. 案例分析

某新闻机构为了更好地管理其拍摄的大量照片和音像资料，进行了整理与分类工作。他们根据事件分类体系和时间分类标准进行了分类，将照片和音像资料按照不同的新闻事件和时间顺序进行了归类。通过整理与分类，新闻机构的工作人员能够更快地找到所需的资料，提高了工作效率和质量。同时，这也为新闻报道提供了更加丰富和准确的信息来源。

三、照片音像档案的鉴定与保管

（一）鉴定

照片音像档案的鉴定是确保档案价值、真实性及可靠性的关键环节。鉴定工作主要包括对档案的内容、形式、历史背景、来源等方面进行评估，确定其价值，并决定其保管期限和利用方式。

1. 鉴定原则

（1）真实性原则：确保照片音像档案的内容真实，无篡改、伪造现象。

（2）完整性原则：评估档案内容的完整性，包括时间、地点、人物、事件等信息是否齐全。

（3）历史价值原则：评估档案的历史价值，考虑其对研究、教育等方面的价值。

（4）法律价值原则：评估档案的法律价值，如版权、隐私等方面的因素。

2. 鉴定方法

（1）技术鉴定：利用相关技术手段，如数字图像处理技术，对照片音像档案的真实性和完整性进行鉴定。

（2）内容鉴定：通过审查档案的内容，评估其价值。

（3）背景鉴定：了解档案的来源、创作背景等信息，为鉴定提供参考。

（4）专家鉴定：邀请相关领域的专家对档案进行鉴定，提供专业意见。

（二）保管

照片音像档案的保管是确保其长期保存和利用的重要环节。保管工作包括选择适当的存储介质、存储环境、备份与恢复等方面。

1. 存储介质选择

根据照片音像档案的特点，选择适当的存储介质。对于传统照片，建议使用防潮、防光的照片存储盒；对于数字照片音像档案，可选择硬盘、光盘、云存储等介质。选择时应考虑存储容量、稳定性、可靠性等因素。

2. 存储环境控制

为确保照片音像档案的长期保存，应控制好存储环境。对于传统照片，应保持适当的湿度和温度；对于数字照片音像档案，应避免强磁场、强紫外线等影响。同时，应定期检查存储介质的状态，及时处理损坏或老化的问题。

3. 备份与恢复

为防止数据丢失，应定期对照片音像档案进行备份。备份可选择多种方式，如硬盘备份、光盘备份、云备份等。同时，应制定应急预案，以便在数据丢失时能迅速恢复。

（三）实践应用与案例分析

1. 实践应用

某图书馆为了更好地管理其收藏的照片音像档案，开展了鉴定与保管工作。首先，他们制定了详细的鉴定标准和方法，对每一张照片或每一个音像资料进行鉴定，确保其真实性和价值。然后，他们根据鉴定结果对档案进行分类和分级，确定不同的保管期限和利用方式。同时，他们还选择了适当的存储介质和存储环境，定期进行备份和检查，确保档案的安全和长期保存。通过鉴定与保管工作，图书馆的照片音像档案得到了更加规范和系统化的管理，提高了其利用率和保存价值。

2. 案例分析

某新闻机构拥有大量的照片和音像资料，但由于缺乏有效的管理措施，导致许多珍贵的资料损坏或丢失。为了改变这一现状，该机构决定开展鉴定与保管工作。他们首先对现有的照片和音像资料进行全面的鉴定，确定了其价值和保管期限。随后，他们根据鉴定结果对资料进行分类和分级，采取不同的保管措施。同时，他们还建立了完善的备份和恢复机制，确保数据的安全可靠。通过实施鉴定与保管工作，该新闻机构成功地保护了其珍贵的历史资料，为今后的报道和研究提供了有力的支持。

四、照片音像档案的利用与开发

（一）照片音像档案的收集标准与规范

1. 照片音像档案收集的重要性

（1）记录历史：照片和音像资料是记录历史的重要手段，能够生动地再现历史场景，为后人提供宝贵的历史资料。

（2）传承文化：照片和音像资料能够记录下人类文化的精髓，传承人类文明。

（3）提供凭证：照片和音像资料具有真实性和可靠性，可以作为证据和凭证使用。

（4）促进交流：照片和音像资料能够直观地展示各种信息，促进人们之间的交流和理解。

2. 照片音像档案的收集标准

（1）真实性：照片和音像资料必须真实反映历史事件和文化现象，不能进行篡改、伪造或合成。

（2）完整性：照片和音像资料应保持完整，包括拍摄时间、地点、人物等信息，不能有缺失或损坏。

（3）清晰度：照片和音像资料应具有足够的清晰度，能够清晰地呈现拍摄对象和场景。

（4）法律性：照片和音像资料的收集应遵守相关法律法规，不得侵犯他人的隐私权、肖像权等合法权益。

3. 照片音像档案的收集规范

（1）收集范围：政治、经济、文化、社会等各个领域的照片和音像资料；具有历史价值、文化价值、艺术价值的照片和音像资料；与重要事件、人物、地点等相关的照片和音像资料。

（2）收集方式：通过档案馆、博物馆、图书馆等机构收集；通过个人或企业捐赠或出售；通过购买或复制获取；通过拍摄制作获取。

（二）照片音像档案的整理原则与方法

1. 照片音像档案整理的原则

（1）完整性原则：确保照片音像档案的完整性是首要原则。这包括确保档案中包含所有必要的元素，如照片、底片、文字说明等，以及确保档案中没有任何缺失或损坏的部分。

（2）系统性原则：为了方便检索和使用，照片音像档案应按照一定的逻辑和分类进行整理。这可以依据时间、主题、事件等多种因素进行分类，确保档案的有序性和条理性。

（3）规范性原则：在整理照片音像档案时，应遵循统一的规范和标准。这包括对档案的格式、存储方式、标签等制定统一的规定，以确保档案的一致性和可识别性。

（4）安全性原则：照片音像档案具有极高的历史和文化价值，因此必须采取必要的措施确保其安全。这包括对档案进行定期检查和维护，防止档案的损坏或丢失。

2. 照片音像档案整理的方法

（1）分类与编号：对收集到的照片音像档案进行分类和编号是整理的第一步。分类可以根据时间、主题、事件等多种因素进行，而编号则应具有唯一性和规律性，方便后续的检索和使用。

（2）文字说明：为每份照片音像档案添加必要的文字说明十分重要。说明应包括拍摄时间、地点、人物、事件等关键信息，以便更好地理解档案的内容和背景。

（3）数字化存储：随着科技的发展，数字化存储已成为照片音像档案整理的主要方式。通过将传统的照片和音像资料转化为数字格式，可以更方便地进行存储、检索和使用。同时，数字化存储也有助于保护原始档案，减少对其的磨损和损坏。

（4）数据库管理：建立照片音像档案数据库是实现高效管理的有效途径。数据库可以按照分类、主题、时间等多种因素进行组织，提供强大的检索功能，方便用户快速找到所需的档案。

（5）定期维护与更新：随着时间的推移，照片音像档案的价值可能会发生变化。因此，应定期对档案进行评估和维护，根据需要进行更新和调整。对于损坏或失去价值的档案，应及时进行处理，确保档案的整体质量。

（6）建立索引与目录：为了方便检索和使用，应建立完善的索引与目录体系。索引可以按照主题、时间、地点等多种因素进行编制，而目录则应详细列出每份档案的基本信息。通过索引和目录，用户可以快速定位到所需的档案。

（7）权限与访问控制：由于照片音像档案具有一定的保密性和敏感性，因此应实施严格的权限与访问控制。根据用户的需求和身份，设置不同的访问权限，确保档案的安全性和保密性。

（8）备份与恢复：为了防止数据丢失，应定期对照片音像档案进行备份。同时，应制定相应的恢复策略，以便在数据出现问题时能够迅速恢复。

照片音像档案的整理是一项复杂而细致的工作，需要遵循一定的原则和方法。通过完整性原则、系统性原则、规范性原则和安全性原则的指导，采用分类与编号、文字说明、数字化存储、数据库管理、定期维护与更新、建立索引与目录、权限与访问控制以及备份与恢复等方法，我们可以实现对照片音像档案的科学整理，提高其利用效率，更好地服务于历史研究和文化传承。

（三）照片音像档案的数字化转换与处理

随着信息技术的飞速发展，数字化已经成为当今世界的主流趋势。对于档案管理而言，尤其是照片和音像档案的管理，数字化转换与处理显得尤为重要。这种转换不仅有助于长期保存，还能大大提高档案的检索和使用效率。

1. 数字化转换的必要性

（1）长期保存：传统的照片和音像资料容易受到环境因素的影响，如温度、湿度等，导致老化、损坏。而数字格式的档案可以长久保存，不易受损。

（2）方便传输与分享：数字化后的档案可以通过网络轻松传输，便于异地查阅和合作研究。

（3）提高检索效率：通过数字化处理，档案可以被快速检索、筛选和使用，大大提高工作效率。

2.数字化转换的方法与步骤

（1）扫描与拍摄：对于照片档案，可以使用高精度的扫描仪进行扫描；对于音像档案，可以采用专业的拍摄设备进行拍摄。确保获取高质量的数字信息。

（2）格式转换：根据需要，将数字文件转换为常见的格式，如 JPEG、TIFF 或 MP4 等，确保文件的通用性和兼容性。

（3）分辨率设置：根据档案的使用需求和存储条件，合理设置分辨率。既要保证图像或视频的清晰度，也要考虑存储空间和传输效率。

（4）元数据采集：在数字化过程中，同步采集每份档案的元数据，如拍摄日期、设备型号、地点等，为后续的检索和使用提供关键信息。

3.数字化处理技术

（1）图像优化：利用软件对扫描或拍摄的照片进行色彩、对比度和亮度的调整，以获得更好的视觉效果。对于老照片，可能还需要进行去噪、去色或还原等处理。

（2）音频修复：对于音像档案，可能存在音频质量不佳的情况。此时，可以采用音频修复软件对音频进行降噪、增强音质等处理。

（3）内容识别与组织：利用 OCR 技术对文字进行识别，提取照片中的文字信息；同时，利用人工智能技术对音像内容进行自动分类和标签化，便于后续检索。

（4）安全与加密：确保数字化档案的安全是至关重要的。可以采用加密技术对数字文件进行加密处理，防止数据泄露或被非法篡改。

4.数字化转换的注意事项

（1）原始档案的保护：在数字化转换过程中，要特别注意保护原始档案不受损害。使用专业的扫描仪和拍摄设备，确保操作过程中不会对原始资料造成损伤。

（2）法律与版权问题：对于涉及版权或隐私的照片和音像资料，在进行数字化处理时需确保符合相关法律法规，避免侵权问题。

（3）存储与备份：完成数字化转换后，应选择适当的存储介质对数字档案进行存储。同时，为防止数据丢失，应定期进行备份。

（4）人员培训与资质：进行数字化转换和处理的工作人员需要具备一定的专业知识和技能。应定期对工作人员进行培训和考核，确保其具备相应的资质和能力。

（5）环境控制与设备维护：确保数字化处理场所的环境条件适宜，如温度、湿度等。定期对设备和软件进行维护和更新，确保其正常运行和使用效果。

（6）标准与规范：在进行数字化转换和处理时，应遵循相关的国际、国内标准和规范，确保数字档案的质量和兼容性。同时，也可以与其他档案机构或相关组织保持一致性和互操作性。

（7）持续优化与改进：随着技术的不断进步和档案需求的变化，数字化转换和处理的方法与步骤也应持续优化和改进。及时关注新技术和新方法的发展动态，将其应用于实际工作中，提高数字化处理的效率和效果。

（8）合作与交流：与其他档案管理机构或相关组织开展合作与交流活动，共同探讨数字化转换与处理的最佳实践和技术发展趋势。通过分享经验和技术成果，促进彼此之间的共同进步和发展。

（9）评估与反馈：定期对数字化转换与处理工作进行评估和反馈。分析工作中存在的问题和不足之处，及时进行调整和改进。同时，收集用户对数字化档案的意见和建议，作为进一步优化工作的参考依据。

（10）成本与效益分析：在进行数字化转换和处理时，应对成本和效益进行全面分析。合理分配资源，确保投入与产出的平衡和可持续发展。在追求数字化效果的同时，也要注重经济效益和社会效益的双重考量。

第四节　照片音像档案的保管与利用

一、照片音像档案的保管要求与措施

（一）保管要求

1. 环境条件

（1）温度：应维持在 15~25℃的恒温条件下。过高或过低的温度都可能对照片和音像档案造成损害。

（2）湿度：相对湿度应保持在 40%~60%。过于潮湿的环境可能导致档案发霉，而过于干燥的环境则可能导致档案脆化。

（3）防尘：确保档案存储区域清洁，无尘埃和其他污染物。

（4）防光：避免强光的直接照射，使用柔和的照明，减少紫外线对档案的损害。

2. 存储设备与材料

（1）使用防潮、防霉、防蛀的专用档案盒或档案柜存放照片和音像档案。

（2）推荐使用蓝光或紫外线滤光的档案袋来保存照片，以降低光老化速度。

（3）避免使用含有酸性物质的纸或塑料作为保护材料，以免对档案造成损害。

3. 保护与修复

（1）对于已受损的档案，应及时进行修复，如去污、去皱、加固等。

（2）对珍贵的历史照片，应考虑制作副本来替代原件，以减少原件的使用和磨损。

4. 安全与备份

（1）确保档案存储区域的安全，如设置监控、报警系统等。

（2）对重要档案进行数字备份，并定期检查备份数据的完整性。

5. 管理制度

（1）建立完善的档案保管制度，明确责任与分工。

（2）对档案的借阅、复制、转移等操作进行严格的管理和登记。

6. 人员素质与培训

（1）定期对负责保管的人员进行专业培训，提高其保管意识和技能。

（2）确保保管人员具备基本的档案管理知识，了解各种保护措施和方法。

7. 法律法规与合规性

（1）遵守国家关于档案管理、保护和利用的相关法律法规。

（2）在制定和执行相关措施时，确保与国际标准和最佳实践相一致。

8. 定期检查与评估

（1）定期对照片和音像档案进行检查，查看是否有损坏或变质现象。

（2）对保管措施的有效性进行评估，及时调整和完善相关措施。

9. 研究与发展

（1）关注档案管理领域的新技术、新方法，及时引进和应用。

（2）与其他机构或组织合作，共同开展关于照片和音像档案保管的研究项目。

10. 记录与追溯

（1）对所有保管措施和方法进行详细记录，以便于追溯和审计。

（2）在档案流转过程中，确保相关记录的完整性和准确性。

（二）措施实施

1. 组织架构与分工

成立专门的档案管理部门或工作小组，明确各成员的职责和工作任务。对于大型机构或组织，可以考虑聘请专业档案管理人员进行指导。

2. 制定详细计划

根据保管要求，制定详细的实施计划。包括采购必要的设备和材料、安排人员培训、设定检查和评估周期等。确保每项措施都有明确的执行人和时间表。

3. 预算与资源分配

为档案管理活动分配必要的预算和资源，确保各项措施得以顺利实施。在资源有限的情况下，需要进行科学的评估和优先级排序。

4. 沟通与协作

加强部门间的沟通与协作，确保照片和音像档案在各个环节得到妥善处理。例如，与摄影部门、信息技术部门等建立良好的合作关系，共同推进档案管理工作。

5. 持续改进与优化

根据实际情况和反馈意见，不断优化和完善保管措施。对于发现的问题，及时进行调整和改进，以提高档案管理工作的整体水平。

6. 宣传与意识培养

通过内部培训、宣传册、网站等方式，提高员工和管理层对照片和音像档案保管工作的重视程度。使大家充分认识到档案保管的重要性，并积极参与相关工作。

7. 应急预案

针对可能出现的紧急情况（如火灾、水灾等），制定相应的应急预案，确保档案得到及时、有效的保护。同时，定期组织应急演练，提高应对突发事件的能力。

8. 评估与反馈机制

建立评估与反馈机制，定期对照片和音像档案的保管工作进行评估和总结。收集员工、用户和其他相关方的意见和建议，作为改进工作的依据。通过持续改进，不断完善档案管理措施体系。

9. 数字化与信息化建设

结合数字化和信息化技术手段，提高照片和音像档案的保管效率和效果。例如，利用专业的管理软件进行档案的分类、编目和检索；通过云存储实现档案数据的备份和远程访问；利用大数据和人工智能技术进行档案价值挖掘和知识发现等。

10. 国际合作与交流

积极参与国际档案管理的相关活动，与其他国家和地区的档案管理机构进行合作与交流。通过分享经验、共同研究，不断提升照片和音像档案保管工作的水平。

二、照片音像档案的利用方式与服务

（一）照片和音像档案的数字化

随着数字技术的不断发展，数字化已经成为照片和音像档案利用的重要方式之一。通过数字化，可以将传统的照片和音像档案转换成数字格式，方便存储、传输和检索。用户可以通过电脑、手机等终端设备，随时随地访问这些数字档案，大大提高了利用的便利性。

（二）照片和音像档案的编研

编研是照片和音像档案利用的重要方式之一。通过对档案的深入研究和分析，可以编写出各种专题资料、图集、画册等，为用户提供更全面、深入的档案信息服务。同时，通过编研，还可以挖掘出档案中隐藏的价值，为学术研究和社会发展提供新的思路和视角。

（三）照片和音像档案的展览

展览是照片和音像档案利用的另一种重要方式。通过展览，可以将档案中的珍贵资料呈现给观众，让观众更加直观地了解历史和文化。同时，展览还可以提高公众对档案的认识和关注度，增强全社会的档案意识。

（四）照片和音像档案的在线利用

随着互联网技术的发展，在线利用已经成为照片和音像档案利用的常用方式之一。通过在线平台，用户可以随时随地访问照片和音像档案，方便快捷地获取所需信息。同时，在线利用还可以实现跨时空的信息共享，让更多的人了解和认识照片和音像档案的价值。

（五）个性化服务

随着用户需求的多样化，个性化服务也逐渐成为照片和音像档案利用的重要方式之一。个性化服务可以根据用户的需求和兴趣，提供定制化的档案信息服务，满足用户的个性化需求。例如，为用户提供定制化的专题资料、为学者提供定制化的学术支持等。

（六）合作与交流

合作与交流也是照片和音像档案利用的重要方式之一。通过与其他机构、组织或个人进行合作与交流，可以共享资源、优势互补，共同推动照片和音像档案的保护与利用工作。例如，与博物馆、图书馆等机构合作举办展览、与高校合作开展学术研究等。

三、照片音像档案的数字化管理与应用

（一）数字化管理的必要性

传统的照片和音像档案面临着保存难度大、查找烦琐、传输不便等诸多问题。而数字化技术为这些问题的解决提供了有效途径。通过数字化，可以将传统的照片和音像档案转化为数字格式，便于长期保存、快速检索和远程传输。

（二）数字化管理的实施

1. 数字化设备选择

选择合适的数字化设备是关键。应根据档案的类型、质量和数量等因素，选择合适的扫描仪或摄像机，确保数字化效果最佳。

2. 数字化技术参数确定

在数字化过程中，应关注分辨率、色彩深度等关键参数。这些参数的设置直接影响到数字化档案的质量和应用效果。

3. 数字档案存储与备份

数字档案的存储应选择性能稳定的存储设备，定期进行数据备份，以防数据丢失。

4. 数字档案安全保障

保障数字档案的安全是重要的一环。应设置访问权限、加密技术等措施，确保数字档案不被非法获取或篡改。

（三）数字化技术的应用

1. 在线展览

通过数字化技术，可以将照片和音像档案转化为数字格式，在线上进行展览，使得更多的人能够欣赏到这些珍贵的档案资料。

2. 智能检索

利用数字化技术，可以实现照片和音像档案的智能检索。用户可以通过关

键词、时间、主题等不同维度，快速查找到所需的档案资料。

3. 多媒体制作

结合数字化技术，可以将照片和音像档案制作成多媒体产品，如电子相册、视频短片等，丰富档案的应用形式。

4. 云存储与共享

通过云存储技术，可以将数字档案存储在云端，方便远程访问和共享。同时，云存储还可以降低存储成本，提高数据的安全性。

5. 虚拟现实与增强现实

结合虚拟现实（VR）和增强现实（AR）技术，可以将照片和音像档案转化为沉浸式的体验。用户可以通过VR/AR设备，身临其境地感受历史场景和文化氛围。

6. 数据挖掘与分析

通过对照片和音像档案的数字化数据进行挖掘与分析，可以发现其中隐藏的价值和规律。例如，通过对大量历史照片的分析，可以了解一个地区的历史变迁和社会发展。

7. 移动终端应用

利用移动终端设备，如手机、平板电脑等，可以随时随地访问数字照片和音像档案。通过移动应用，用户可以更加方便地欣赏、分享和交流这些珍贵的档案资料。

8. 社交媒体分享

通过社交媒体平台，如微信、微博等，可以将照片和音像档案分享给更多的人。这种方式不仅可以扩大档案的传播范围，还可以促进用户之间的交流与互动。

9. 跨媒体合作

与其他媒体机构或创意团队进行合作，可以将照片和音像档案应用于电影、电视剧、纪录片等创作中，丰富作品的素材和表现力。

10. 教育与培训

在教育和培训领域，可以利用照片和音像档案进行辅助教学。例如，在历史课程中展示历史事件的照片和视频资料,帮助学生更直观地理解历史。此外,在艺术、设计等领域的教学中,也可以利用这些档案资料提高学生的审美和创作能力。

11. 文化交流与传播

在全球化的背景下,照片和音像档案可以作为文化交流的重要载体。通过数字化技术,可以将这些档案资料翻译成多种语言,促进不同国家和民族之间的文化交流与理解。

12. 创意产业推动

利用照片和音像档案可以推动创意产业的发展。例如,在广告、设计、摄影等领域中,可以利用这些档案资料进行创意设计和创作。同时,通过对照片和音像档案进行版权保护和应用授权,可以创造经济价值和社会效益。

13. 个性化定制服务

针对不同用户的需求和兴趣,可以提供个性化的数字照片和音像档案定制服务。例如,为用户量身定制个人相册、专题视频等产品,满足用户的独特需求。

14. 虚拟展览与博物馆

通过数字化技术,可以在线构建虚拟展览空间或数字博物馆。这种方式可以让观众跨越时空限制,随时随地欣赏和学习各种珍贵的历史和文化资料。同时,虚拟展览还可以降低实体展馆的运营成本和维护难度。

15. 智能化编辑与处理

利用图像处理和编辑软件,可以对数字照片和音像档案进行智能化编辑和处理。例如,自动修复损坏的档案资料、智能合成多张照片或视频片段等。这不仅可以提高工作效率,还可以提升档案资料的质量和效果。

第九章 实物档案管理

第一节 实物档案管理概述

一、实物档案的定义与特点

（一）实物档案的定义

实物档案是指以物质形态存在的档案，区别于传统的纸质档案和电子档案。它主要包括各种具有历史、艺术、科学价值的实物，如徽章、印章、奖杯、手稿、邮票等。这些实物档案具有独特的形态和特点，是记录历史和传承文化的重要载体。

（二）实物档案的特点

1. 物质性

实物档案的本质特征是其物质性，即所有的信息都储存在实物的物理形态中。这与传统的纸质档案或电子档案不同，后者是以文字、图像等形式储存信息。

2. 多样性

实物档案的类型极为丰富多样，涵盖了各种不同领域和类型的事物。从简单的纸质手稿到复杂的艺术品，都可以成为实物档案的一部分。这种多样性使得实物档案能够提供更广泛的信息来源。

3. 直观性

由于实物档案是以物质形态存在的，人们可以直接观察和感受到它们。这种直观性使得实物档案在传达信息和故事方面具有独特的优势，能够给观众留下深刻的印象。

4. 独特性

每一件实物档案都有其独特的历史背景和价值。有些物品可能只属于某个特定的个人或事件，具有不可替代性。这种独特性使得实物档案在研究和展示方面具有很高的价值。

5. 保护困难

由于实物档案的物质性和多样性，它们的保护成为一个挑战。不同于纸质档案可以通过控制环境因素（如温度和湿度）来保护，实物档案的保护需要更多的关注和措施。这包括防止损坏、腐朽、盗窃等问题，以及正确地储存和展示这些物品。

6. 鉴定困难

由于实物档案的多样性和独特性，对其真伪和价值的鉴定可能成为一个难题。这需要专业的知识和经验，以及对特定物品的历史和文化背景的了解。

7. 利用方式的多样性

实物档案的价值不仅在于其物质本身，更在于其所包含的信息和故事。因此，对于实物档案的利用方式也是多种多样的。例如，可以通过展览、研究、出版等方式来挖掘和展示其价值，为学术研究和社会公众提供更多元化的视角和知识。

8. 对技术手段的依赖

随着科技的发展，对实物档案的数字化成为一种趋势。通过数字化技术，可以将实物的形态和特征转化为数字信息，以便于储存、传输和展示。这种数字化手段已经成为保护和利用实物档案的重要手段之一。

二、实物档案的分类与作用

（一）实物档案的分类

实物档案的分类是按照一定的标准和方法，将实物档案进行整理、归类和组织的过程。根据不同的分类标准，可以将实物档案分为不同的类型。以下是常见的几种分类方式：

1. 按载体类型分类

根据实物档案的载体类型，可以将实物档案分为纸质档案、木质档案、竹质档案、骨质档案、金石档案、布质档案、塑料档案等。这种分类方式便于对不同材质的档案进行特殊保护和利用。

2. 按内容分类

根据实物档案的内容，可以将实物档案分为历史遗物、艺术品、名人手稿、邮票邮品、钱币、徽章、奖牌、纪念章等。这种分类方式便于对不同内容的档案进行专题研究和利用。

3. 按来源分类

根据实物档案的来源，可以将实物档案分为官方档案和民间档案。官方档案是指政府机构、社会组织等官方渠道形成的档案，如政府文件、会议纪要等；民间档案是指民间人士、企业等非官方渠道形成的档案，如家谱、手工艺品等。

4. 按年代分类

根据实物档案的年代，可以将实物档案分为古代档案、近代档案和现代档案。这种分类方式便于对不同年代的档案进行历史研究和利用。

（二）实物档案的作用

1. 历史见证作用

实物档案是历史的见证，可以证明历史事件的真实性和历史人物的存在。通过实物档案，人们可以更直观地了解历史，增强对历史的认知和理解。

2. 文化传承作用

实物档案作为文化遗产的重要组成部分，承载着丰富的文化信息。通过实物档案的传承和展示，可以弘扬民族文化，推动文化交流和发展。

3. 教育作用

实物档案可以作为生动的教育素材，用于各种教育和培训活动。通过实物档案的展示和学习，人们可以更深入地了解历史和文化，提高自己的综合素质和认知水平。

4. 科学研究作用

实物档案可以为科学研究提供重要的素材和证据。通过对实物档案的研究和分析，可以揭示历史和文化的奥秘，推动科学研究的进步和发展。

5. 宣传和展示作用

实物档案可以用于各种宣传和展示活动，如展览、博物馆、文化节等。通过实物档案的展示和宣传，可以增强人们对历史和文化的认同感和自豪感，促进社会和谐和发展。

（三）实物档案管理的重要性与意义

1. 实物档案管理的重要性

（1）维护历史真实：实物档案管理对于维护历史的真实性和完整性具有重要意义。许多珍贵的历史遗迹或艺术品可能因为种种原因被遗忘或破坏，通过有效的档案管理能够及时发现并保护这些珍贵的物品，使后人能够了解真实的历史。

（2）传承文化遗产：实物档案管理也是文化遗产传承的重要手段。许多传统的工艺品、艺术品或历史遗物都是民族文化的瑰宝，通过档案管理能够确保这些物品得到妥善保管并得以传承下去。

（3）提供研究依据：实物档案管理为历史、文化、艺术等多方面的研究提供了宝贵的资料和依据。通过对各类实物档案的研究和分析，可以深入了解历史事件和文化背景，为学术研究提供重要的支撑。

（4）促进文化交流：实物档案管理也有助于促进不同地区、国家之间的文化交流与合作。通过展览、交换等形式展示各类实物档案，可以让人们更加深入地了解不同文化的特点和精髓，促进文化交流与融合。

2. 实物档案管理的意义

（1）提升社会文明水平：有效的实物档案管理能够提升全社会的文明水平。通过对实物档案的保护和利用，可以让更多人了解历史和文化，提高人们的综合素质和文化素养，促进社会文明的进步和发展。

（2）推动学术研究：完善的实物档案管理系统能够为学术研究提供丰富的素材和资料，促进学术研究的进步和发展。通过对各类实物档案的研究和分析，可以深入揭示历史和文化的奥秘，推动学术研究的创新和发展。

（3）促进经济发展：合理的实物档案管理也有助于促进经济的发展。通过展览、文化创意等形式利用实物档案资源，可以带动文化产业的发展，创造经济效益和社会效益的双重价值。同时，实物档案管理本身也可以创造一定的就业机会和经济收入。

（4）增强民族凝聚力：实物档案作为民族文化和历史的重要载体，具有强烈的民族凝聚力和文化认同感。通过对实物档案的保护和利用，可以唤起民族记忆和自豪感，增强民族凝聚力和向心力，对于维护国家安全和社会稳定具有重要意义。

第二节 实物档案的收集与整理

一、实物档案的收集范围与标准

（一）实物档案的收集范围

实物档案的收集范围是指针对实物档案进行收集时的具体对象和内容。以下是一些常见的实物档案收集范围。

1.历史遗物

历史遗物包括古代文物、历史事件相关物品等，如化石、陶器、兵器、古籍等。

2.艺术品

艺术品包括绘画、雕塑、书法、篆刻等艺术品及创作工具、手稿等，这些艺术品可以反映不同时期和地区的艺术风格和特点。

3.名人手稿、信函、照片等

这包括政治家、文学家、艺术家、科学家等名人的手稿、信函、照片等，这些物品可以反映名人的思想、风格和生平事迹。

4.邮票、邮品

邮票、邮品是一种特殊形式的实物档案，可以反映不同时期的社会、历史、文化背景。

5.钱币、徽章

这包括古代和现代的钱币、徽章等，这些物品可以反映不同时期的经济、政治和社会状况。

6. 奖牌、证书

这包括各种比赛、评比活动中获得的奖牌、证书等，这些物品可以反映个人或组织的成就和荣誉。

7. 纪念品

纪念品包括各种纪念章、纪念碑、纪念照片等，这些物品可以反映重大事件或节庆日的纪念意义。

8. 其他有价值的实物

其他有价值的实物如地图、印章、印谱、车模、船模等，这些物品可以反映不同领域的历史和文化信息。

（二）实物档案的收集标准

在实物档案的收集过程中，需要遵循一定的标准，以确保收集的实物具有保存和利用价值。以下是一些常见的实物档案收集标准。

1. 真实性

收集的实物必须是真实的，不是复制品或伪造品。实物的年代、材质、工艺等信息应该与描述相符，没有篡改或伪造的痕迹。

2. 完整性

收集的实物应该尽可能完整，包括实物的整体和各个局部，不能有残缺或损坏。如果实物有附件或相关的文字说明，也应该一并收集。

3. 有价值性

收集的实物应该具有一定的历史、文化、艺术价值或纪念意义，能够反映一定时期或地域的特点和风貌。实物的外观、材质、工艺等方面也应该具有代表性或独特性。

4. 可识别性

实物的年代、出处、材质等信息应该能够被准确识别和描述。实物的名称、尺寸、重量等信息也应该有明确的记录和标识。

5. 可保管性

收集的实物应该易于保管和保存，不会因为环境变化或时间推移而损坏或变质。对于一些易碎或易变形的实物，应该采取适当的保护措施。

6. 合法性

在收集实物时应该遵守相关法律法规，确保实物的来源合法，权属明晰，不会引起任何法律纠纷。

7. 系统性

实物档案的收集应该具有一定的系统性，根据不同的分类标准和方法对实物进行分类和整理，以便于后期的保管和利用。同时，不同类别的实物之间也应该有一定的逻辑关系和联系。

8. 可利用性

收集的实物应该具有一定的可利用性，能够为学术研究、文化传承、宣传教育等方面提供有价值的信息和资源。实物的利用价值与其实物的历史和文化价值密切相关，但也可能因为其特殊的材质、工艺或外观而具有特殊的利用价值。

9. 可追溯性

对于收集的实物，应该建立完整的记录和档案，包括实物的名称、尺寸、重量、年代、出处等信息，以及实物的照片、视频等影像资料。这些记录和档案应该能够追溯和查询，以便于后期的保管和利用。

10. 尊重隐私权

在收集实物时应该尊重隐私权，避免收集涉及个人隐私的实物。如果某些实物的收集涉及隐私权问题，应该征得相关人员的同意或遵循相关法律法规的要求进行处理。

二、实物档案的整理原则与方法

（一）整理原则

实物档案的整理应遵循以下原则。

1. 保持历史原貌

实物档案具有不可复制的特点，因此整理时应尽可能保持其历史原貌，尊重其原始状态和原始信息。

2. 分类科学

实物档案种类繁多，形态各异，整理时应采取科学合理的分类方法，便于保管和利用。常见的分类方法包括按时间、按来源、按主题等。

3. 标识清晰

实物档案应有明确的标识，包括名称、年代、尺寸、重量等信息，以便于识别和管理。标识应清晰、准确、简明，且易于理解。

4. 保护优先

实物档案是不可再生的文化遗产，整理时应以保护为首要任务，采取必要的保护措施，防止损坏和丢失。

5. 充分利用

实物档案具有重要的历史和文化价值，整理时应充分发掘其价值，为学术研究、文化传承、宣传教育等方面提供有力支持。

（二）整理方法

实物档案的整理方法主要包括以下步骤。

1. 收集鉴定

首先应对实物档案进行收集，并对其真伪、价值等进行鉴定。鉴定时应以专业的知识和经验为基础，确保鉴定结果的准确性和可靠性。

2. 分类排序

鉴定后的实物档案应根据其特点进行分类和排序。分类应科学合理，便于保管和利用；排序应按照时间、来源、主题等顺序进行，便于查找和阅读。

3. 编目记录

对整理好的实物档案进行编目记录，包括名称、年代、尺寸、重量等信息，以及存放位置、保管情况等。编目记录应准确、完整、规范，便于检索和利用。

4. 制作目录

制作实物档案目录，包括总目录和分目录，便于查找和管理。目录应清晰明了，易于理解，方便使用。

5. 存储保管

根据实物档案的特点和要求，选择适当的存储方式和保管场所，确保其实物安全和长期保存。同时应定期进行检查和维护，及时处理损坏和丢失等问题。

6. 数字化处理

为了更好地保护和利用实物档案，可对其进行数字化处理，如拍摄照片、录制视频等。数字化处理时应选择适当的设备和技术，保证数字化成果的质量和真实性。同时应做好数字化成果的存储和管理，确保其安全性和长期保存。

7. 开发利用

实物档案具有重要的历史和文化价值，应积极开发利用，为学术研究、文化传承、宣传教育等方面提供有力支持。开发利用时应充分发掘其价值，同时注意保护其原始状态和原始信息。

8. 定期审查

实物档案的整理是一个持续的过程，应定期对整理成果进行审查和更新。审查时应关注实物档案的变化情况和新发现，及时调整和完善整理成果。同时应总结经验教训，提高整理工作的质量和效率。

9. 建立档案管理制度

建立完善的档案管理制度是保证实物档案整理工作顺利进行的重要保障。管理制度应明确管理职责、管理流程、管理标准等内容，同时应加强监督和考核，确保管理制度的有效执行。

10. 加强人员培训

实物档案整理工作需要专业的人员进行操作和管理。应加强人员培训，提高其对实物档案的认识和理解，增强其整理和管理能力。同时应鼓励人员不断学习和探索新的整理方法和技术，推动实物档案整理工作的创新和发展。

三、实物档案的编号与登记

（一）实物档案的概念和特点

实物档案是指以物质实体为载体，能够反映单位或个人从事各项工作活动的历史记录和成果，包括荣誉奖牌、证书、纪念品、音像制品、赠品等各类实物。与传统的纸质档案相比，实物档案具有如下特点。

1. 形态各异

实物档案的形态各异，大小、形状、质地各不相同，因此需要进行分类整理和编号。

2. 保管要求高

由于实物档案的材质、形状、大小各不相同，因此需要采取不同的保管措施，如防潮、防尘、防鼠等，以确保档案的长期保存。

3. 展示性强

实物档案能够直观地展示单位或个人的历史和成果，具有很强的展示性，是宣传和展示的重要素材。

（二）实物档案编号的意义和方法

为了方便管理和查询，需要对实物档案进行编号。编号的作用在于将实物档案转化为可数字化的信息，以便于计算机管理、检索和利用。以下是编号的方法。

1. 分类编号法

根据实物的性质和用途进行分类，如荣誉类、纪念品类、音像制品类等，然后在分类的基础上进行编号。优点是便于分类管理，缺点是需要对每个类别进行定义和界定，比较烦琐。

2. 流水编号法

按照实物的入库时间进行编号，从 1 开始编号，依次递增。优点是简单易行，缺点是不便于按照类别进行查询和检索。

3. 复合编号法

将分类编号法和流水编号法结合起来，即先对实物进行分类，然后在每个类别内部按照流水号进行编号。优点是既便于分类管理，又便于查询和检索，缺点是需要对每个类别进行定义和界定，比较烦琐。

（三）实物档案登记的内容

在进行实物档案编号后，需要进行登记。登记的内容如下。

（1）档案编号：即对实物档案进行编号的结果。

（2）档案名称：即实物的名称，如荣誉奖牌、证书、纪念品等。

（3）档案来源：即实物的来源，如某单位或个人赠送的纪念品等。

（4）档案尺寸：即实物的尺寸，包括长、宽、高等。

（5）档案重量：即实物的重量。

（6）档案材质：即实物的材质，如金属、塑料等。

（7）档案特征：即实物的特征描述，如颜色、图案等。

（8）保管方式：即实物的保管方式，如是否需要防潮、防尘等。

（9）档案备注：即对实物的其他说明或备注信息。

（四）实物档案登记的步骤

登记的步骤如下。

（1）对实物档案进行编号和分类。

（2）填写登记表，包括档案编号、档案名称、档案来源、档案尺寸、档案重量、档案材质、档案特征、保管方式等内容。

（3）对登记表进行审核，确保填写的内容准确无误。

（4）将登记表录入计算机管理系统，以便于管理和查询。

（5）将实物档案放入指定的库房或展厅中，按照规定的保管方式进行保管。

（四）实物档案管理的注意事项

在进行实物档案管理时，需要注意以下事项。

1. 定期检查

对实物档案进行定期检查，确保档案的保管环境适宜、无损坏。如发现有损坏或变质的档案，应及时进行处理或修复。

2. 分类管理

对于不同类别的实物档案，应采取不同的管理措施。如荣誉奖牌、证书等需要采取防尘措施；纪念品需要避免碰撞或划伤等。

第三节　实物档案的保管与保护

一、实物档案的保管要求与措施

（一）实物档案的保管要求

1. 适宜的温湿度环境

实物档案的材质各异，对温湿度环境的要求也不同。为了确保实物档案不受温湿度变化的影响，应将档案库房的温湿度控制在适宜的范围内。一般情况下，适宜的温度为14-24℃，相对湿度为40%-60%。对于一些特殊材质的实物档案，如木质、丝质等，温湿度要求更为严格，需要采取相应的调控措施。

2. 防虫防鼠措施

实物档案在长时间的保存过程中，容易受到虫害和鼠害的侵袭。为了防止虫鼠对实物档案造成损害，应采取有效的防虫防鼠措施。可以使用药物防治或物理防治方法，如定期投放驱虫药物、放置樟脑球等。同时，保持库房的清洁卫生也是防止虫鼠害的重要措施。

3. 防尘防霉措施

尘埃和霉菌对实物档案的保存有很大的影响。尘埃会污染档案表面，而霉菌则会对纸质、布质等材料造成损害。为了防止尘霉对实物档案造成损害，应采取有效的防尘防霉措施。可以使用空气过滤器、除湿机等设备，同时定期进行清洁除尘工作。

4. 防震防潮措施

实物档案在搬运和利用过程中容易受到震动和潮气的影响。为了防止震动和潮气对实物档案造成损害，应采取有效的防震防潮措施。可以使用减震器材、防潮剂等设备，同时避免将实物档案放置在潮湿环境中。

（二）实物档案的保管措施

1. 建立完善的保管制度

为了确保实物档案的完整性和长久保存，应建立完善的保管制度。制度应包括档案入库前的检查、登记、分类、编号、标识等环节，以及档案库房的温湿度监测、清洁卫生、安全保卫等方面的规定。同时，还应建立实物档案的定期检查和维护制度，发现问题及时处理。

2. 提高保管人员的素质

保管人员的素质直接关系到实物档案的管理质量。应定期对保管人员进行培训和教育，提高他们的业务水平和责任心。保管人员应了解实物档案的特性和保管要求，掌握相应的管理技能和维护方法，确保实物档案得到科学合理的保管。

3. 配备先进的保管设备

为了提高实物档案的保管质量，应配备先进的保管设备。设备应具备适宜的温湿度调控、防虫防鼠、防尘防霉、防震防潮等功能，同时应保证设备的稳定性和可靠性。在使用设备时，应定期进行检查和维护，确保设备的正常运行和使用效果。

4. 强化信息化管理

随着信息技术的发展，信息化管理已经成为档案管理的重要手段。应建立实物档案的信息化管理系统，实现档案信息的数字化、网络化和智能化管理。通过信息化管理，可以更加方便快捷地查询、检索和管理实物档案信息，提高管理效率和质量。同时，信息化管理还可以为实物档案的保护修复、学术研究等方面提供更加全面准确的信息支持。

二、实物档案的保护技术与方法

（一）实物档案保护的重要性

实物档案是指具有历史价值和文化价值的实物，如古代文物、历史遗迹、名人手稿、徽章、旗帜等。这些实物档案不仅具有历史价值，还承载着人类文明和文化遗产的传承。因此，保护实物档案对于历史研究和文化传承具有重要意义。

（二）实物档案保护的基本原则

1. 保持原状原则

保护实物档案的首要原则是保持其原始状态。在修复和保养过程中，应尽可能保留文物的原始材料、形状、颜色、质地等，避免对文物进行不必要的干预和破坏。

2. 科学保护原则

保护实物档案需要采用科学的方法和技术手段。保护过程中应遵循科学规律，根据文物的不同材质和特性，采取相应的保护措施和方法，避免因保护不当而造成损害。

3. 预防为主原则

保护实物档案应以预防为主，采取有效的措施防止文物受损。在保管过程中，应注意文物的保存环境，保持适宜的温湿度、光照、清洁度等，避免文物受到自然和人为因素的损害。

（三）实物档案保护的技术与方法

1. 温湿度调控

温湿度是影响实物档案保存的重要因素。为了保持适宜的温湿度环境，需要采取相应的调控措施。例如，使用恒温恒湿设备、加湿器、除湿机等设备，对库房的温湿度进行精准控制。同时，应定期检查文物的保存环境，确保温湿度适宜。

2. 防虫防鼠措施

虫害和鼠害是损坏实物档案的重要原因之一。为了防止虫鼠对文物造成损害，应采取有效的防虫防鼠措施。例如，定期投放驱虫药物、放置樟脑球等，同时保持库房的清洁卫生，及时清理垃圾和杂物，防止害虫滋生。

3. 防尘防霉措施

尘埃和霉菌对实物档案的保存有很大的影响。为了防止尘霉对文物造成损害，应采取有效的防尘防霉措施。例如，定期进行清洁除尘工作，使用防霉剂等，同时避免将文物置于潮湿环境中。对于已经出现霉斑的文物，应及时进行处理，如使用专业清洗剂进行清洗。

4. 防震防潮措施

震动和潮气对实物档案的保存也有很大的影响。为了防止震动和潮气对文物造成损害，应采取有效的防震防潮措施。例如，在搬运过程中使用减震器材、防潮剂等设备，同时避免将文物置于潮湿环境中。对于已经受潮的文物，应及时进行处理，如使用吸湿剂进行除湿。

5.修复与保养技术

对于已经受损的实物档案，需要进行修复和保养。修复与保养技术包括物理修复、化学修复、生物修复等。在修复过程中，应遵循保持原状原则和科学保护原则，尽可能保留文物的原始材料、形状、颜色、质地等。同时，应选择合适的修复材料和方法，确保文物的安全性和稳定性。

6.数字化保护技术

数字化保护技术是利用数字技术对实物档案进行复制、记录和保存的一种方法。通过数字化技术可以将文物转化为数字信息，便于存储、传输和展示。数字化保护技术包括数字摄影、三维扫描、虚拟现实等技术。通过数字化技术可以实现对实物档案的永久保存和保护。

7.建立完善的档案管理制度

建立完善的档案管理制度是保护实物档案的重要保障。管理制度应包括档案的入库登记、分类管理、定期检查、保养维护等方面的规定。同时，应建立实物档案的借阅和利用制度，规范借阅和利用程序，确保文物的安全性和完整性。此外，还应加强档案管理人员的培训和教育，提高他们的业务水平和责任心。

三、实物档案的定期检查与修复

（一）定期检查的内容

1.环境条件的监测

环境条件如温湿度、光照、空气质量等对实物档案的保存状态有显著影响。定期检查应包括对这些环境因素的监测，确保其处于适宜的范围内。

2.物理状态的评估

对实物档案的物理状态进行检查，包括外观、结构、完整性等。特别关注是否有霉斑、锈蚀、裂痕等情况，以及是否有生物侵害的迹象。

3.损坏程度的评估

根据物理状态的检查，评估实物档案的损坏程度。这有助于确定修复的优先级和策略。

4.保护状况的检查

检查实物档案的保护措施,如是否有适当的防潮、防尘、防虫措施,以及是否有适当的存储和展示方式。

(二)修复的原则与方法

1.修复原则

修复实物档案时应遵循保持原状原则和可逆性原则。即修复工作应尽可能保留文物的原始特征,同时确保修复措施是可以逆转的,以便于未来的进一步处理。

2.修复方法

根据损坏的类型和程度,可以采用不同的修复方法。

(1)物理修复:对于物理损伤,如断裂、变形等,可以通过物理手段进行修复,如机械矫形、焊接等。

(2)化学修复:对于锈蚀、腐蚀等化学损伤,可以使用化学方法进行修复,如使用缓蚀剂、除锈剂等。

(3)生物修复:对于生物侵害,如霉菌、害虫等,可以使用生物方法进行修复,如使用生物杀虫剂、生物除霉剂等。

(4)材料补充:对于缺失或损坏的部分,可能需要使用与原件相容的材料进行补充。选择合适的材料和工艺是关键,以确保修复部分与原件的协调性和稳定性。

(5)数字修复:对于无法通过物理或化学手段修复的部分,可以使用数字技术进行虚拟修复。通过数字扫描和建模技术,可以重建丢失的部分,并使其在视觉上与原件相融合。数字修复是一种有效的保护和保存手段,尤其适用于珍贵和脆弱的实物档案。

(6)专业修复:某些特殊的或高价值的实物档案可能需要进行专业修复。这通常涉及专家团队,他们具有丰富的经验和技能,能够处理复杂的修复问题。

(三)修复工作的实施

1.制定修复计划

根据定期检查的结果,制定详细的修复计划。这包括确定需要修复的部分、选择适当的修复方法和材料、设计修复工艺等。同时应确保修复工作在可逆性和保持原状的原则下进行。

2. 修复团队的组建

选择具有相关经验和技能的修复人员组建团队。他们应了解实物档案的特点和保护要求，能够执行修复计划并确保文物的安全性和稳定性。

3. 实施修复工作

根据制定的修复计划，进行实际的修复工作。在修复过程中，应保持对实物档案的监测和管理，及时发现并处理可能出现的问题。同时应注意保护其他未受损部分，避免造成不必要的损害。在完成修复后，应对实物档案进行再次检查和评估，确保其状态良好并符合预期的保存要求。

4. 记录与报告

对整个修复过程进行详细记录，包括检查的结果、采取的措施、使用的材料和方法等。建立完整的档案记录有助于跟踪和管理实物档案的保护工作。同时应定期提交工作报告，向上级主管部门汇报实物档案的保护状况和进展情况。

5. 培训与教育

对参与实物档案保护工作的人员进行培训和教育是必要的。这包括对实物档案的特点和保护要求的理解、环境监测和控制的方法、物理和化学保护技术、修复技术和工艺等方面的知识和技能培训。通过培训和教育，提高工作人员的业务水平和责任心，确保他们能够有效地执行保护和修复工作。

第四节　实物档案的利用与开发

一、实物档案的利用方式与服务

（一）实物档案的利用价值

实物档案作为历史和文化的见证，具有极高的利用价值。其独特的直观性和实物性，使得实物档案在提供证据、教育公众、学术研究等方面具有不可替代的作用。通过有效的利用和服务，实物档案能够更好地发挥其价值，为社会和公众带来更多的利益。

（二）实物档案的利用方式

1. 展览展示

通过展览展示，可以将实物档案呈现给公众，让公众了解档案的历史和文化价值。展览可以根据主题、形式和受众的不同，采取多种形式，如临时展览、主题展览、巡回展览等。展览内容可以涵盖历史、文化、艺术等多个领域，以吸引不同需求的观众。

2. 借阅与复制服务

对于有需求的个人或机构，可以提供实物档案的借阅和复制服务。借阅服务可以满足用户对实物档案的直接查阅需求，而复制服务则可以满足用户对档案内容的复制和利用需求。在提供借阅和复制服务时，应确保档案的安全和完整，并遵守相关的法律法规。

3. 数字利用与网络服务

随着数字化技术的发展，实物档案的数字利用已经成为一种趋势。通过数字化技术，可以将实物档案转化为数字格式，并提供网络服务。用户可以通过网络访问、浏览和下载数字档案，方便快捷地获取档案信息。同时，数字化技术还可以提高档案的保存和保护水平，减少实物档案的损坏和丢失风险。

4. 合作与交流

与其他机构或组织进行合作与交流，可以促进实物档案的利用和服务水平的提高。合作与交流的形式多样，如组织联合展览、开展学术研究、共享资源等。通过合作与交流，可以拓展实物档案的利用和服务领域，提高其社会影响力。

（三）提升实物档案利用与服务质量的措施

1. 完善基础设施

完善的基础设施是提升实物档案利用与服务质量的必要条件。这包括建设符合规范的库房、配备专业的保存设备和管理工具、加强环境监测和控制等措施。同时，应注重数字设施的建设，提高数字化技术的水平和应用范围。

2. 提高工作人员素质

工作人员的素质直接影响到实物档案的利用和服务质量。因此，应加强对工作人员的培训和教育，提高他们的专业素养和服务意识。培训内容应包括档案管理、保护修复、数字化技术等方面的知识和技能，以及职业道德和服务态度的培养。

3.优化服务流程

优化服务流程可以提高实物档案的利用效率和服务质量。这包括简化借阅程序、提供个性化的服务方案、加强用户反馈机制等措施。通过优化流程，可以更好地满足用户需求，提高用户满意度。

4.加强宣传推广

加强宣传推广可以增加实物档案的知名度和影响力。通过各种渠道和媒体进行宣传推广，如举办新闻发布会、制作宣传资料、开展宣传活动等，可以吸引更多的用户关注和使用实物档案。同时，加强与媒体和社会的合作与交流，可以提高实物档案的社会认知度和影响力。

5.创新服务模式

创新服务模式可以为实物档案的利用和服务带来新的机遇和发展空间。例如，可以利用数字化技术提供虚拟展览、在线借阅等服务；可以通过合作与交流拓展实物档案的共享和应用范围；可以结合社会热点和需求开展专题研究和推广活动等。通过创新服务模式，可以更好地满足用户需求，提高实物档案的利用和服务水平。

二、实物档案的开发价值与途径

（一）实物档案的开发价值

实物档案是指以物质形态存在的档案，如照片、书画、奖牌、器物、纪念品等。这些档案具有独特的开发价值，主要体现在以下几个方面。

1.历史价值

实物档案是历史的见证，记录了人类社会发展的各个阶段和各个方面。通过实物档案的开发，可以深入了解历史事件、人物事迹、文化传承等方面的信息，为学术研究、文化传承和历史教育提供重要的素材和依据。

2.文化价值

实物档案是文化的重要组成部分，反映了不同时期、不同地域、不同民族的文化特征和艺术风格。通过实物档案的开发，可以深入了解文化的内涵和演变，为文化传承和创新提供重要的借鉴和启示。

3. 艺术价值

实物档案中蕴含着丰富的艺术元素，如造型、色彩、图案、材质等。通过实物档案的开发，可以欣赏和领悟不同时期和不同风格的艺术作品，提高人们的审美水平和艺术鉴赏能力。

4. 教育价值

实物档案具有直观性和形象性，能够生动地展示历史、文化和艺术的魅力。通过实物档案的开发，可以将其应用于教育领域，如展览、教材、教具等，提高人们的文化素养和历史意识。

（二）实物档案的开发途径

1. 收集与整理

收集与整理是实物档案开发的基础工作。通过收集和整理散落的实物档案，建立完整的档案体系，为后续的开发工作提供可靠的保障。在收集和整理过程中，应注意档案的分类、编目和保存等工作，确保档案的完整性和安全性。

2. 数字化处理与存储

数字化处理与存储是实物档案开发的重要手段。通过数字化技术将实物档案转化为数字格式，可以实现档案的长期保存和高效利用。数字化处理应注重图像质量、数据安全等方面的要求，确保数字化成果的准确性和可靠性。同时，应建立完善的数字化存储系统，保证数字档案的安全性和稳定性。

3. 展示与传播

展示与传播是实物档案开发的重要环节。通过展览、出版、网络等多种形式展示和传播实物档案，可以扩大其影响力和认知度，提高公众的文化素养和历史意识。在展示与传播过程中，应注重内容的选取和呈现方式的设计，提高展示效果和传播效果。同时，应积极开展合作与交流活动，促进实物档案的共享和应用。

4. 学术研究与教育推广

学术研究与教育推广是实物档案开发的重要应用领域。通过开展学术研究，深入挖掘实物档案的历史和文化内涵，为学术交流和文化传承提供重要的支持和借鉴。同时，将实物档案应用于教育领域，如教材编写、教具制作等，可以提高教育的生动性和趣味性，促进学生的全面发展和素质提升。在学术研究和教育推广过程中，应注意方法和成果的创新性和实用性，推动实物档案的开发和应用不断向前发展。

三、实物档案的文化传承与社会教育功能

（一）实物档案的文化传承功能

实物档案作为历史的见证，承载着丰富的文化信息，是文化传承的重要载体。通过实物档案，我们可以了解不同时期、不同地域、不同民族的文化特征和艺术风格，深入挖掘文化的内涵和演变。实物档案的开发和利用，对于文化传承具有以下几方面的价值：

1. 提供文化溯源

实物档案记录了人类社会发展的各个阶段，是文化溯源的重要依据。通过实物档案，我们可以了解各种文化现象的产生、发展和演变过程，探究文化的根源和内涵，为文化传承和创新提供重要的借鉴和启示。

2. 传播文化价值

实物档案中蕴含着丰富的艺术元素和文化信息，通过展览、出版、网络等多种形式展示和传播，可以让更多人了解和认识文化的价值和魅力，促进文化的传播和交流，推动文化多样性的发展。

3. 激发文化创新

实物档案不仅是对历史的记录和呈现，也是对未来的启示和引领。通过实物档案的开发和利用，可以激发人们的文化创新意识和创造力，推动文化的发展和进步。

（二）实物档案的社会教育功能

实物档案作为一种特殊的教育资源，具有直观性和形象性，能够生动地展示历史、文化和艺术的魅力。在当今社会，随着教育形式的多样化，实物档案在教育领域的应用越来越广泛，对于提高人们的文化素养和历史意识具有以下几方面的价值。

1. 丰富教育内容

实物档案具有生动、真实的特点,能够为教育提供丰富的素材和内容。通过实物档案的展示和讲解,可以让学生更加直观地了解历史事件、人物事迹和文化传承等方面的信息,增强教育的趣味性和实效性。

2. 提高教育质量

实物档案具有很高的真实性和可信度,能够为教育提供更加准确和可靠的信息。通过实物档案的展示和讲解,可以培养学生的观察力、思考力和创造力,提高他们的综合素质和能力水平,促进学生的全面发展和素质提升。

3. 培养爱国情感

实物档案中有很多关于国家历史和文化的珍贵资料,通过实物档案的教育活动,可以培养学生的爱国情感和民族自豪感,增强他们的文化自信心和民族认同感。

4. 促进社会参与

实物档案的保护和利用需要全社会的共同参与和支持。通过实物档案的教育活动,可以引导公众关注和参与档案的保护工作,提高全社会的档案意识和文化保护意识,促进文化事业的发展和进步。

第五节 实物档案管理的信息化与数字化

一、实物档案的数字化采集与处理

(一)实物档案数字化的意义

随着科技的进步和信息化时代的到来,数字化技术已经广泛应用于各个领域。在档案管理领域,数字化技术为实物档案的采集、存储、处理和利用带来了革命性的变革。实物档案的数字化采集与处理,不仅提高了档案管理的效率,还为档案的保存和传播提供了更为便捷的途径。

（二）数字化采集的方法与技术

1. 高精度扫描技术

高精度扫描技术是数字化采集的一种重要手段。通过高精度扫描设备，可以将实物档案的文字、图像等信息转化为数字信号，生成高清晰度的数字副本。这种技术广泛应用于纸质、照片、绘画等不同类型的实物档案。

2. 3D 扫描技术

对于一些复杂的立体实物档案，如模型、雕塑等，传统的扫描技术可能无法获取完整的三维信息。这时，就需要采用 3D 扫描技术。3D 扫描技术可以通过激光、结构光等手段获取物体的三维形状、尺寸等信息，实现实物档案的三维数字化。

（三）数字化处理的关键环节

1. 色彩校正与还原

实物档案的颜色可能会因为时间的推移或保存环境的影响而发生变化。为了使数字档案尽可能地还原实物档案的真实色彩，需要进行色彩校正与还原处理。这一过程可以通过数字图像处理软件完成，调整图像的色彩、亮度、对比度等参数，使其接近实物档案的实际颜色。

2. 数字图像优化

为了便于网络传输和存储，需要对采集到的数字图像进行优化处理。例如，压缩图像文件、降低图像分辨率等。在优化过程中，需要权衡图像质量和文件大小，以达到最佳的平衡效果。

3. 数据存储与备份

数字化处理后的数据需要妥善存储和备份，以防数据丢失或损坏。可以采用专业的档案管理软件或云存储服务，确保数据的安全性和可靠性。同时，为了方便数据的检索和利用，还需要建立完善的档案目录和索引系统。

（四）实物档案数字化的优势与挑战

1. 优势

数字化采集和处理使得实物档案的存储更为安全、便捷。通过数字化手段，可以轻松备份数据，避免传统档案管理中存在的损坏、丢失等问题。同时，数字化档案便于检索和利用，提高了档案的利用率和价值。通过网络和移动设备，用户可以随时随地访问档案数据，为学术研究、文化传承等领域提供了极大的便利。

2. 挑战

虽然实物档案数字化带来了很多优势，但也存在一些挑战。首先，数字化技术的成本较高，需要投入大量的资金和人力。其次，数字化过程中可能会遇到版权问题，需要加强知识产权的保护。此外，随着数字化技术的不断发展，需要不断更新设备和软件，以确保数据的完整性和安全性。

实物档案的数字化采集与处理是档案管理领域的发展趋势。通过数字化技术，可以实现实物档案的高效管理、安全存储和便捷利用。在未来发展中，应继续加强数字化技术在档案管理中的应用研究，提高数字化采集与处理的水平，为文化传承和社会教育等领域提供更好的服务。同时，还需要关注数字化技术的安全性和可靠性问题，保障数据的安全和隐私不受侵犯。

二、实物档案的信息化管理与应用

（一）实物档案信息化管理的背景与意义

随着信息化时代的到来，传统的档案管理方式已经难以满足现代社会的需求。实物档案作为档案管理的重要组成部分，其信息化管理与应用对于提高档案管理效率、促进信息共享和推动社会发展具有重要意义。通过信息化手段，可以实现实物档案的数字化存储、智能化检索和网络化传播，更好地服务于各个领域的用户。

（二）实物档案信息化管理的内容与方法

1. 实物档案的数字化采集

实物档案信息化管理的基础是数字化采集。通过高精度扫描、3D建模等技术，将实物档案转化为数字格式，实现信息的数字化转换。数字化采集需要确保数据的准确性和完整性，为后续的信息化管理提供可靠的数据基础。

2. 信息化存储与备份

数字化后的实物档案需要采用专业的信息化存储与备份方案。可以采用云存储、磁盘阵列等手段，确保数据的安全性和可恢复性。同时，为了满足数据检索和利用的需求，还需要建立完善的档案目录和索引系统，提高数据的管理效率。

3. 信息化检索与利用

实物档案信息化管理的核心是检索与利用。通过建立智能化的检索系统，用户可以根据关键词、主题等条件快速查找到所需的档案信息。同时，利用网络和移动设备，用户可以随时随地访问档案数据，实现远程检索和在线利用。为了提高检索效率和准确性，需要不断优化检索算法和数据库结构。

4. 信息化安全管理

实物档案信息化管理需要重视安全管理工作。通过建立完善的安全管理制度和技术防范体系，确保数据的安全性和隐私保护。可以采用加密技术、访问控制等手段，防止数据泄露和非法访问。同时，还需要加强网络安全防护，防范网络攻击和病毒入侵。

（三）实物档案信息化管理的优势与挑战

1. 优势

实物档案信息化管理具有多方面的优势。首先，信息化管理提高了档案管理效率，减少了人工干预和人为错误。其次，通过数字化存储和网络传播，实现了实物档案的长期保存和广泛传播，有利于文化传承和社会教育。此外，信息化管理还为跨地区、跨行业的档案交流与合作提供了便利，促进了信息资源共享。

2. 挑战

实物档案信息化管理也面临一些挑战。首先，信息化技术的更新换代较快，需要不断跟进技术发展，升级和完善管理系统。其次，随着数据量的增长，需要加强数据整合与挖掘工作，提高数据的质量和价值。此外，还需要关注信息安全和隐私保护问题，防范网络攻击和数据泄漏风险。

（四）实物档案信息化管理的实践与发展趋势

1. 实践案例

许多机构和企业已经开展了实物档案信息化管理的实践探索。例如，博物馆采用数字化技术将文物信息转化为数字数据，建立数字博物馆，为观众提供更加丰富的展示和互动体验。图书馆将纸质书籍转化为电子书，方便读者在线阅读和下载。政府机构采用信息化手段管理土地、房产等实物档案,提高了管理效率和公共服务水平。

2. 发展趋势

未来,实物档案信息化管理将朝着以下几个方向发展:一是更加智能化,借助人工智能等技术手段实现自动化检索和个性化推荐;二是更加标准化,推动档案管理标准的制定与实施,促进不同机构之间的信息共享与交流;三是更加安全可靠,加强信息安全管理,保障数据的机密性和完整性;四是更加人性化,以用户需求为导向,优化用户体验,提高服务质量和满意度。

三、实物档案数字化管理的优势与挑战

(一)实物档案数字化管理的优势

1. 存储空间的优化

传统的实物档案需要占用大量的物理空间,而数字化管理则大大减少了实际存储空间,降低了库存成本。数字化的档案存储在电子介质上,不仅节省了空间,还降低了档案管理的物理负担。

2. 检索效率的提高

传统的实物档案检索需要人工查找,效率低下。而数字化管理可以通过关键词、标签、分类等方式快速检索到目标档案,大大提高检索效率。同时,数字化档案还可以通过信息系统进行智能分类和整理,进一步提高档案的检索效率。

3. 档案的长期保存

电子介质在存储数据方面具有很高的稳定性,而且可以通过备份、加密等技术手段保护档案的安全。这使得数字化档案能够长期保存,避免传统实物档案因物理损坏、老化等原因造成的损失。

4. 档案的共享与传播

数字化档案可以通过网络实现远程传输和共享,方便档案的传播和利用。数字化的档案可以轻松地复制和传输给其他人或机构,进一步扩大档案的利用价值。

5. 提高管理效率

数字化管理可以利用信息系统进行自动化管理，提高档案的管理效率。管理人员可以通过系统对档案进行跟踪管理，实时掌握档案的存储、利用等情况，方便管理工作的开展。

（二）实物档案数字化管理的挑战

1. 技术的更新换代

随着技术的不断更新换代，数字化管理系统需要不断升级和更新。同时，由于电子设备的寿命有限，需要定期更新设备以保障数字化档案的安全和稳定。因此，需要不断投入资金和人力进行系统的维护和升级。

2. 数据的保护与安全

虽然电子介质具有很高的数据稳定性，但数据的安全保护仍然是一个重要的问题。数字化的档案需要采取一系列的安全措施，如加密、备份、访问控制等，以防止数据被非法获取、篡改或丢失。同时，还需要防范网络攻击和病毒侵害等安全风险。

3. 数字资源的兼容性

由于不同的数字化管理系统和技术标准存在差异，导致数字资源的兼容性成为一个问题。为了实现数字资源的共享和交换，需要解决不同系统之间的兼容性问题，以确保数字资源的互操作性和可读性。

4. 人力资源的培训与培养

实物档案数字化管理需要具备相关专业知识和技能的人力资源。然而，目前许多档案管理机构缺乏足够的专业人才，需要加强人力资源的培训和培养工作。通过培训和教育，提高档案管理人员的数字化素养和技能水平，以满足数字化管理的需求。

5. 法律法规的完善

随着实物档案数字化管理的普及和应用，相关的法律法规也需要不断完善。需要制定和完善相关法律法规，明确数字化档案的管理职责、权益保护等内容，为数字化管理提供法律保障。同时，也需要加强数字版权保护和知识产权保护等方面的法律法规建设。

实物档案数字化管理具有显著的优势和广阔的应用前景，为档案管理带来了革命性的变革。通过数字化管理，可以大大提高档案的存储和检索效率，实现档案的长期保存和共享传播。然而，在实际操作中仍面临着一系列的挑战，如技术的更新换代、数据的安全保护、数字资源的兼容性、人力资源的培训与培养以及法律法规的完善等问题。为了更好地推进实物档案数字化管理的应用和发展，需要采取一系列措施应对这些挑战。

第一，需要加强技术的研发和创新，提高数字化管理系统的稳定性和安全性。不断跟踪和研究新技术的发展趋势和应用情况，积极引入先进的技术和管理经验，以提升数字化管理的水平和效率。

第二，需要建立健全数据安全保护体系。强化数据加密、备份和访问控制等安全措施的实施和管理，确保数字化档案的安全和完整性。同时，加强网络安全防护和病毒防范工作，提高数字化档案的抗风险能力。

第三，需要促进数字资源的共享和交换。加强不同系统之间的兼容性和互操作性研究，建立统一的数字资源交换标准和管理规范。通过共享和交换数字资源，促进档案管理机构之间的合作与交流，提高数字化管理的整体水平。

第四，重视人力资源的培训与培养工作。加强档案管理人员的数字化素养和技能培训，提高其对数字化管理的认识和应用能力。同时，积极引进具有相关专业背景和技能的人才加入档案管理队伍中来，以满足数字化管理的需求。

第五，需要完善相关法律法规体系。针对实物档案数字化管理的特点和需求，制定和完善相关法律法规，明确数字化档案的管理职责、权益保护等内容，为数字化管理提供法律保障。同时，还要加强对数字版权保护和知识产权保护等方面的法律法规建设，保障相关主体的合法权益不受侵犯。

第十章　人事档案管理

第一节　人事档案的定义和重要性

一、人事档案的定义与内容

（一）人事档案的定义

人事档案是指在各类社会组织（包括政府机关、企事业单位、社会组织等）中形成的，用于记载员工个人基本情况、社会经历、工作表现及其他相关情况的一种文件材料。这些材料涵盖了个人的教育背景、工作经历、家庭状况、社会关系、政治面貌、品德作风等方面的情况，是对个人进行全面了解和评价的重要依据。

（二）人事档案的内容

1. 基本信息

基本信息包括个人的姓名、性别、出生年月、籍贯、身份证号码等。

2. 教育背景

教育背景记录个人的学历、学位、专业方向、学习经历等信息。

3. 工作经历

工作经历详细记录个人的工作单位、职务、职称、工作岗位变动等情况。

4. 家庭状况

家庭状况包括家庭成员的基本信息，如姓名、关系、职业等。

5. 社会关系

社会关系反映个人在社会中的联系和交往情况，如党派关系、社会职务等。

6. 政治面貌

政治面貌指个人的政治立场和政治表现，如党员、团员等。

7. 品德作风

品德作风反映个人的道德品质、行为习惯等方面的表现。

8. 工作评价

工作评价包括个人在工作中的表现评价、奖惩情况等。

9. 其他信息

其他信息如个人的身体健康状况、婚姻状况等其他相关情况。

（三）人事档案的重要性

1. 作为选拔任用的重要依据

人事档案详细记录了个人的教育背景、工作经历和表现等信息，为组织选拔和任用人才提供了重要依据。通过对人事档案的审查，可以全面了解一个人的基本素质和综合能力，为选拔任用提供参考。

2. 作为考核评价的重要参考

人事档案中记录了个人的工作表现和奖惩情况等信息，是组织对个人进行考核评价的重要参考。通过对人事档案的分析，可以了解一个人的工作态度和工作能力，为考核评价提供依据。

3. 作为人才流动的重要凭证

随着人才市场的不断发展，人事档案成为人才流动的重要凭证。在求职或调岗过程中，个人可以通过出示有效的人事档案证明自己的教育背景和工作经历等，促进人才的有序流动。

4. 作为法律维权的重要保障

人事档案作为个人的原始记录，具有法律效力，可以作为法律维权的证据。在涉及个人权益的纠纷中，人事档案可以起到重要的法律凭证作用。

5. 作为社会信用体系的重要组成部分

人事档案是社会信用体系的重要组成部分，通过建立和完善人事档案管理制度，可以提高社会信用水平，促进社会诚信体系建设。

人事档案作为一种重要的个人信息资源，在社会组织和经济发展中发挥着不可或缺的作用。加强对人事档案的管理和利用，有利于提高组织的管理水平和工作效率，有利于促进人才的合理流动和优化配置，有利于推动社会信用体系的建设和发展。因此，我们应该充分认识人事档案的重要性，加强人事档案管理工作的规范化、科学化和法制化建设，充分发挥人事档案在组织和个人发展中的积极作用。

二、人事档案的重要性与作用

（一）人事档案的重要性

1. 历史记录的凭证

人事档案是个人历史的真实记录，它提供了关于一个人的教育、工作经历、家庭背景、社会关系等的详细信息。这些信息为组织提供了全面了解和评估一个人的机会，为决策提供了重要依据。

2. 人才选拔与任用的基础

在选拔和任用人才的过程中，人事档案提供了全面、客观的参考信息。通过分析人事档案，组织可以了解一个人的工作能力、专业背景、发展潜力等，从而作出更合适的人事决策。

3. 考核与评价的依据

人事档案中记录了个人的工作表现、业绩、奖惩情况等，为组织的考核与评价提供了重要依据。通过人事档案，可以全面了解一个人的工作态度、工作能力以及职业发展状况。

4. 法律维权的保障

在某些情况下，如劳动纠纷、法律诉讼等，人事档案可以作为法律证据，保护个人的合法权益。

5. 社会信用体系的组成部分

在现代社会，随着信用体系的不断完善，人事档案成为社会信用体系的重要组成部分。一个完整、准确的人事档案，有助于提升个人的社会信用度。

（二）人事档案的作用

1. 提升组织管理效率

人事档案的建立与管理，有助于组织更加系统地了解和管理员工，提高人力资源的配置效率，进而提升组织的管理效率。

2. 促进人才资源的合理配置

通过人事档案，组织可以更准确地了解和评估人才的能力和潜力，实现人才资源的合理配置，避免人才浪费。

3. 增强员工的归属感和忠诚度

当员工感受到组织对其个人历史的尊重和重视时，会增强对组织的归属感和忠诚度，从而更积极地投入工作。

4. 推动社会信用体系建设

完善的人事档案管理制度有助于提升整个社会的信用水平，推动社会信用体系的建设和发展。

5. 促进人力资源的可持续发展

人事档案的建立和管理，有助于组织对人力资源进行长期规划和管理，促进人力资源的可持续发展。

第二节　人事档案的收集与整理

一、人事档案的收集标准

（一）人事档案的收集标准

1. 准确性

确保收集的信息真实可靠，无虚假内容。

2. 完整性

信息收集应全面，不遗漏任何重要内容。

3. 及时性

信息应及时更新，确保其时效性。

4. 规范性

信息收集应遵循统一的标准和格式，方便整理与归档。

5. 安全性

确保人事档案信息不被泄露或滥用。

（二）具体措施

1. 制定详细的收集制度

明确各类信息的收集责任人、收集时限、收集方式等，确保信息能够及时准确地被收集。

2. 建立动态更新机制

对于个人情况的变化，如职位变动、家庭变化等，应定期进行更新，以保证人事档案的实时性。

3. 强化信息审核

在收集过程中，应对信息进行审核，确保信息的真实性和准确性。对于不完整或模糊的信息，应要求提供者补充或核实。

4. 加强信息安全保护

在收集和保管过程中，应采取必要的技术和管理措施，防止人事档案信息的丢失和非法使用。对于涉及个人隐私的信息，应进行脱敏处理或限制访问权限。

5. 建立反馈机制

鼓励员工参与人事档案管理工作，对存在的问题及时提出反馈和建议，不断优化和改进人事档案的收集工作。

6. 提高档案管理人员的素质

加强档案管理人员的培训和教育，提高其专业素养和责任心，确保人事档案的收集工作能够高质量完成。

7. 加强宣传教育

通过各种渠道宣传人事档案的重要性，提高员工的档案意识，促使员工积极配合人事档案的收集工作。

8. 推广数字化技术应用

利用数字化技术，建立电子化的人事档案管理系统，提高人事档案的查询和利用效率，同时方便对档案信息的实时更新和管理。

9. 明确责任追究制度

对于故意提供虚假信息或拒不配合信息收集工作的行为，应明确相应的责任追究制度，以保障人事档案收集工作的严肃性和权威性。

10. 统一标准和规范操作

制定人事档案管理的统一标准和规范操作流程，确保各个单位或部门在收集人事档案时能够遵循统一的标准和规范，提高人事档案的管理水平。通过以上措施的实施，可以进一步明确人事档案的收集范围和标准，提高人事档案的管理水平，更好地服务于组织的发展和个人成长的记录。

二、人事档案的整理原则与方法

（一）整理原则

1. 真实性原则

确保人事档案的真实性是首要原则。所有信息应当准确无误，不得有任何虚假内容。这要求在整理过程中严格审核每一份档案，确保其内容与事实相符。

2. 完整性原则

人事档案应全面反映一个人的生平事迹和表现，因此整理时必须确保档案内容的完整性。对于缺失或遗漏的信息，应当及时进行补充和完善。

3. 有序性原则

人事档案应当按照一定的顺序进行整理，如时间顺序、内容分类等，以便于查阅和利用。同时，要保持档案之间的逻辑关系，确保整个档案体系的条理清晰。

4. 安全性原则

人事档案涉及个人隐私和组织机密，因此必须采取严格的安全措施来保护档案信息不被泄露或滥用。这包括对档案的物理保存和电子存储进行安全管理，防止非法访问和篡改。

5. 动态性原则

人事档案是一个动态的管理体系，随着个人经历的变化，档案内容也需要不断更新和完善。因此，整理工作应当保持动态性，及时对档案进行更新和调整。

（二）整理方法

1. 分类整理法

根据人事档案的内容和特点，将档案分为不同的类别，如个人信息类、教育经历类、工作表现类等，然后按照类别进行整理和归档。这种方法的优点是条理清晰，方便查阅。

2.时间轴整理法

以时间为线索，按照个人经历的发展顺序，将档案进行整理和归档。这种方法有利于展现一个人的成长历程和发展轨迹。

3.关键词整理法

根据档案内容提取关键词，然后按照关键词进行分类和整理。这种方法适用于信息量大、内容繁杂的档案，能够快速地找到所需信息。

4.电子化管理法

利用计算机技术、大数据分析等手段，建立电子化的人事档案管理系统。将人事档案数字化后进行分类、检索和利用，提高管理效率和利用价值。

5.目录索引法

为每份人事档案编制详细的目录和索引，以便快速找到档案中的具体内容。目录和索引可以按照个人、时间、事件等不同分类方式进行编制。

三、人事档案的分类与归档

（一）人事档案的分类

人事档案的分类是将员工信息按照一定的标准进行整理和归类，使档案更具条理性和系统性。分类的标准可以根据组织的需求和人事档案的特点来确定。以下是一些常见的分类方式。

1.按个人归类

将每个员工的档案独立归类，以个人为单位进行整理。这种分类方式适用于员工数量较少、档案内容较为简单的情况。

2.按部门归类

根据员工的所在部门进行分类，将同一部门的员工档案归为一类。这种分类方式有助于了解各部门的人员构成和人力资源状况。

3.按职位归类

根据员工的职位级别或职责进行分类，将相同或相似职位的员工档案归为一类。这种分类方式有助于评估不同职位的任职状况和人员需求。

4. 按时间归类

以时间为线索，将员工档案按照入职时间、晋升时间等时间节点进行分类。这种分类方式有助于了解员工的职业发展历程和组织的人员流动情况。

在进行人事档案分类时，应确保分类标准明确、合理，以便于档案的整理、归档和查阅。同时，要保持分类的动态性，随着组织结构和人事变动的调整，及时对分类进行调整和完善。

（二）人事档案的归档

人事档案的归档是指将分类好的档案按照一定的规则和方法进行整理、存储和保管的过程。归档的目的是确保档案的安全、完整和长期可用，同时便于查阅和利用。以下是人事档案归档的一些要点。

1. 归档规则制定

根据组织的特点和档案管理的要求，制定详细的归档规则。规则应包括归档范围、归档时间、归档质量等方面的要求，确保归档工作有序进行。

2. 归档方法选择

根据分类方式选择合适的归档方法。可以采用纸质归档、电子归档或混合归档（纸质与电子结合）的方式。在选择归档方法时，应考虑档案的安全性、可读性、长期保存等因素。

3. 归档流程管理

建立严格的归档流程，包括档案整理、质量检查、存储管理等多个环节。确保每个环节都有明确的责任人，并对流程进行监控和管理，以确保归档工作的质量。

4. 存储与保管

选择合适的存储介质和保管环境，确保档案的安全和长期保存。对于纸质档案，要注意防潮、防虫、防火等措施；对于电子档案，要注意数据安全、存储介质选择以及备份等方面的管理。

5. 定期核查与更新

定期对已归档的人事档案进行核查，确保档案的真实性和完整性。对于需要更新的档案，及时进行更新操作，以保证档案的时效性和可用性。

6. 利用与借阅管理

建立完善的档案利用和借阅管理制度，明确利用和借阅的权限、审批程序以及责任追究等方面的要求。同时，加强档案的保密管理，防止敏感信息的泄露和不当使用。

7. 信息化管理

推进人事档案的信息化管理，建立电子化档案管理系统。通过数字化技术对纸质档案进行扫描、转换和存储，提高档案的管理效率和利用价值。同时，加强电子档案的安全防护措施，确保电子档案的安全可靠。

8. 培训与意识提升

对人事档案管理人员进行培训和教育，提高其专业素质和档案管理意识。通过培训，使管理人员熟悉档案管理的要求和方法，掌握相关技能，提高其工作效率和质量。

9. 制度与法规遵循

遵循国家相关法律法规和标准要求，制定符合组织实际情况的人事档案管理制度和规范。确保档案管理有法可依、有章可循，同时加强制度执行情况的监督检查力度，确保制度得到有效执行。

10. 持续改进与创新

关注人事档案管理的新理念、新技术和新方法，不断改进和创新档案管理模式。通过引入现代化技术手段和管理理念，提高人事档案的管理效率和利用价值，为组织的可持续发展提供有力支持。

第三节 人事档案的保管与维护

一、人事档案的保管要求与措施

（一）人事档案的保管要求

1. 安全性保障

确保档案避免盗窃、篡改、丢失等风险，同时要防止信息泄露，特别是涉及个人隐私和组织机密的信息。

2. 完整性保障

确保档案内容完整、齐全，无缺失、损坏等现象。对于纸质档案，要防止受潮、虫蛀、火灾等损害；对于电子档案，要防止数据损坏、丢失和被非法访问。

3. 长期可用性保障

人事档案的保管不仅需要满足当前的需求，还要考虑到未来的利用价值。因此，要选择适当的存储介质和存储方式，确保档案在未来仍然可以正常访问和使用。

4. 规范性管理

建立科学、规范的档案管理流程和制度，确保档案的收集、分类、归档、保管、利用等环节都有明确的操作规范和责任人。

5. 信息化管理

随着信息化技术的发展，电子化档案管理成为趋势。要积极推进人事档案的信息化管理，提高管理效率和质量。同时，要加强电子档案的安全防护措施，确保电子档案的安全可靠。

（二）人事档案的保管措施

为了满足上述保管要求，组织需要采取一系列的措施来确保人事档案的安全、完整和长期可用。以下是一些具体的保管措施。

1. 建立健全档案管理规章制度

组织应制定完善的人事档案管理制度，明确档案管理的目的、原则、流程和责任。制度应涵盖档案的收集、分类、归档、保管、利用、保密等方面，确保档案管理有章可循、有法可依。同时，应定期对制度进行审查和更新，以适应组织发展和档案管理的新要求。

2. 加强档案存储设施的安全防护

选择具备良好安全防护条件的档案存储设施，如配备防盗门窗、监控摄像头等安全设备。同时，要做好档案室的消防安全工作，定期检查消防设施是否完好有效，确保档案室符合消防安全要求。

3. 实施定期档案安全检查

建立定期档案安全检查机制，对档案的保管状况进行检查，及时发现和解决潜在的安全隐患。检查范围应包括档案的完整性、存储环境的安全性、电子档案的数据安全等方面。对于检查中发现的问题,应立即采取措施进行整改和完善。

4. 提高档案管理人员的素质和能力

组织应加强档案管理人员的培训和教育,提高其专业素质和档案管理意识。通过培训,使管理人员熟悉档案管理的要求和方法,掌握相关技能,提高其工作效率和质量。同时,应加强管理人员的职业道德教育,增强其责任心和保密意识。

5. 采用现代化的档案管理技术

积极引入现代化的档案管理技术和设备,如电子化档案管理系统、数字化扫描设备等。通过数字化技术和电子化管理手段,提高人事档案的管理效率和利用价值。同时,要加强电子档案的安全防护措施,确保电子档案的安全可靠。

6. 规范档案利用与借阅程序

建立完善的档案利用和借阅制度,明确利用和借阅的目的、范围和程序。在借阅过程中,应严格履行审批程序,确保档案不被滥用或泄露。同时,应加强档案利用的监管工作,防止档案损坏、丢失或被篡改。

7. 加强与其他部门的协作配合

人事档案管理需要与其他部门进行密切的协作配合。例如,与人力资源部门合作收集员工信息并更新档案;与行政部门合作维护档案室的设施和管理;与法务部门合作制定档案管理规章制度等。通过跨部门协作配合,共同保障人事档案的安全、完整和长期可用。

8. 定期开展档案知识培训和宣传活动

组织应定期开展针对员工的档案知识培训和宣传活动,提高员工的档案管理意识和参与度。通过培训和宣传活动,使员工了解档案管理的重要性以及自己在档案管理中的角色和责任。同时,可以增强员工的保密意识,减少人事档案信息泄露的风险。

9. 建立档案管理应急预案

针对可能发生的档案管理紧急情况(如火灾、地震等),组织应建立相应的应急预案。应急预案应包括紧急情况的应对措施、人员疏散程序、重要档案的抢救和保护等内容。同时,应定期进行应急演练,提高员工应对紧急情况的能力和意识。

10. 持续改进档案管理流程

组织应关注人事档案管理的新理念、新技术和新方法,不断改进和创新档案管理模式。通过引入现代化技术手段和管理理念,提高人事档案的管理效率和利用价值,为组织的可持续发展提供有力支持。同时,应定期对档案管理流程进行审查和优化,以适应组织发展的需求和档案管理的新挑战。

二、人事档案的定期检查与修复

(一)定期检查与修复的必要性

1. 档案老化与损坏

随着时间的推移,纸质档案可能受到氧化、霉变、虫蛀等影响,导致纸张变脆、字迹模糊等状况。电子档案的存储介质也可能出现老化或损坏,导致数据读取困难或丢失。

2. 信息缺失与错误

在人事档案的管理过程中,由于各种原因可能导致信息的缺失或错误,如填写不规范、误填、漏填等。定期检查可以及时发现并纠正这些问题。

3. 确保档案的长期可用性

定期检查与修复有助于确保人事档案在未来仍然可以正常访问和使用,为组织的发展提供历史数据的支持。

(二)定期检查的内容与要求

1. 完整性检查

检查档案内容是否完整,包括员工的个人信息、工作经历、教育背景等是否齐全。

2. 真实性检查

核实档案中的信息是否真实有效,对于发现的虚假信息或无效数据要进行标注或剔除。

3. 安全性检查

评估档案存储环境的安全性，如防火、防盗、防潮等措施是否到位。同时，要检查档案的保密措施是否严密，防止信息泄露。

4. 技术性检查

针对电子档案，要检查存储介质的完好性、数据读取的可靠性等，确保电子档案的技术性能稳定。

5. 规范性检查

审查档案管理流程是否符合规范，如档案分类、归档方式、存储格式等是否符合组织的规定。

（三）定期修复的措施

1. 物理修复

对于纸质档案，如出现纸张脆化、字迹模糊等情况，可以进行加固、托裱、描字迹等修复工作。对于电子档案，如数据损坏或丢失，应采用专业的技术手段进行恢复。

2. 信息修正与补充

对于发现的信息缺失或错误，应联系相关人员进行核实和修正。如缺失信息无法补全，应在档案中注明并加以合理的推测或解释。

3. 存储介质更换

对于老旧的存储介质，应及时进行更换，以保证电子档案的数据安全和长期可用。在更换存储介质时，应注意数据的迁移和备份，防止数据丢失。

4. 环境改善

如果发现档案存储环境存在问题，如湿度、温度等不符合要求，应及时进行改善，以确保档案的保存条件良好。

5. 加强备份与容灾管理

对于电子档案，应建立完善的备份与容灾机制，定期进行数据备份，并确保在意外情况下能够迅速恢复数据。

（四）定期检查与修复的实施与管理

1. 制定计划与流程

组织应制定定期检查与修复的计划和流程，明确检查的时间间隔、内容、方法以及修复的措施和责任人。确保检查与修复工作的有序进行。

2. 建立专业团队

组织应建立专业的档案管理团队，配备具有专业知识和技能的档案管理人员。团队成员应具备定期检查与修复的能力和经验。

3. 记录与报告

在定期检查与修复过程中，应做好详细的记录，包括检查的内容、发现的问题、修复的措施等。同时，应定期向上级领导汇报工作进展和结果，以便及时了解档案管理的状况和改进方向。

4. 持续改进

组织应关注人事档案管理的新理念、新技术和新方法，不断改进和创新档案管理模式。通过引入现代化技术手段和管理理念，提高人事档案的管理效率和利用价值，为组织的可持续发展提供有力支持。同时，应定期对档案管理流程进行审查和优化，以适应组织发展的需求和档案管理的新挑战。

5. 加强与其他部门的协作配合

人事档案管理需要与其他部门进行密切的协作配合。例如，与人力资源部门合作收集员工信息并更新档案；与行政部门合作维护档案室的设施和管理；与法务部门合作制定档案管理规章制度等。通过跨部门协作配合，共同保障人事档案的安全、完整和长期可用。

6. 加强培训和教育

组织应定期开展针对员工的档案知识培训和宣传活动，提高员工的档案管理意识和参与度。通过培训和宣传活动，使员工了解档案管理的重要性以及自己在档案管理中的角色和责任。同时，可以增强员工的保密意识减少人事档案信息泄露的风险。

三、人事档案的保密管理

（一）人事档案保密管理的重要性

1. 保护员工隐私

人事档案中包含了员工的个人信息，如联系方式、家庭背景、健康状况等，这些信息都属于个人隐私。保密管理可以防止这些信息被不当泄露，保护员工的隐私权益。

2. 维护组织利益

人事档案中还包含了员工的薪酬、绩效评价、职务变动等信息，这些信息属于组织的敏感信息。一旦泄露，可能会影响组织的运营和管理，甚至导致组织面临法律风险。因此，保密管理对于维护组织利益至关重要。

3. 建立信任关系

人事档案的保密管理能够增强员工对组织的信任感。员工会感到组织重视他们的个人信息保护，从而建立起一种互信关系，提高员工的忠诚度和工作积极性。

（二）人事档案保密管理的原则

1. 最小知情权原则

只有经过授权的人员才能接触和知悉人事档案的相关信息。对于无权知悉人事档案的人员，应严格限制其接触和知悉人事档案信息的范围。

2. 保密等级分类原则

根据人事档案信息的重要性和敏感性，将其划分为不同的保密等级，如绝密、机密、秘密等。针对不同保密等级，采取相应的管理和保护措施。

3. 物理安全原则

确保人事档案存储的物理环境安全，如档案室的防盗、防火、防水等措施应到位，防止档案被盗或遭受自然灾害破坏。

4. 技术防范原则

采用先进的技术手段来保护人事档案的信息安全，如加密技术、访问控制技术等，防止信息被非法获取或篡改。

5. 责任追究原则

对违反人事档案保密规定的行为进行责任追究，通过惩罚措施来强化保密意识，确保人事档案的安全与完整。

（三）人事档案保密管理的措施

1. 完善管理制度

组织应建立完善的人事档案保密管理制度，明确档案的保密等级、管理职责、使用权限等，使保密管理工作有章可循。同时，应定期对管理制度进行审查和更新，以适应组织发展和技术进步的需求。

2. 人员培训与教育

加强档案管理人员的培训和教育，提高其保密意识和责任心。使管理人员充分认识到人事档案保密工作的重要性，掌握先进的保密技术和方法，增强防范意识，确保人事档案的安全与完整。同时，对其他可能接触到人事档案的人员（如人力资源部门员工、领导等）也应当进行相应的培训和教育，使其了解和遵守人事档案的保密规定。

3. 物理安全保障

确保人事档案存储场所的物理安全。档案室应具备合理的布局和安全设施，如监控摄像头、报警系统等。同时，要做好档案室的防火、防潮、防虫等措施，确保档案的长期保存。此外，应定期对档案室的安全设施进行检查和维护，确保其正常运行和使用效果。

4. 技术安全保障

采用先进的技术手段来保障人事档案的信息安全。首先，应对人事档案进行加密处理，防止未经授权的人员获取和利用档案信息。其次，应建立完善的访问控制机制，对不同人员设定不同的访问权限和操作权限，防止越权访问和不当操作。此外，应采用可靠的数据备份和恢复技术，以应对突发事件对人事档案造成的影响和损失。同时加强病毒防范和网络安全管理，防止网络攻击和病毒入侵对人事档案造成破坏。

5. 日常管理与监督

加强人事档案的日常管理与监督工作。管理人员应定期对档案进行整理、检查和备份，确保档案的完整性和可追溯性。同时应定期向上级领导汇报工作进展和存在的问题，以便及时发现和解决潜在的安全隐患。此外应加强对档案管理工作的监督与评估通过定期评估来检验档案管理工作的成效和不足之处，并采取相应的改进措施，不断提高人事档案的管理水平和工作质量。

6. 应急预案制定与演练

组织应制定详细的人事档案保密管理应急预案，对可能出现的突发事件（如火灾、地震等）进行预先规划以便在紧急情况下能够迅速响应、减少损失。此外，应定期进行应急演练，提高相关人员对应急预案的熟悉程度和应对能力，确保在突发事件发生时能够迅速有效地采取应对措施，保障人事档案的安全与完整。

7. 合作与监管

与相关政府部门、行业协会等进行合作与沟通，积极参与相关法律法规和标准的制定工作，关注人事档案管理的新理念、新技术和新方法，及时调整和完善自身的保密管理体系，以适应外部环境的变化和要求，同时接受相关部门的监管和指导，提高人事档案保密管理的规范化水平。此外，与其他组织分享经验和教训，共同提高人事档案保密管理水平。

8. 持续改进与优化

组织应不断关注人事档案保密管理的新理念、新技术和新方法，及时引进和采用，以提高人事档案保密管理的效率和效果。同时，应定期对保密管理体系进行审查和优化，不断完善和改进，确保其始终能适应当前的安全环境和要求。

9. 强化责任追究

明确档案管理人员的职责和责任追究机制。一旦发生人事档案的泄露或损坏，应立即进行调查，找出原因，并依法追究相关人员的责任。通过严厉的惩罚措施，增强人员的保密意识和责任心，防止类似事件再次发生。

第四节　人事档案的利用与开发

一、人事档案的查询与借阅服务

（一）人事档案查询与借阅服务的原则

1. 依法依规原则

所有的查询与借阅活动都应严格遵守相关的法律法规和组织内部规定，确保档案的保密性和安全性。

2. 目的明确原则

借阅人事档案必须有明确的目的，并经过相关部门的批准。借阅者需对其借阅目的负责，不得随意泄露档案内容。

3. 知情同意原则

在查询或借阅人事档案前，应确保员工知晓并同意其个人信息被查询或借阅，尊重员工的隐私权。

4. 完整准确原则

所有查询与借阅都应保证档案内容的完整性和准确性，避免信息的不必要流失或误传。

（二）完善人事档案查询与借阅服务的措施

1. 制定明确的查询与借阅规定

组织应制定详细的人事档案查询与借阅规定，明确可查询和借阅的范围、审批流程、责任追究等，使相关人员在实际操作中有章可循。

2. 建立分层级管理机制

根据员工层级、部门职能等因素，对人事档案的查询与借阅进行分层级管理。不同层级的员工具有不同的查询与借阅权限，确保信息的适度流通。

3. 加强人员培训与意识培养

对负责人事档案管理的人员进行专业的培训，使其熟练掌握相关法律法规和组织规定。同时，加强员工的保密意识教育，明确泄露个人信息的严重后果。

4. 引入先进的技术手段

利用现代信息技术手段，如加密技术、身份验证等，确保人事档案在存储、传输和处理过程中的安全。通过技术手段对查询与借阅过程进行监控和管理，减少人为失误或违规操作的风险。

5. 建立档案使用登记制度

对每一次查询与借阅活动进行详细登记，记录查询或借阅的时间、人员、审批人等信息。通过登记制度，可以追溯每一次操作，确保信息的合法使用和及时归还。

6. 定期审计与检查

组织应定期对人事档案的查询与借阅服务进行审计和检查，查找存在的问题和不足，及时进行整改和完善。通过审计和检查，可以确保制度的执行效果，提高管理效率。

7. 建立奖惩机制

对于在人事档案查询与借阅服务中表现优秀的员工或部门，应给予适当的奖励和表彰。同时，对于违规操作或泄露个人信息的人员，应依法依规追究责任，进行相应的处罚。通过奖惩机制，激发员工的积极性和责任感，提高人事档案管理的整体水平。

8. 持续改进与优化

组织应关注人事档案管理的新趋势和发展动态，根据实际情况持续改进和优化查询与借阅服务。通过不断学习和探索，提高人事档案管理的质量和效率，更好地服务于组织的战略发展目标。

人事档案的查询与借阅服务是组织管理中不可或缺的一环。为了确保人事档案的安全、完整和有效利用，组织应建立健全的制度体系和管理机制，加强对相关人员的培训与意识培养，充分利用先进的技术手段进行管理和监控。同时，要注重持续改进和优化服务流程，提高人事档案管理的整体水平。通过以上措施的有效实施，组织能够更好地保护员工的隐私权益和组织的利益，促进组织的长期稳定发展。

二、人事档案的数据分析与应用

（一）人事档案数据分析的重要性

1. 人才选拔与招聘

通过对人事档案进行数据分析，组织可以更准确地了解应聘者的经历、技能和潜力，为选拔合适的人才提供重要依据。

2. 员工培训与发展

通过对员工的成长历程、能力特长和职业规划进行分析，组织可以为员工的培训和发展提供更有针对性的建议和方案。

3. 绩效评估与管理

人事档案中的数据可以用于评估员工的绩效表现，发现潜在的问题和优势，为绩效管理和改进提供依据。

4. 组织文化和团队建设

通过对员工的互动、合作和团队表现进行分析，可以了解组织文化的特点和优势，促进团队建设和组织发展。

（二）人事档案数据分析的方法与技术

1. 数据挖掘技术

利用数据挖掘技术可以对人事档案中的大量数据进行深入分析，发现隐藏的模式和关联。通过聚类分析、关联分析等方法，可以揭示员工的特质、需求和行为特征。

2. 统计分析方法

利用统计分析方法可以对人事档案中的定量数据进行处理和分析。通过描述性统计、回归分析、方差分析等方法，可以揭示员工的特点和趋势，为组织决策提供依据。

3. 文本挖掘技术

对于人事档案中的文本信息，如员工自述、评价反馈等，可以利用文本挖掘技术进行分析。通过关键词提取、情感分析、主题建模等方法，可以挖掘员工的潜在需求和意见，为改进提供线索。

4.大数据分析技术

利用大数据分析技术可以对海量的人事档案数据进行处理和分析。通过实时分析、预测模型等方法，可以更好地把握员工的动态和趋势，为组织决策提供及时支持。

（三）人事档案数据的应用场景

1.个性化培训与发展计划

通过对员工的技能、兴趣和职业规划进行分析，可以为员工制定个性化的培训与发展计划，提高员工的综合素质和能力。

2.人才储备与选拔

通过对员工的绩效表现、潜力评估和职业发展进行分析，可以为组织储备优秀人才，为关键岗位选拔合适的人选。

3.员工关系与福利管理

通过对员工的满意度、福利需求和职业期望进行分析，可以为员工关系管理和福利制度制定提供依据，提高员工的忠诚度和满意度。

4.决策支持与预测分析

通过对人事档案数据进行全面的分析和挖掘，可以为组织的战略决策提供有力支持。同时，利用预测模型可以对组织的未来发展趋势进行预测，为组织战略制定提供重要参考。

三、人事档案的开发价值与途径

（一）人事档案的开发价值

人事档案作为组织中最重要的信息资源之一，具有丰富的开发价值。通过对人事档案进行深入的开发和利用，组织可以获得多种价值和收益。以下是人档案开发价值的几个方面。

1.人才信息整合

人事档案包含了员工的个人信息、教育背景、工作经历、技能特长等详细资料，是组织进行人才信息整合的重要来源。通过对这些信息进行整理和分析，组织可以全面了解员工的能力和潜力，为人力资源的合理配置提供依据。

2. 决策支持

人事档案中的数据可以为组织的决策提供有力支持。通过对员工的绩效表现、晋升记录、福利待遇等数据的分析，组织可以制定更加科学和合理的决策，提高决策的质量和效率。

3. 组织文化塑造

人事档案中的数据可以反映员工的行为特点、价值观和团队合作能力等方面的信息。通过对这些信息的分析和挖掘，组织可以更好地了解员工的需求和期望，为组织文化的塑造提供有力支持。

4. 人力资源管理优化

通过对人事档案数据的分析和应用，组织可以优化人力资源管理的各个环节。例如，通过数据分析找到招聘和选拔中的问题和不足，改进人才引进机制；通过绩效评估数据的分析，提高绩效管理的科学性和公平性；通过员工培训和发展数据的分析，制定更加个性化的培训计划和职业规划。

5. 数据驱动的决策

随着大数据技术的不断发展，人事档案数据的应用场景也越来越广泛。通过对人事档案数据进行全面的分析和挖掘，组织可以制定更加数据驱动的决策，提高决策的准确性和可靠性。

（二）人事档案的开发途径

为了充分开发人事档案的价值，组织需要采取多种途径和方法。以下是人档案开发的几种主要途径。

1. 数据整理与分类

为了更好地管理和利用人事档案数据，组织需要建立完善的数据整理和分类体系。对员工的个人信息、教育背景、工作经历、技能特长等数据进行整理和分类，确保数据的准确性和完整性。同时，要制定数据管理规范，明确数据的录入、存储和使用等方面的要求，确保数据的规范性和安全性。

2. 数据分析与应用

组织需要利用多种数据分析方法和工具对人事档案数据进行深入分析和挖掘。例如，利用数据挖掘技术发现隐藏的模式和关联；利用统计分析方法揭示员工的特点和趋势；利用文本挖掘技术挖掘员工的潜在需求和意见等。通过对数据的全面分析，组织可以更好地了解员工的特点和需求，为人力资源管理和决策提供有力支持。

3. 数据共享与协同

为了更好地发挥人事档案数据的价值，组织需要加强内部各部门之间的数据共享与协同。通过建立完善的数据共享平台和机制，促进各部门之间的信息交流和合作，提高数据利用的效率和效果。同时，要加强与外部合作伙伴的数据共享与协同，共同推动人事档案数据的开发和应用。

4. 数据可视化与呈现

为了更好地呈现人事档案数据的特点和应用效果，组织需要利用数据可视化技术和工具进行数据呈现。例如，利用图表、图像、动画等形式展示数据分析结果和趋势，使数据更加直观易懂。通过数据可视化技术，组织可以更好地展示人事档案数据的价值和效果，提高数据的影响力和可信度。

5. 数据安全与隐私保护

在开发和应用人事档案数据的过程中，组织需要高度重视数据的安全性和隐私保护。建立完善的数据安全保障体系和技术防范措施，确保数据的保密性、完整性和可用性。同时，要制定严格的隐私保护政策和规范，明确数据的采集、存储和使用等方面的要求，保护员工的隐私权益。

第五节　人事档案管理的数字化与信息化建设

一、人事档案的数字化采集与处理

（一）人事档案数字化的必要性

随着信息技术的飞速发展，数字化已成为各行各业发展的重要趋势。人事档案作为组织中重要的信息资源，其数字化采集与处理对于提高管理效率、保护档案安全、促进信息共享等方面具有重要意义。

1. 提高管理效率

数字化的人事档案可以方便快捷地进行检索、查询和利用，减少了传统纸质档案的翻阅次数,延长了档案使用寿命。同时,数字化人事档案可以实时更新,确保信息的准确性和时效性。

2. 保护档案安全

数字化人事档案可以实现异地备份和容灾备份,防止档案因自然灾害或人为因素而丢失。同时,数字化人事档案可以设置访问权限和加密保护,确保档案的安全性和机密性。

3. 促进信息共享

数字化人事档案可以实现组织内部各部门之间的信息共享和交流,促进协同工作和资源整合。同时,数字化人事档案可以方便地与外部合作伙伴进行数据交换和共享,提高组织竞争力。

（二）人事档案数字化采集的方法与步骤

人事档案数字化采集是一项系统性的工程,需要遵循一定的方法与步骤。以下是人事档案数字化采集的关键环节。

1. 制定数字化策略

根据组织需求和人事档案管理的要求,制定数字化策略,明确数字化的目标、范围、标准和技术方案等。

2. 准备硬件和软件

根据数字化策略和实际需求,准备相应的硬件和软件设备,如扫描仪、打印机、存储设备、数据库软件等。

3. 确定数字化内容

根据人事档案的特点和要求,确定数字化的内容,包括员工个人信息、教育背景、工作经历、绩效评价等。

4. 扫描与图像处理

将纸质人事档案进行扫描,生成数字图像。对生成的图像进行质量检查、裁剪、去噪等处理,确保图像清晰、准确。

5. 数据校验与整理

对数字化的人事档案数据进行校验和整理,确保数据的准确性和完整性。对错误或不一致的数据进行修正或补充。

6. 数据存储与备份

将数字化的人事档案数据存储在适当的介质上，并进行定期备份，确保数据的安全性和可靠性。

（三）人事档案数字化处理的关键技术

人事档案数字化处理涉及多种关键技术，以下是其中几个重要的技术。

1. OCR 技术

OCR（光学字符识别）技术可以将扫描的图像中的文字转换成可编辑和检索的文本格式，提高数据提取和利用的效率。

2. 数据压缩技术

数据压缩技术可以对数字化的人事档案数据进行压缩，减少存储空间占用和提高数据传输效率。常见的压缩算法有 JPEG、ZIP 等。

3. 数据加密技术

数据加密技术可以对数字化的人事档案数据进行加密保护，确保数据的安全性和机密性。常见的加密算法有 AES、DES 等。

4. 数据备份与恢复技术

数据备份与恢复技术可以对数字化的人事档案数据进行备份和恢复，防止数据丢失和灾难恢复。常见的备份策略有全量备份、增量备份和差异备份等。

（四）人事档案数字化处理的实践与应用

人事档案数字化处理在实践中具有广泛的应用价值，以下是几个应用场景。

1. 快速检索与查询

通过数字化处理的人事档案数据可以快速地进行检索和查询，方便组织进行人员管理、招聘选拔、绩效评估等工作。

2. 数据分析与挖掘

数字化的人事档案数据可以进行深入的数据分析和挖掘，帮助组织了解员工特点、人才分布和发展趋势等，为组织决策提供有力支持。

二、人事档案的信息化管理与应用

（一）人事档案信息化管理的背景与意义

随着信息技术的飞速发展，信息化已成为各行各业发展的必然趋势。人事档案作为组织中重要的信息资源，其信息化管理与应用对于提高管理效率、促进信息资源共享等方面具有重要意义。

1. 提高管理效率

信息化的人事档案管理能够实现自动化、智能化的信息采集、处理、存储和应用，提高了人事档案的管理效率。同时，通过信息化的手段，可以快速检索、查询和利用人事档案，减少了人工操作的烦琐和误差。

2. 促进信息资源共享

信息化的人事档案管理可以实现组织内部各部门之间的信息共享和交流，促进协同工作和资源整合。同时，通过互联网和云计算等技术手段，组织可以与外部合作伙伴进行人事档案信息的交换和共享，提高了组织的市场竞争力和社会影响力。

3. 保障档案安全

信息化的人事档案管理可以采用先进的信息加密、身份认证等安全技术手段，确保人事档案信息的安全性和保密性。同时，通过数据备份和容灾备份等措施，可以防止档案信息的丢失和损坏。

（二）人事档案信息化管理的方法与步骤

人事档案信息化管理需要遵循一定的方法与步骤，以下是其关键环节。

1. 制定信息化战略

根据组织需求和人事档案管理的实际情况，制定信息化战略，明确信息化的目标、范围、标准和技术方案等。

2. 建设基础设施

建设必要的信息基础设施，包括硬件设备、网络环境、操作系统和数据库管理系统等，为人事档案信息化管理提供基础保障。

3. 人事档案数字化处理

将传统纸质人事档案进行数字化处理，生成电子文档或数据库记录，便于存储、检索和传输。数字化处理可以采用扫描、拍照等技术手段，将纸质档案转化为数字格式。

4. 人事档案管理系统开发

根据组织特点和人事档案管理的实际需求，开发或选用适合的人事档案管理系统。该系统应具备人事档案的采集、存储、处理、查询和报表生成等功能，并能与其他相关系统进行集成。

5. 数据质量管理与维护

建立数据质量管理与维护机制，确保人事档案信息的准确性和完整性。定期进行数据清洗、校验和更新等操作，保证数据的时效性和可用性。

6. 信息安全与隐私保护

采取必要的信息安全措施，如身份认证、访问控制和数据加密等，确保人事档案信息的安全性和保密性。同时，加强隐私保护工作，确保个人隐私不受侵犯。

（三）人事档案信息化管理的应用与实践

人事档案信息化管理在实践中具有广泛的应用价值，以下是几个应用场景。

1. 招聘选拔

通过信息化的人事档案管理系统，组织可以快速检索和查询应聘者的个人信息、教育背景和工作经历等，为招聘选拔提供有力支持。同时，通过对人员信息的分析挖掘，可以更准确地评估应聘者的能力和潜力。

2. 绩效评估与管理

信息化的人事档案管理可以帮助组织进行绩效评估和管理。通过系统中的数据记录和分析，可以全面了解员工的工作表现和发展潜力，为绩效评估提供客观依据。同时，系统还可以生成各类报表和分析报告，为绩效管理提供决策支持。

3. 人才培训与发展

人事档案信息化管理可以帮助组织了解员工的培训需求和发展方向。通过对人员信息的分析挖掘，可以发现员工的潜力和特长，为其制定针对性的培训计划和发展路径。同时，信息化的人事档案管理还可以方便地记录员工的培训经历和成果，为人才发展提供有力支持。

4. 劳动人事关系管理

信息化的人事档案管理可以帮助组织高效地管理员工的人事关系。通过系统中的数据记录和分析，可以及时了解员工的合同到期情况、社保缴纳情况等信息，为劳动人事关系的管理提供有力支持。同时，系统还可以自动提醒相关人员及时处理员工的入职、离职等事务，提高管理效率。

三、人事档案管理系统的功能与要求

（一）人事档案管理系统的功能

1. 档案录入与存储

人事档案管理系统应具备档案录入功能，允许用户按照一定的规范和标准录入员工的基本信息、教育背景、工作经历、技能特长等。同时，系统应具备强大的存储功能，能够将档案信息安全地存储在数据库中，并保证数据的完整性和持久性。

2. 档案查询与检索

人事档案管理系统应提供灵活的查询和检索功能，使用户能够根据特定的条件快速查找和定位员工的档案信息。例如，用户可以根据姓名、性别、年龄、职位等字段进行查询，系统应支持模糊查询和精确查询两种方式。

3. 档案更新与维护

人事档案管理系统应允许用户对已录入的档案信息进行更新和维护。当员工的基本信息发生变化时，如职位晋升、部门调动等，系统应及时更新相关档案。此外，系统还应具备数据审核功能，确保更新的档案信息准确无误。

4. 报表生成与分析

人事档案管理系统应具备报表生成与分析功能，使用户可以根据实际需求生成各类报表，如员工花名册、部门人员构成表、年龄分布表等。通过报表的生成和分析，用户可以对员工信息进行深入挖掘，为组织决策提供有力支持。

5. 权限管理与安全保密

人事档案管理系统应具备完善的权限管理功能，根据用户角色和职务的不同，分配不同的访问权限。系统应确保只有经过授权的用户才能访问和修改相关档案信息，同时应采用加密技术等手段确保档案信息的安全性和保密性。

（二）人事档案管理系统的要求

1. 易用性

人事档案管理系统应具备良好的用户界面和简单的操作流程，使用户能够

方便快捷地进行档案管理和操作。系统应提供人性化的提示和引导，减少用户在使用过程中的困惑和错误。

2.高效性

人事档案管理系统应具备高效的数据处理能力，能够快速完成档案的录入、查询、更新和报表生成等操作。系统应采用合理的数据结构和算法，优化性能，提高响应速度。

3.安全性

人事档案管理系统应重视安全性问题，采取多种安全措施确保档案信息的安全。系统应使用可靠的身份认证和访问控制机制，防止未经授权的访问和数据泄露。同时，应定期进行数据备份和容灾备份，以应对意外情况的发生。

4.可扩展性

人事档案管理系统应具备良好的可扩展性，能够适应组织规模的不断扩大和管理需求的不断变化。系统应采用模块化设计，方便功能的扩展和升级。同时，应支持与其他系统的集成，实现信息的共享和交换。

5.可靠性

人事档案管理系统应具备高度的可靠性，能够保证数据的准确性和完整性。系统应采用成熟的技术和可靠的硬件设备，降低故障发生的概率。同时，应具备故障恢复和数据恢复功能，确保在意外情况下数据的可用性。

6.规范性

人事档案管理系统应遵循国家和行业的规范标准，确保数据的规范性和通用性。系统应采用统一的数据格式和编码规则，方便数据的交换和共享。同时，应支持多种输出格式，如 Word、Excel、PDF 等，方便数据的导出和使用。

7.可维护性

人事档案管理系统应具备良好的可维护性，方便管理员进行系统的配置、管理和维护。系统应提供详细的日志记录和错误提示功能，帮助管理员快速定位和解决问题。同时，应提供完善的文档和培训资料，提高系统的可维护性。

第六节　人事档案管理的安全与保密

一、人事档案的安全管理措施

（一）人事档案安全管理的意义

人事档案作为组织中重要的信息资源，涉及员工的个人信息、工作经历、业绩表现等敏感信息。因此，保障人事档案的安全对于维护员工的隐私权、企业的合法权益以及组织的稳定发展具有重要意义。加强人事档案的安全管理，可以防止信息泄露、数据篡改、档案遗失等安全事件的发生，维护组织的声誉和利益。

（二）人事档案安全管理的措施

1. 物理安全防护

物理安全防护是人事档案安全管理的基础措施之一。

（1）档案存放环境的安全：确保档案存放场所具备合理的布局，良好的通风和采光条件，以及适宜的环境温度和湿度，以保障档案的长期保存。同时，加强场所的安保措施，如设置监控摄像头、报警系统等，防止非法入侵和破坏。

（2）档案存储设备的安全：选择高质量的存储介质和设备，定期进行设备的维护和检修，以确保存储设备的稳定性和可靠性。同时，对重要档案进行备份存储，防止数据丢失。

（3）自然灾害的防范：针对地震、洪水等自然灾害，采取相应的防范措施。如建立防震棚、防水设施等，以降低自然灾害对档案造成的影响。

2. 网络安全防护

随着信息化的发展，网络安全问题日益突出。为了保障人事档案的安全，需采取以下网络安全防护措施。

（1）防范网络攻击：加强网络防火墙的设置，定期进行安全漏洞扫描和修复。同时，采用入侵检测系统和入侵防御系统等安全设备，实时监测和防御网络攻击行为。

（2）数据加密传输：对人事档案的传输采用加密技术，确保数据在传输过程中的保密性。常用的加密算法包括对称加密算法（如 AES）和非对称加密算法（如 RSA）。

（3）防范恶意软件：安装防病毒软件和恶意软件查杀工具，定期进行全盘扫描和更新病毒库。同时，加强员工的安全意识教育，避免打开未知来源的邮件和链接，以降低恶意软件感染的风险。

3. 权限控制与访问管理

权限控制与访问管理是保障人事档案安全的重要手段之一。具体措施如下。

（1）用户身份认证：实施严格的用户身份认证机制，如用户名密码、动态令牌、生物识别等技术，确保用户身份的真实性和可信度。

（2）权限控制：根据用户角色和职务的不同，分配相应的访问权限。不同权限的用户只能访问其权限范围内的档案信息，防止越权访问和数据泄露。

（3）访问日志记录：对用户的访问活动进行详细记录，包括访问时间、访问者身份、访问内容等。通过日志分析，及时发现异常访问行为并进行处置。

4. 制度化管理措施

制度化管理措施是保障人事档案安全的软性手段之一。

（1）制定完善的人事档案管理制度：明确档案的收集、整理、保管、利用等环节的操作规范和管理责任，确保制度的可操作性和可执行性。

（2）定期进行档案安全检查：组织定期对人事档案进行安全检查，包括档案的完整性、存储设备的运行状况、安全漏洞等。发现问题及时处理和整改，确保档案的安全性。

（3）加强员工培训和教育：组织定期开展人事档案安全培训和教育活动，提高员工对档案安全的重视程度和安全意识。同时，加强档案管理人员的专业素质培训，提高其安全管理技能。

（4）建立应急预案：针对可能发生的档案安全事件，制定相应的应急预案。明确应急响应流程、处置措施和责任人，确保在紧急情况下能够迅速响应并采取有效措施保障档案安全。

5. 技术防范手段

除了上述措施外，采用先进的技术防范手段也是保障人事档案安全的必要措施之一。

（1）数据备份与恢复技术：对人事档案数据进行定期备份，并采用专业的备份恢复工具，确保在数据丢失或损坏时能够迅速恢复。同时，测试备份数据的可用性和完整性，确保备份数据能够正常恢复和使用。

（2）数据加密技术：采用数据加密技术对人事档案进行加密存储和传输，确保数据在存储和传输过程中的保密性。常用的加密算法包括对称加密算法和非对称加密算法。通过加密技术可以防止未经授权的用户访问和获取敏感数据。

二、人事档案的保密等级与范围

（一）人事档案保密等级

根据人事档案的内容和重要程度，可以将其保密等级划分为不同的级别，一般可分为以下三个等级。

1. 绝密级

绝密级人事档案是涉及最核心、最重要机密的档案，其内容一旦泄露会对组织和个人造成无法挽回的损失。这类档案主要包括：

（1）涉及党和国家领导人、中央军委领导的任免、调动、奖惩等方面的内容；

（2）涉及高级干部的任免、调动、奖惩等方面的内容；

（3）涉及重要科研成果、核心技术等方面的内容；

（4）涉及组织机构沿革、干部名册等方面的内容；

（5）涉及纪检监察、审查调查等方面的内容；

（6）其他需要定为绝密级的内容。

2. 机密级

机密级人事档案是涉及较为重要机密的档案，其内容一旦泄露会对组织和个人造成一定的损失。这类档案主要包括：

（1）涉及一般干部的任免、调动、奖惩等方面的内容；

（2）涉及一般科技成果、知识产权等方面的内容；

（3）涉及组织机构设置、人员编制等方面的内容；

（4）其他需要定为机密级的内容。

3. 秘密级

秘密级人事档案是涉及一般机密的档案，其内容一旦泄露会对组织和个人造成较轻的损失。这类档案主要包括：

（1）涉及一般工作人员的任免、调动、奖惩等方面的内容；

（2）涉及一般工作决策、工作进展等方面的内容；

（3）其他需要定为秘密级的内容。

（二）人事档案保密范围

人事档案保密范围是指哪些档案需要保密以及保密期限的确定。根据组织和个人需要，人事档案保密范围可以分为以下几个方面。

1. 人员信息类

该类信息包括个人基本信息、家庭成员信息、社会关系信息等，这些信息通常需要长期保密，以保护个人隐私和安全。

2. 职务信息类

该类信息包括职务级别、任职单位、岗位职责、工作内容等，这些信息涉及个人的工作履历和职责，通常需要在一定时间内保密。

3. 考核评价类

该类信息包括年度考核情况、民主测评结果、工作表现评价等，这些信息涉及个人的工作表现和评价，通常需要在一定时间内保密。

4. 薪酬待遇类

该类信息包括工资收入、福利待遇、奖金补贴等，这些信息涉及个人的经济收入和待遇，通常需要在一定时间内保密。

5. 人事决策类

该类信息包括任免调配、招聘录用、辞退解聘等，这些信息涉及个人的人事决策和变动，通常需要在一定时间内保密。

6. 监察审计类

该类信息包括纪检监察、审计检查等，这些信息涉及个人的行为和纪律检查情况，通常需要在一定时间内保密。

7. 其他类

该类信息包括其他需要保密的人事档案信息，如培训经历、学历学位等，这些信息涉及个人的教育和培训情况，通常需要在一定时间内保密。

三、人事档案的网络安全性管理

（一）网络环境下人事档案安全的重要性

随着信息技术的不断发展，人事档案的管理逐渐向数字化、网络化转变。这种转变带来了诸多便利，如方便存储、查询、传输等，但同时也带来了新的安全问题。因此，如何保障网络环境下人事档案的安全性，成为人事档案管理中亟待解决的重要问题。

（二）网络环境下人事档案面临的安全威胁

1. 黑客攻击

黑客攻击是网络环境下人事档案面临的主要安全威胁之一。黑客可以利用各种技术手段，如病毒、木马、恶意软件等，攻击人事档案管理系统，窃取或篡改档案信息，给组织和个人带来重大损失。

2. 数据泄露

人事档案中包含大量的个人信息，如姓名、身份证号、联系方式等，这些信息一旦泄露，将会对个人隐私和安全造成威胁。在网络环境下，由于数据的集中存储和传输，数据泄露的风险也随之增加。

3. 身份假冒

在网络环境下，攻击者可能会通过假冒合法用户身份的方式，获取人事档案管理系统的访问权限，进而窃取或篡改档案信息。这种身份假冒攻击对人事档案的安全性构成了严重威胁。

（三）人事档案网络安全性管理策略

1. 加强网络安全防护

加强网络安全防护是保障人事档案网络安全的必要措施。具体来说，可以通过安装防火墙、入侵检测系统、病毒防护系统等，提高人事档案管理系统的安全防护能力，防止黑客攻击和数据泄露。同时，要定期对系统进行安全漏洞扫描和修复，确保系统的安全性。

2.建立身份认证机制

建立身份认证机制是防止身份假冒攻击的有效手段。通过对用户进行身份认证，确保只有合法用户才能访问人事档案管理系统，防止未授权用户对系统的非法访问。可以采用多因素认证方式，如动态口令、生物识别等，提高身份认证的安全性。

3.数据加密存储与传输

数据加密存储与传输是保障人事档案数据安全的重要手段。通过对存储在系统中的数据进行加密处理，即使数据被窃取或泄露，攻击者也无法获取真实内容。同时，在数据传输过程中，也可以采用加密传输方式，确保数据传输的安全性。

4.定期备份与恢复

定期备份与恢复是应对人事档案数据丢失或损坏的有效措施。通过定期备份数据，可以确保即使发生意外情况，也能快速恢复数据。同时，要定期测试备份数据的可恢复性，确保备份数据的有效性。

第七节　人事档案管理的培训与能力提升

一、人事档案管理人员的素质要求

（一）政治素质

人事档案管理人员必须具备坚定的政治素质，能够始终保持正确的政治方向，严格执行党和国家的方针政策，遵守党的纪律和国家法律法规。同时，管理人员应具备高度的保密意识，保守机密，确保档案信息的安全。

（二）职业道德

人事档案管理人员需要具备高尚的职业道德，热爱档案事业，有较强的事业心和责任感。在工作中，应保持公正、客观、严谨的工作态度，认真负责地做好每一项工作。同时，要具备服务意识和奉献精神，为档案利用者提供优质的服务。

（三）专业知识

人事档案管理人员需要具备档案管理方面的专业知识，了解档案的形成、整理、保管、利用等各个环节。同时，要熟悉档案管理相关的法律法规和技术标准，掌握档案管理的规范和要求。随着信息化技术的不断发展，管理人员还需要具备信息技术方面的知识，能够运用数字化技术进行档案管理。

（四）工作能力

人事档案管理人员需要具备较强的工作能力。首先，要具备较强的组织协调能力，能够合理安排工作进度，协调各方面关系，确保档案管理工作的顺利进行。其次，要具备较强的沟通能力，能够与档案形成部门和其他相关人员有效沟通，确保档案信息的完整性和准确性。此外，还要具备较强的学习能力、创新能力和应变能力，能够不断学习新知识、新技能，适应档案管理工作的新变化和新要求。

（五）身体素质

人事档案管理人员需要具备健康的身体素质。档案管理是一项烦琐、细致的工作，需要长时间站立、行走、弯腰等动作，因此，管理人员需要有良好的体力和耐力，能够胜任高强度的工作。同时，要保持良好的作息习惯和健康的生活方式，预防职业病的发生。

（六）心理素质

人事档案管理人员需要具备良好的心理素质，能够应对工作压力和工作挑战。在工作中，要保持积极向上的心态，遇到问题能够冷静分析、果断处理。同时，要具备较强的心理承受能力，能够在面对复杂的人际关系和工作矛盾时保持冷静客观的态度。此外，还要具备耐心、细心、认真等良好的品质，确保档案管理工作的准确性和完整性。

（七）语言文字能力

人事档案管理人员需要具备一定的语言文字能力。在档案整理过程中，需要准确理解档案内容，并将其分类、编目、标注等。在提供档案利用服务时，需要能够清晰地解释相关内容，为利用者提供准确的档案信息。因此，管理人员需要具备良好的语言文字表达能力，能够规范地使用语言文字进行沟通和表达。

二、人事档案管理培训的内容与方法

（一）培训内容

1. 人事档案管理的基本概念与原则

在培训中，首先需要介绍人事档案管理的基本概念、原则和意义，使管理人员对人事档案管理工作有正确的认识和理解。

2. 人事档案的收集与整理

培训中需要详细介绍如何进行人事档案的收集与整理。通过实际操作和案例分析，使管理人员掌握收集和整理的方法、技巧和规范，确保档案的完整性和准确性。

3. 人事档案的保管与维护

培训中需要介绍人事档案的保管与维护知识，包括档案的存放、分类、编号、编目等环节。同时，要强调档案的保密和安全，确保档案信息不被泄露和损坏。

4. 人事档案的利用与服务

培训中需要介绍如何提供人事档案的利用与服务，包括档案查询、借阅、复制等服务方式。通过培训，使管理人员掌握服务的规范和流程，提高服务质量和效率。

5. 信息化技术在人事档案管理中的应用

随着信息化技术的不断发展，人事档案管理也需要适应新的发展趋势。培训中需要介绍信息化技术在人事档案管理中的应用，包括数字化技术、数据库技术等，使管理人员能够运用现代技术手段进行档案管理。

（二）培训方法

1. 理论讲授

通过理论讲授的方式，使管理人员了解人事档案管理的基本概念、原则和方法。在讲授过程中，可以采用案例分析、图表展示等多种形式，使理论更加生动易懂。

2. 实际操作演练

实际操作演练是培训中非常重要的环节。通过实际操作，使管理人员掌握人事档案管理的具体操作技能和方法，加深对理论知识的理解。同时，实际操作演练还可以提高管理人员的动手能力和解决问题的能力。

3. 角色扮演与模拟演练

通过角色扮演与模拟演练的方式，使管理人员在实际工作场景中体验人事档案管理工作。通过模拟演练，提高管理人员的应变能力和处理问题的能力。

4. 互动讨论与交流

在培训过程中，应鼓励管理人员进行互动讨论和交流。通过分享经验、探讨问题，促进彼此之间的学习和成长。同时，互动讨论还可以激发管理人员的创新思维和解决问题的能力。

5. 专题讲座与工作坊

可以邀请具有丰富经验的专家或学者进行专题讲座和工作坊活动，为管理人员提供更深入的学习和指导。通过专题讲座和工作坊，使管理人员了解行业前沿动态和发展趋势，提高自身的专业素养和综合能力。

三、人事档案管理能力的提升途径

（一）持续学习与知识更新

人事档案管理工作涉及的知识领域广泛，包括档案管理、信息技术、法律法规等方面的知识。随着社会的发展，这些领域的知识也在不断更新和进步。因此，人事档案管理人员需要保持持续学习的态度，不断更新自己的知识储备。可以通过参加培训课程、阅读专业书籍和文献、参加学术交流活动等方式，了解最新的档案管理理论和实践，掌握最新的档案管理技术和方法。

（二）实践经验积累

实践经验是提升人事档案管理能力的关键因素之一。管理人员需要不断通过实践经验积累，掌握实际操作技巧和方法。只有在实践中不断尝试、总结和反思，才能更好地应对各种复杂情况，提高工作效率和质量。同时，实践经验积累还可以帮助管理人员更好地理解理论知识，将理论与实践相结合，提高自身专业素养和能力。

（三）信息化技能提升

随着信息化技术的不断发展，人事档案管理工作也逐渐向数字化、网络化方向发展。因此，提升信息化技能已成为人事档案管理人员必备的能力之一。管理人员需要掌握相关的信息技术和工具，如电子档案管理系统、数字化技术、数据挖掘与分析等，以便更好地适应信息化时代的工作需求。通过参加信息技术培训、自学和实践，提高自身的信息化技能水平，有助于提高人事档案管理工作的效率和质量。

（四）沟通与协作能力培养

人事档案管理工作涉及的部门和领域较多，需要与不同的人员进行沟通和协作。因此，良好的沟通与协作能力是提升人事档案管理能力的必备素质之一。管理人员需要具备良好的语言表达、倾听和理解能力，能够清晰地传达自己的观点和需求，并有效地解决问题。同时，还需要具备团队协作精神，与其他部门和领域的人员建立良好的合作关系，共同推动人事档案管理工作的开展。通过参加沟通与协作培训、团队建设活动等途径，提升自身的沟通与协作能力，有助于更好地完成人事档案管理工作。

（五）创新能力培养

创新是推动人事档案管理工作发展的关键动力。管理人员需要具备创新思维和创新能力，探索新的档案管理模式和方法，提高工作效率和质量。通过关注行业发展趋势、学习创新理论和方法、参与创新项目等方式，培养自身的创新意识和能力，推动人事档案管理工作不断向前发展。

（六）职业道德素养提升

职业道德素养是人事档案管理人员必备的素质之一。管理人员需要遵守职业道德规范，具备高度的责任心、诚信意识和保密意识，确保人事档案的安全和隐私保护。通过参加职业道德培训、了解相关法律法规和行业标准等方式，提升自身的职业道德素养，树立良好的职业形象和信誉。

第八节　人事档案管理的评估与持续改进

一、人事档案管理评估的标准与方法

（一）人事档案管理评估的标准

人事档案管理评估的标准是评估工作的基础和指导，评估标准的制定应该遵循科学性、客观性、全面性和可操作性的原则。具体来说，人事档案管理评估的标准应该包括以下几个方面。

1. 档案内容的完整性

评估人事档案内容是否完整，是否能够全面反映一个人的基本情况和综合素质，具体包括个人信息、教育背景、工作经历、业绩考核、培训学习等方面的内容。

2. 档案管理的规范性

评估人事档案管理的规范程度，是否符合相关法律法规和规章制度的要求，具体包括档案的收集、整理、归档、保管、利用等方面的规范性。

3. 档案的安全与保密

评估人事档案的安全与保密措施是否得当，是否能够保证档案的安全和隐私保护，具体包括档案的存储、备份、加密、访问控制等方面的措施。

4. 档案的利用价值

评估人事档案的利用价值，是否能够为组织和个人提供有效的信息和参考，具体包括档案的查询、检索、分析等方面的利用价值。

5. 档案管理人员的素质

评估人事档案管理人员的素质和能力，是否具备专业的管理技能和素质，具体包括管理人员的知识水平、工作经验、沟通能力、创新能力等方面的素质。

（二）人事档案管理评估的方法

人事档案管理评估的方法是实现评估工作的具体手段和工具，常见的评估方法包括问卷调查、实地考察、资料分析、专家评审等。具体采用哪种方法应该根据实际情况进行选择，也可以综合运用多种方法进行评估。

1. 问卷调查

通过设计问卷，对人事档案管理人员和相关人员进行调查，了解他们对人事档案管理工作的看法和建议，发现存在的问题和不足。问卷调查可以采取在线或纸质形式进行。

2. 实地考察

通过实地考察人事档案管理工作的情况，了解档案管理工作的实际情况，发现存在的问题和不足。实地考察可以采取观察、访谈等形式进行。

3. 资料分析

通过收集人事档案管理的相关资料，包括管理制度、工作流程、档案内容等，进行分析和评估，了解人事档案管理工作的现状和存在的问题。资料分析可以采用定量分析和定性分析的方法进行。

4. 专家评审

通过邀请相关领域的专家对人事档案管理工作进行评审，了解专家对人事档案管理工作的看法和建议，发现存在的问题和不足。专家评审可以采用书面评审或现场评审的形式进行。

二、人事档案管理的持续改进策略与措施

（一）人事档案管理持续改进的重要性

人事档案管理工作的持续改进是组织发展的重要保障。随着组织规模的不断扩大和人员构成的日益复杂，人事档案管理工作也面临着越来越多的挑战。只有不断进行改进和优化，才能更好地适应组织发展的需要，为组织的人事决策提供更加准确、可靠的信息支持。

（二）人事档案管理持续改进的策略

1. 完善管理制度

完善的人事档案管理制度是持续改进的基础。组织应该根据国家相关法律法规和自身实际情况，制定科学、合理的人事档案管理制度，明确管理职责、

工作流程和档案内容等方面的要求。同时，应该加强制度的宣传和培训工作，确保相关人员能够充分了解和掌握制度内容。

2. 加强信息化建设

随着信息化技术的不断发展，人事档案管理工作也应该加强信息化建设。组织应该建立人事档案管理信息系统，实现档案信息的数字化、网络化和智能化管理。通过信息系统，可以更加方便地进行档案信息的收集、整理、查询和分析等工作，提高人事档案管理工作的效率和准确性。

3. 提高管理人员素质

人事档案管理工作需要具备专业的管理技能和素质。组织应该加强档案管理人员的培训和教育工作，提高他们的专业素质和管理能力。同时，应该注重引进高素质、专业化的人才，为人事档案管理工作注入新的活力和动力。

4. 强化监督检查

监督检查是持续改进的重要手段之一。组织应该建立健全的监督检查机制，定期对人事档案管理工作进行检查和评估，发现问题及时进行整改和完善。同时，应该鼓励员工积极参与监督工作，提出意见和建议，促进人事档案管理工作的开展。

（三）人事档案管理持续改进的措施

1. 优化管理流程

管理流程的优化是持续改进的关键措施之一。组织应该对人事档案管理工作流程进行全面梳理和分析，发现存在的问题和不足，优化工作流程和管理环节。例如，可以制定详细的工作流程图和操作规程，明确各个环节的责任和要求，提高管理工作的规范性和效率。

2. 加强信息安全管理

人事档案信息涉及个人的隐私和组织的商业秘密，必须加强信息安全管理。组织应该建立完善的信息安全管理制度，采取加密、备份、访问控制等措施，确保人事档案信息的安全和保密。同时，应该加强管理人员的安全意识培训和教育，提高他们的信息安全管理能力。

3. 推进数字化建设

数字化建设是人事档案管理工作的重要发展方向。组织应该加大数字化建设的投入力度，建立数字化档案管理系统，实现档案信息的数字化存储、查询和分析等功能。通过数字化建设，可以提高人事档案管理工作的效率和准确性，为组织的人事决策提供更加可靠的信息支持。

4. 完善考核机制

考核机制的完善是持续改进的重要保障措施之一。组织应该建立健全的考核机制，对人事档案管理工作进行定期考核和评估，并将考核结果与奖惩、晋升等挂钩。通过完善的考核机制，可以激发管理人员的积极性和创造力，促进人事档案管理工作的开展和完善。

人事档案管理的持续改进是组织发展的重要保障之一。组织应该根据自身实际情况和发展需要，制定科学、合理的人事档案管理制度和流程，加强信息化建设、管理人员素质提升和监督检查等方面的工作，推进人事档案管理工作的持续改进和发展。同时，也应该注重借鉴先进的管理理念和方法，不断创新和完善人事档案管理工作，提高人事档案管理工作的质量和效率。

第十一章　会计档案管理

第一节　会计档案的定义和分类

一、会计档案的定义与内容

（一）会计档案的定义

会计档案是指会计凭证、会计账簿、财务报告以及其他会计核算专业资料，它们是企业经济活动的历史记录，反映了企业经济业务的全貌。这些档案资料不仅具有重要的经济价值，而且对于企业的经济管理、决策制定以及审计监督等方面都起着不可替代的作用。

（二）会计档案的特点

1. 真实性

会计档案是企业经济活动的真实记录，必须客观、准确地反映企业的经济业务。真实性是会计档案最基本的特性，也是最重要的要求。

2. 完整性

会计档案应该全面、系统地反映企业经济活动的过程和结果，不能有遗漏或缺失。无论是从时间上还是从内容上，都应该保持完整。

3. 规范性

会计档案的格式、内容、编制、审核等都应该符合国家相关的法律法规和会计准则，确保档案的规范性和统一性。

4. 长期保存性

会计档案是企业的重要历史资料，对于企业的经营发展具有长期的参考价值。因此，会计档案需要长期保存，以便于企业进行查阅和利用。

(三) 会计档案的内容

1. 会计凭证

会计凭证是记录企业经济业务、明确经济责任的书面证明，包括原始凭证和记账凭证。原始凭证反映了经济业务的实际情况，记账凭证则是对经济业务进行分类、汇总和记录的过程。

2. 会计账簿

会计账簿是按照会计科目分类记录经济业务的簿籍，包括总账、明细账、日记账等。会计账簿是系统地归类和整理会计凭证的重要工具，也是编制财务报告的重要依据。

3. 财务报告

财务报告是企业对外提供的反映企业财务状况、经营成果和现金流量的文件，包括资产负债表、利润表、现金流量表等。财务报告是综合反映企业经营状况的重要工具，也是外部机构和个人了解企业状况的重要途径。

4. 其他会计核算专业资料

除了以上三种主要的会计档案外，还包括一些会计核算专业资料，如审计报告、税务申报表、资产评估报告等。这些资料对于企业的经济管理也具有重要的参考价值。

二、会计档案的分类与特点

（一）会计档案的分类

会计档案可以根据不同的分类标准进行划分，以下是常见的分类方式。

1. 按档案内容划分：

（1）会计凭证类：包括原始凭证、记账凭证等，是企业经济业务发生时的直接记录。

（2）会计账簿类：包括总账、明细账、日记账等，是对经济业务进行分类、整理和记录的重要工具。

（3）财务报告类：包括资产负债表、利润表、现金流量表等，是企业对外提供的反映财务状况、经营成果和现金流量的文件。

（4）其他会计核算专业资料类：包括审计报告、税务申报表、资产评估报告等，是对企业经济业务进行专业分析和评估的资料。

2. 按档案载体划分：

（1）纸质档案：传统的纸质会计档案，如凭证、账簿和报告等。

（2）电子档案：通过计算机等电子设备形成的会计档案，如电子凭证、电子账簿和电子报告等。

3. 按档案保密程度划分：

（1）公开档案：可以对外公开的会计档案，如财务报告等。

（2）非公开档案：仅限于企业内部使用的会计档案，如原始凭证、记账凭证等。

（二）会计档案的特点

1. 真实性

会计档案是企业经济活动的真实记录，必须客观、准确地反映企业的经济业务。真实性是会计档案最基本的特性，也是最重要的要求。只有真实的会计档案才能为企业提供准确的数据支持，为决策者提供可靠的决策依据。

2. 完整性

会计档案应该全面、系统地反映企业经济活动的过程和结果，不能有遗漏或缺失。无论是从时间上还是从内容上，都应该保持完整。只有完整的会计档案才能为企业的经营管理提供全面的信息，帮助企业发现问题、解决问题。

3. 规范性

会计档案的格式、内容、编制、审核等都应该符合国家相关的法律法规和会计准则，确保档案的规范性和统一性。规范化的会计档案不仅可以提高档案管理工作的效率和质量，还可以为企业提供更加准确和可靠的数据支持。

4. 长期保存性

会计档案是企业的重要历史资料，对于企业的经营发展具有长期的参考价值。因此，会计档案需要长期保存，以便于企业进行查阅和利用。同时，长期保存的会计档案还可以为企业提供更加全面和准确的数据支持，帮助企业发现问题、解决问题，促进企业的可持续发展。

5. 法律效力

在许多国家，会计档案被视为法律文件，具有法律效力。如果发生经济纠纷或法律诉讼，会计档案可以作为重要的证据使用。因此，会计档案必须妥善保管，确保其完整性和真实性。

6. 保密性

有些会计档案涉及企业的商业机密和财务隐私，需要严格保密。这些档案不能随意泄露给外部人员或机构，必须采取有效的保密措施。因此，企业需要建立健全的档案管理制度和保密制度，确保会计档案的安全性和保密性。

7. 动态性

企业的经济活动不断进行，会计档案也必须不断更新和变化。随着时间的推移和企业的发展，会计档案的内容和数量也在不断增加。因此，企业需要建立动态的档案管理系统，及时更新和整理会计档案，确保其真实性和完整性。

8. 应用价值

会计档案是企业经济管理的重要工具之一，具有广泛的应用价值。通过分析和利用会计档案，企业可以了解自身的经营状况和财务状况，发现存在的问题和不足之处，采取有效的措施进行改进和优化。同时，会计档案还可以为企业决策者提供重要的数据支持和决策依据，促进企业的可持续发展。

9. 信息化趋势

随着信息化技术的不断发展，会计档案也逐渐向数字化、信息化方向发展。数字化会计档案可以提高档案管理工作的效率和质量，方便查阅和利用，减少纸质文档的使用，降低档案管理成本。同时，数字化会计档案也需要注意安全性和保密性问题，采取有效的技术和管理措施，确保其完整性和安全性。

第二节 会计档案管理的基本原则和方法

一、会计档案管理的原则

会计档案管理是企业管理的重要组成部分，它不仅记录了企业的经济活动和财务状况，还是企业决策的重要依据。为了确保会计档案的真实性、完整性、规范性和长期保存性，企业需要遵循以下原则进行会计档案管理。

（一）依法管理原则

企业在进行会计档案管理时，必须遵守国家相关的法律法规和会计准则，确保档案管理的合法性和规范性。这些法律法规和会计准则包括《中华人民共和国会计法》《中华人民共和国档案法》《企业会计准则》等，它们为企业会计档案管理提供了指导和依据。

（二）真实可靠原则

会计档案是企业经济活动的真实记录，必须客观、准确地反映企业的经济业务。企业应该采取有效的措施，确保会计档案的真实性和可靠性。在收集、整理、保管和利用会计档案的过程中，应该严格遵守相关规定，确保档案的真实性和可靠性。

（三）完整有序原则

会计档案应该全面、系统地反映企业经济活动的过程和结果，不能有遗漏或缺失。企业应该采取有效的措施，确保会计档案的完整性和系统性。在档案管理过程中，应该对档案进行分类、编号、整理和归档，方便查阅和利用。同时，还应该定期对会计档案进行清点和盘点，确保档案的完整性和系统性。

（四）安全保密原则

会计档案涉及企业的商业机密和财务隐私，必须采取有效的安全保密措施。企业应该建立健全的档案管理制度和保密制度，确保会计档案的安全性和保密性。在档案管理过程中，应该加强对档案的保管、利用和传输等环节的管理，防止档案的丢失、损坏和泄露。同时，还应该加强对档案的电子化管理，采取有效的技术手段和管理措施，确保电子会计档案的安全性和保密性。

（五）动态更新原则

企业的经济活动不断进行，会计档案也必须不断更新和变化。企业应该建立动态的档案管理系统，及时更新和整理会计档案，确保其真实性和完整性。在档案管理过程中，应该加强对新产生的经济业务的收集和整理，及时归档和更新会计档案。同时，还应该加强对档案的清点和盘点，及时发现和解决档案管理中存在的问题和不足之处。

（六）信息化管理原则

随着信息化技术的不断发展，会计档案也逐渐向数字化、信息化方向发展。企业应该加强数字化建设，提高会计档案管理的效率和信息化水平。在档案管理过程中，应该采用先进的数字化技术手段，如电子扫描、电子存档等，将传统纸质档案转化为数字化档案。同时，还应该建立电子档案管理系统，实现档案的电子化管理和利用。在信息化管理过程中，还应该加强对电子会计档案的安全性和保密性的管理，采取有效的技术手段和管理措施，确保电子会计档案的真实性、完整性和安全性。

（七）服务社会原则

企业在进行会计档案管理时，还应该遵循服务社会原则。企业应该建立健全的档案服务体系，积极为社会提供优质的档案服务。在档案管理过程中，应该加强对档案的编研和整理，挖掘档案的信息价值和服务价值。同时，还应该加强与社会的交流与合作，推动档案资源的共享和利用。通过服务社会的原则，企业可以更好地发挥会计档案的价值和作用，推动企业的可持续发展和社会进步。

二、会计档案管理的方法

（一）建立完善的档案管理制度

企业应该建立健全的档案管理制度，明确档案管理的职责、流程和规范，确保档案管理的有序性和规范性。具体来说，企业应该制定档案分类、编号、整理、归档、保管、利用等方面的管理制度，并加强对制度执行情况的监督和检查。同时，还应该建立档案管理考核机制，对档案管理工作的效果进行评估和反馈，及时发现和解决档案管理中存在的问题。

（二）加强档案收集与整理

会计档案的收集与整理是档案管理的基础工作，也是确保档案真实性和完整性的关键环节。企业应该建立健全的档案收集与整理制度，明确档案收集的范围、方式和时间，确保档案收集的及时性和完整性。在整理档案时，应该按照档案分类、编号等规定进行分类、整理、装订和归档，确保档案的规范性和系统性。

（三）采用数字化档案管理方式

数字化档案管理是当前档案管理的重要趋势，也是提高档案管理效率和信息化水平的有效途径。企业应该加强数字化建设，采用电子扫描、电子存档等数字化技术手段，将传统纸质档案转化为数字化档案。同时，还应该建立电子档案管理系统，实现档案的电子化管理和利用。数字化档案管理可以大大提高档案的检索速度和使用效率，方便企业对会计档案的管理和利用。

（四）强化档案安全保密管理

会计档案涉及企业的商业机密和财务隐私，必须采取有效的安全保密措施。企业应该建立健全的档案安全保密制度，加强对档案的保管、利用和传输等环节的管理，防止档案的丢失、损坏和泄露。具体来说，企业应该采取加密技术、权限控制、备份恢复等措施，确保电子会计档案的安全性和保密性。同时，还应该加强对档案工作人员的安全保密教育和培训，提高他们的安全保密意识和防范能力。

（五）定期开展档案清点和盘点

企业应该定期开展档案清点和盘点工作，及时发现和解决档案管理中存在的问题和不足之处。具体来说，企业应该制定详细的清点和盘点计划，明确清点和盘点的范围、时间和方式，确保清点和盘点的全面性和准确性。在清点和盘点过程中，应该加强对档案的分类、编号、保存等方面的检查和核对，及时发现和解决档案管理中存在的问题。同时，还应该加强对清点和盘点结果的统计和分析，为档案管理工作的改进和提高提供有力的数据支持。

（六）加强档案工作人员培训和教育

档案管理人员的素质和能力直接影响到档案管理工作的效果和质量。因此，企业应该加强对档案管理人员的培训和教育，提高他们的专业素质和工作能力。具体来说，企业应该定期开展档案管理知识培训、技能培训和管理能力培训等课程或活动，提高档案管理人员的业务水平和管理能力。同时，还应该加强对档案管理人员的职业道德教育和管理意识培养等方面的教育，提高他们的职业素养和工作责任心。

（七）加强档案服务体系建设

企业应该加强档案服务体系建设，积极为社会提供优质的档案服务。具体来说，企业应该建立健全的档案服务制度和服务流程，明确档案服务的范围、方式和标准。同时，还应该加强对档案服务的宣传和推广工作，提高企业的知名度和影响力。在提供档案服务时，应该注重服务的及时性、准确性和完整性等方面的问题加强与客户的沟通和合作建立良好的服务关系提高客户满意度为企业的可持续发展奠定坚实的基础。

（八）实施档案管理绩效考核

为了更好地激励和约束档案管理工作人员充分发挥其积极性和创造性实施档案管理绩效考核是十分必要的。绩效考核可以从工作效率工作态度等多个方面对员工进行评价并与其薪酬晋升等挂钩从而激发员工的工作热情提高其工作效率和工作质量。绩效考核的实施也有助于发现员工在工作中存在的问题和不足之处为其改进工作提供指导和帮助促进其职业发展。

（九）促进部门间的沟通与协作

会计档案管理是一项涉及多个部门的工作，要想做好这项工作需要各个部门的协同合作与沟通交流。具体来说各部门应及时向档案管理部门提供相关资料信息并协助解决档案管理部门在工作中遇到的问题，共同推动会计档案管理工作的顺利开展。此外部门间沟通与协作也有助于提高工作效率加强部门间的了解与合作，促进企业的整体发展。

三、会计档案管理的流程

（一）会计档案的收集与整理

会计档案的收集与整理是整个档案管理工作的基础。具体来说，会计档案的收集包括但不限于：原始凭证、记账凭证、总账、明细账、日记账、各类辅助账簿等。在收集过程中，档案管理人员应该根据档案的种类、时间、内容等信息进行分类、编号和整理，确保档案的完整性和系统性。

（二）会计档案的归档与保管

在完成档案的收集与整理后，下一步是进行档案的归档与保管。归档是指将整理好的档案按照规定的程序和要求进行装订、分类、编号和存储，以确保档案的安全性和完整性。在归档过程中，应该注意档案的排列顺序、存储方式和存储环境等方面的管理，确保档案不会受到损坏或丢失。

（三）会计档案的利用与开发

会计档案的利用与开发是档案管理的重要环节之一。通过利用和开发会计档案，企业可以更好地了解自身的财务状况和经营情况，为决策提供有力的数据支持。在档案利用与开发过程中，应该注意档案的保密性和安全性，严格控制档案的查阅和借阅权限。同时，还应该加强对档案数据的分析和挖掘，提取有价值的信息和数据，为企业的发展提供有益的参考。

（四）会计档案的鉴定与销毁

会计档案的鉴定与销毁是档案管理中的重要环节之一。对于过期、无效或无保存价值的会计档案，应该及时进行鉴定和销毁，以避免占用存储空间和造成信息泄露等风险。在鉴定与销毁过程中，应该制定详细的鉴定和销毁方案，明确鉴定和销毁的标准和程序，确保鉴定和销毁工作的准确性和规范性。同时，还应该加强对鉴定和销毁工作的监督和管理，防止鉴定和销毁工作出现疏漏或失误。

（五）会计档案的数字化管理

随着信息化时代的到来，数字化管理已经成为企业档案管理的重要趋势。通过数字化管理，企业可以更加高效地管理和利用会计档案，提高档案管理的工作效率和信息化水平。在数字化管理过程中，企业应该加强对数字化技术的研发和应用，建立完善的电子档案管理系统，实现档案的电子化管理和利用。同时，还应该加强对数字化管理的安全性和保密性等方面的管理，确保数字化管理的安全可靠。

（六）会计档案管理制度建设

建立健全的会计档案管理制度是确保档案管理工作的规范性和有效性的关键。企业应该根据自身实际情况制定详细的档案管理制度，明确档案管理工作的职责、流程和规范，确保档案管理工作的有序性和规范性。同时，还应该加强对制度执行情况的监督和检查，及时发现和解决制度执行中存在的问题。

（七）会计档案管理人员的培训和教育

档案管理人员的素质和能力直接影响到档案管理工作的效果和质量。因此，企业应该加强对档案管理人员的培训和教育，提高他们的专业素质和工作能力。具体来说，企业应该定期开展档案管理知识培训、技能培训和管理能力培训等课程或活动，提高档案管理人员的业务水平和管理能力。同时，还应该加强对档案管理人员的职业道德教育和管理意识培养等方面的教育，提高他们的职业素养和工作责任心。

（八）会计档案管理工作的考核与评估

为了更好地激励和约束档案管理工作人员充分发挥其积极性和创造性实施档案管理绩效考核是十分必要的。绩效考核可以从工作效率、工作态度等多个方面对员工进行评价，并与其薪酬晋升等挂钩，从而激发员工的工作热情，提高其工作效率和工作质量。绩效考核的实施也有助于发现员工在工作中存在的问题和不足之处，为其改进工作提供指导和帮助，促进其职业发展。同时企业还应该定期对会计档案管理工作进行评估和总结，分析管理中存在的问题和不足之处，提出改进措施，不断提高档案管理水平，为企业的可持续发展提供有力支持。

第三节　会计档案的收集与整理

一、会计档案的收集范围与标准

（一）会计档案的收集范围

1. 会计凭证类

该类档案包括原始凭证、记账凭证等。这些凭证是企业经济活动的直接记录,涉及企业的各项收支、资产变动和债权债务等情况。

2. 会计账簿类

该类档案包括总账、明细账、日记账和其他辅助性账簿。这些账簿是按照会计准则和企业制度要求设置的,用于记录企业的财务数据和交易信息。

3. 财务报告类

该类档案包括年度财务报告、季度财务报告、月度财务报告以及特定事项的专项财务报告。这些报告是企业财务管理成果的集中体现,反映了企业的经营状况和财务状况。

4. 其他会计资料类

该类档案包括会计移交清册、会计档案保管清册、会计档案销毁清册等。这些资料主要用于记录会计档案的管理过程和变动情况。

(二)会计档案的收集标准

1. 完整性

会计档案的收集应确保完整性,无遗漏。每一份重要的会计文件都应被纳入档案管理,以确保企业财务历史的完整记录。

2. 准确性

会计档案应真实反映企业的经济活动和财务状况。收集过程中应关注数据的准确性,避免虚假或错误的记录。

3. 及时性

会计档案的收集应及时,确保各项经济交易和财务变动能够及时记录并归档。避免时间滞后导致的数据失真或遗漏。

4. 规范性

会计档案的收集应遵循国家法律法规和企业内部规章制度,确保档案管理的规范性和合法性。同时,档案的整理和存储也应符合统一的标准和格式。

5. 系统性

会计档案的收集应按照一定的逻辑和分类进行整理,便于后续的查询和使用。建立科学合理的档案管理系统,有助于提高档案的利用效率和企业的财务管理水平。

6. 安全性

会计档案是企业的重要资产和商业机密，因此在收集过程中应特别关注档案的安全性。采取有效的保密措施和技术手段，确保档案不被未经授权的人员获取或泄露。

7. 持久性

考虑到会计档案可能需要长时间保存，因此在收集时还应考虑其持久性。选择耐久性强的载体和记录方式，确保档案在长时间保存后仍能保持完整和清晰。

8. 效率性

在保证档案质量的前提下，还应关注档案收集的效率。通过优化工作流程和技术手段，提高档案收集的速度和准确性，降低管理成本。

（三）实施建议

为确保会计档案收集范围与标准的实施效果，企业应采取以下措施。

1. 制定详细的档案管理制度

根据国家法律法规和企业实际情况，制定适合企业需求的档案管理规章制度，明确档案的收集范围与标准。

2. 加强员工培训

通过定期培训和教育活动，提高员工对会计档案重要性的认识，加强其在日常工作中对档案管理的重视程度。

3. 建立监督与考核机制

对档案管理工作的执行情况进行监督和考核，确保各项制度得到有效执行。同时，通过考核激励员工积极参与档案管理工作的积极性。

4. 持续优化管理流程

根据实际工作情况和档案管理需求的变化，持续优化档案管理流程，提高管理效率和质量。

5. 引入现代化技术手段

利用信息技术和数字化手段，建立电子档案管理系统，实现档案的数字化存储、查询和使用，提高档案管理的工作效率和便捷性。

6. 建立档案管理协作机制

加强部门间的沟通与协作，形成档案管理工作的合力。通过跨部门协作，共同推动会计档案管理的规范化、高效化发展。

7. 重视档案安全管理

加强对档案载体的安全保护措施，防止档案损坏、丢失或被非法获取。同时加强网络安全防护措施，防范网络攻击和数据泄露等安全风险。

8. 定期进行档案管理评估与总结

定期对会计档案管理工作进行评估和总结，发现管理中存在的问题和不足之处，及时进行改进和完善。通过持续改进和创新，不断提高档案管理水平，为企业的发展提供有力支持。

二、会计档案的整理原则与方法

（一）会计档案的整理原则

1. 完整性原则

会计档案的整理应确保完整性，无遗漏。每一份重要的会计文件都应被纳入整理范围，以确保企业经济活动的完整记录。

2. 准确性原则

会计档案的整理应以准确性为首要原则。在整理过程中，应确保档案内容真实、准确反映企业的经济活动和财务状况。

3. 规范性原则

会计档案的整理应遵循国家法律法规和企业内部规章制度，确保档案管理的规范性和合法性。同时，整理过程和方式应符合统一的标准和格式。

4. 系统性原则

会计档案的整理应按照一定的逻辑和分类进行，确保档案之间的内在联系得到合理体现，便于后续的查询和使用。

5. 安全性原则

在整理会计档案的过程中，应采取有效的保密措施和技术手段，确保档案不被未经授权的人员获取或泄露。

6.效率性原则

在保证档案质量的前提下，还应关注整理工作的效率。通过优化工作流程和技术手段，提高整理的速度和准确性，降低管理成本。

（二）会计档案的整理方法

1.分类整理法

根据会计档案的内容和特点，按照一定的分类标准进行整理。常见的分类标准包括经济业务类型、时间先后、部门归属等。分类整理有助于提高档案查询的便捷性和管理效率。

2.集中整理法

将所有会计档案集中起来，按照时间顺序或重要性进行排序整理。集中整理有助于保持档案的整体性和连贯性，便于对整个经济活动进行全面了解和分析。

3.重点突出法

在整理会计档案时，应重点关注重要经济业务和重大决策的相关档案。对这些档案进行特别标识或单独归类，以便在后续查询和使用时能够迅速定位。

4.标签索引法

为便于快速查找和定位，可以建立标签索引系统。通过为每个档案设置唯一标签，并建立索引表格，记录档案的名称、内容、存放位置等信息，方便快速查找和定位。

5.电子化管理法

随着信息技术的发展，电子化管理已成为一种趋势。通过建立电子档案管理系统，将会计档案数字化并存储在电子设备或云端，可以实现快速检索、查询、传输和共享等功能。同时，电子化管理还有助于提高档案的安全性和持久性。

6.定期整理与更新法

会计档案是一个动态的资料库，随着时间的推移和经济活动的变化，需要定期进行整理和更新。通过定期整理与更新，可以确保会计档案的时效性和准确性，为企业决策提供可靠支持。

7. 标准化与规范化法

在整理会计档案时，应遵循国家法律法规和企业内部规章制度，确保档案管理的标准化和规范化。同时，在整理过程中应统一格式、规范操作流程，确保档案质量的一致性。

8. 安全性保障法

在整理过程中应特别关注档案的安全性。采取有效的保密措施和技术手段，确保档案不被未经授权的人员获取或泄露。同时加强网络安全防护措施防范网络攻击和数据泄露等安全风险。

三、会计档案的归档与分类

（一）会计档案的归档

会计档案的归档是指将分散的会计资料按照一定的规则和要求集中起来，形成完整的档案体系。归档工作应遵循以下原则。

1. 及时性原则

企业应确保及时归档会计资料，避免资料的散失。在每个会计期间结束后，应对会计资料进行整理和归档。

2. 完整性原则

归档的会计档案应完整、准确，包括各种凭证、账簿、报表等，确保能够全面反映企业的经济活动。

3. 规范性原则

归档过程应遵循国家法律法规和企业内部规章制度，确保档案的合法性和规范性。同时，档案的整理和装订应统一标准，便于后续的管理和利用。

（二）会计档案归档的具体步骤

归档工作的具体步骤如下。

1. 收集

将分散的会计资料进行收集，确保资料的完整性和准确性。

2. 整理

按照一定的规则和要求对资料进行分类、排序和装订，使其形成完整的档案体系。

3. 装订

采用统一的装订方式对档案进行装订，便于后续的保管和利用。

4. 归档

将整理好的档案按照规定的要求进行归档，并做好档案的编目和标识工作。

（三）会计档案的分类

会计档案的分类是指按照一定的标准和方法将会计档案进行归类和划分，以便更好地管理和利用。分类的标准和方法可以根据企业的实际情况和档案管理需求进行选择。常见的分类标准如下。

1. 按经济业务类型分类

根据企业所发生的经济业务类型对档案进行分类，如销售、采购、生产等。这种分类方法有助于企业按照不同的业务类型对经济活动进行分析和管理。

2. 按时间顺序分类

根据档案产生的时间顺序进行分类，如按月、按季度或按年度分类。这种分类方法有助于企业了解经济活动的时间分布和变化趋势。

3. 按部门分类

根据企业内部各部门职责的不同，将会计档案按照部门归属进行分类。这种分类方法有助于企业了解各部门经济活动的特点和状况，加强部门间的协作与沟通。

4. 按重要性分类

根据会计档案的重要程度进行分类，如重要凭证、一般凭证等。这种分类方法有助于企业优先关注重要档案，提高管理效率。

（四）会计档案分类的原则

在进行会计档案分类时，应遵循以下原则。

1. 稳定性原则

分类标准和方法应保持相对稳定，避免频繁变动影响档案管理的连贯性和一致性。

2.逻辑性原则

分类应遵循一定的逻辑顺序和层级结构,确保档案之间的内在联系得到合理体现。

3.实用性原则

分类应结合企业实际需求和管理特点,便于后续的查询、检索和管理。

4.可扩展性原则

随着企业经济活动的不断发展和变化,分类标准和方法应具有一定的灵活性和可扩展性,以适应新的档案管理需求。

第四节　会计档案的保管与维护

一、会计档案的保管要求与措施

(一)会计档案的保管要求

1.安全性

会计档案是企业的重要资产,必须采取严格的安全措施来保护档案的安全。要确保档案存放的物理安全,防止档案被盗窃或损坏。同时,应采取技术手段,如加密、备份等,确保档案数据的安全。

2.完整性

会计档案必须保持完整,不得有缺失或损坏。在归档过程中,要仔细核对档案的数量、内容和完整性,确保没有遗漏。此外,在保管过程中,应定期检查档案的完整性,如有损坏应及时修复。

3.长期可读性

由于会计档案可能会长时间保存,因此必须确保档案的长期可读性。要选择质量好的纸张和墨水,确保档案的清晰度和耐久性。同时,应定期检查档案的保存状况,如有损坏或变质应及时处理。

4. 法规合规性

会计档案的保管必须符合相关法律法规的要求。企业应了解并遵守相关法律法规，如《中华人民共和国会计法》《中华人民共和国档案法》等，确保会计档案的合法性和合规性。

（二）会计档案的保管措施

1. 建立完善的档案管理制度

企业应建立完善的档案管理制度，明确会计档案的保管责任、保管期限、借阅规则等。通过制度的约束，确保会计档案得到妥善保管和合理利用。

2. 设立专门的档案管理部门或岗位

企业应设立专门的档案管理部门或岗位，负责会计档案的收集、整理、保管和利用工作。要确保档案管理人员的专业素质和责任心，加强培训和管理，提高档案管理水平。

3. 选择合适的档案存储介质

企业应根据实际情况选择合适的档案存储介质。对于纸质档案，应选择质量好、耐久性强的纸张；对于电子档案，应选择可靠的存储设备，并定期进行备份。同时，应定期检查存储介质的质量和性能，确保其安全可靠。

4. 定期整理和修复会计档案

企业应定期整理和修复会计档案，保持档案的整洁和完好。对于损坏的档案，应及时进行修复或替换；对于过时的档案，应及时进行清理和销毁。整理和修复过程中应注重保护档案的安全性和完整性。

5. 实施档案管理信息化

随着信息技术的发展，档案管理信息化已成为趋势。企业应积极实施档案管理信息化，建立电子档案管理系统，实现档案的数字化、信息化和网络化管理。通过信息化管理，可以提高档案的查询、检索和管理效率，延长档案的保存时间。

6. 加强档案安全管理

企业应加强档案安全管理，防止档案被盗窃、篡改或损坏。要建立严格的档案借阅制度和审批程序，限制借阅范围和权限；加强电子档案的安全管理，采取加密、身份验证等安全措施；加强档案存放场所的物理安全和管理制度建设。

7. 重视档案利用和开发

企业应重视会计档案的利用和开发，发挥其价值。通过编制档案目录、建立索引等方式方便查询和检索；定期对会计档案进行分析和挖掘，为企业决策提供支持；加强与其他部门的协作与沟通，提高档案管理水平和服务质量。

8. 定期开展档案管理培训和教育

企业应定期开展档案管理培训和教育活动，提高员工对会计档案重要性的认识和管理意识。通过培训和教育活动，普及档案管理知识和管理方法，提高员工对档案管理工作的参与度和支持度。

二、会计档案的定期检查与修复

（一）定期检查与修复的重要性

1. 及时发现和修复损坏

会计档案在长期的保管过程中，可能会由于各种原因而损坏。定期检查可以及时发现这些损坏，避免损坏加剧或造成数据丢失。通过及时的修复措施，可以确保会计档案的完整性和长期保存。

2. 确保档案的安全

定期检查可以发现潜在的安全隐患，如档案被盗、损坏或丢失等。通过及时采取措施，可以避免安全事故的发生，确保会计档案的安全。

3. 提高档案管理水平

定期检查与修复是档案管理专业化的体现。通过定期检查与修复，可以不断发现和改进档案管理中的不足，提高档案管理的水平。同时，这也是对档案管理人员的培训和教育过程，可以提高他们的专业素质和管理能力。

（二）定期检查与修复的要求

1. 完整性要求

定期检查与修复的首要要求是确保会计档案的完整性。要仔细核对档案的数量、内容和完整性，确保没有遗漏和缺失。同时，要关注档案之间的关联性和逻辑性，确保数据的完整性和一致性。

2. 精确性要求

在定期检查与修复过程中，要确保各项操作的精确性。这包括检查档案的纸张质量、墨迹清晰度、数据准确度等。要严格按照档案管理标准和规范进行操作，避免因操作不当造成二次损坏或数据误差。

3. 细致性要求

会计档案的定期检查与修复需要高度的细致性。检查时要仔细观察档案的外观、内部结构和保存状况，不放过任何一个细节。对于发现的损坏或问题，要及时记录并采取修复措施，避免问题恶化或扩大。

4. 规范性要求

为了确保定期检查与修复的质量和效率，需要建立规范的操作流程和管理制度。要明确检查与修复的标准、方法和程序，确保各项操作都有章可循、有据可查。同时，要加强对档案管理人员的培训和教育，提高他们的规范意识和操作水平。

（三）定期检查与修复的方法和措施

1. 建立完善的检查与修复制度

企业应建立完善的会计档案检查与修复制度，明确检查与修复的标准、方法和程序。制度应包括档案的定期检查周期、检查内容、发现问题时的处理方式等，确保检查与修复工作的有序进行。

2. 定期进行全面检查

企业应定期对会计档案进行全面检查，包括档案的数量、内容、保存状况等。全面检查应由专业人员负责，采用科学的方法和技术手段进行。同时，应建立检查记录和报告制度，及时记录和报告检查结果。

3. 及时处理发现的问题

在全面检查过程中，如发现会计档案存在损坏或问题，应及时采取修复措施。对于轻微的损坏，可采用适当的修复材料和方法进行修复；对于严重的损坏或数据丢失，应及时通知相关部门或专家协助处理。同时，应加强防范措施，避免类似问题的再次发生。

4. 加强技术手段的应用

随着技术的发展，越来越多的技术手段可以应用于会计档案的定期检查与修复工作。例如，采用数字化技术对纸质档案进行扫描和转换，便于长期保存和检索；采用数据分析技术对电子档案进行挖掘和分析，提高档案的利用价值。企业应积极探索和应用新技术手段，提高档案管理工作的效率和水平。

5. 建立档案管理信息化系统

档案管理信息化是未来发展的趋势。通过建立档案管理信息化系统，可以实现会计档案的数字化、信息化和网络化管理。信息化系统可以提供更高效、便捷的查询、检索和管理功能，同时也可以提高档案的保存质量和安全性。企业应积极推进档案管理信息化系统的建设和应用。

6. 提高档案管理人员的素质和能力

会计档案的定期检查与修复需要专业的管理人员来执行。企业应加强档案管理人员的培训和教育，提高他们的专业素质和管理能力。同时，应鼓励他们不断学习和探索新的管理方法和技术手段，以适应档案管理工作的不断发展和变化。

7. 加强与其他部门的协作与沟通

会计档案的管理涉及企业的多个部门和多方利益相关者。企业应加强与其他部门的协作与沟通，共同制定档案管理政策、标准和规范；同时应积极与利益相关者沟通，确保会计档案的准确性和完整性符合各方要求。通过协作与沟通机制的建立和完善，可以提高会计档案的管理水平和利用价值。

8. 落实责任追究制度

为了确保会计档案的定期检查与修复工作的有效执行和落实责任追究制度，企业应明确档案管理人员的职责和责任追究方式，一旦发现问题应及时处理并追究相关人员的责任，责任追究制度的落实可以提高档案管理人员的责任心和工作积极性，从而提升整个企业的档案管理水平。

三、会计档案的保密管理

（一）会计档案保密管理的重要性

1. 保护企业商业机密

会计档案中包含了企业的财务信息、交易细节和其他敏感商业信息。这些信息如果泄露给竞争对手或外部机构，可能会对企业的竞争地位和盈利能力造成重大影响。因此，保护会计档案的机密性是维护企业商业利益的关键。

2. 遵守法律法规要求

许多国家和地区的法律法规对企业会计档案的保密有明确要求。企业必须遵守相关法律法规，确保会计档案不被非法获取和使用。否则，企业可能面临法律责任和声誉损失的风险。

3. 提高档案管理水平

保密管理是档案管理的重要组成部分。通过加强会计档案的保密管理，企业可以提高整个档案管理工作的规范性和专业性。同时，保密管理也有助于提高档案管理人员的安全意识和责任心。

（二）会计档案保密管理的要求

1. 严格控制知密范围

企业应严格控制会计档案的知密范围，确保只有经过授权的人员才能接触敏感信息。知密范围应最小化，以降低信息泄露的风险。

2. 完善保密制度建设

企业应建立健全的会计档案保密管理制度，明确保密管理的基本原则、保密措施和责任追究方式。同时，应加强保密制度的宣传和培训，确保相关人员充分了解并严格遵守。

3. 强化保密技术防范措施

企业应采取有效的技术手段来保护会计档案的机密性。例如，采用加密技术对电子数据进行加密处理；设置访问控制权限，限制无关人员对会计档案的访问；定期更新和升级防病毒软件等安全防护措施。

4.定期开展保密检查与评估

企业应定期对会计档案的保密管理工作进行检查与评估,确保各项保密措施的有效执行。通过检查与评估,及时发现并纠正保密管理中的不足和漏洞。

5.建立保密责任追究制度

企业应明确各岗位人员在会计档案保密管理中的责任和义务,并建立相应的责任追究制度。一旦发生信息泄露事件,应及时查明原因,严肃追究相关人员的责任。

（三）会计档案保密管理的方法与措施

1.制定详细的档案保密目录

企业应根据会计档案的重要性和敏感程度,制定详细的档案保密目录。目录应包括档案的名称、编号、密级、保管期限等信息,以便于对不同级别的档案采取不同的保密措施。

2.分级管理

根据保密目录,对会计档案进行分级管理。不同级别的档案应采取不同的保密措施,如限制访问权限、加密存储等。分级管理有助于企业在保证重要信息不被泄露的同时,提高工作效率。

3.物理隔离

对于高密级档案,应采取物理隔离措施,将其存储在独立的安全区域或设备上。该区域或设备应与普通工作区域隔离,以减少无关人员接触的机会。

4.严格控制传输与共享

企业应严格控制会计档案的传输与共享。在传输过程中,应采用加密方式,确保数据在传输过程中的安全。在共享时,应仅授予必要的访问权限,并监控共享过程中的数据访问行为。

5.加强存储介质的管理

存储会计档案的介质（如硬盘、光盘等）应妥善保管,防止被非法获取或复制。存储介质的使用和管理应有严格的登记和审批制度,以便追踪和监控。

6.人员背景调查与保密意识培训

对于接触会计档案的人员,应进行严格的背景调查,确保其可靠性。同时,定期开展保密意识培训，提高员工的保密意识和技能水平。通过培训，使员工了解常见的泄密途径和应对措施，增强其防范意识。

7. 建立应急预案

企业应针对可能发生的会计档案泄密事件制定应急预案。应急预案应包括发现泄密的报告程序、紧急处置措施和事后调查程序等。通过应急预案的建立，确保企业在发生泄密事件时能够迅速响应并降低损失。

8. 定期审计与监控

定期对会计档案的保管和使用情况进行审计与监控，确保各项保密措施的有效执行。通过审计与监控，及时发现和纠正潜在的安全隐患和违规行为。同时，审计与监控结果应作为保密管理工作的改进依据。

9. 引入第三方监管机构

对于特别重要的会计档案或涉及国际合作的档案，企业可考虑引入第三方监管机构进行保密管理。第三方监管机构具有专业的保密管理能力和经验，能够提供更高级别的安全保障。但引入第三方监管机构需谨慎考虑成本、合规性和数据安全等因素。

第五节　会计档案的利用与开发

一、会计档案的查询与借阅服务

（一）会计档案查询与借阅服务的原则

1. 依法合规原则

企业应遵守国家法律法规和相关监管要求，确保在提供会计档案查询与借阅服务合法合规。任何违反法律法规的行为都可能给企业带来法律风险和声誉损失。

2. 保障安全原则

会计档案涉及企业的敏感信息和商业机密，因此在提供查询与借阅服务时，企业应采取必要的安全措施，确保档案的安全和机密性，防止档案被非法获取、篡改或泄露。

3. 效率与便利原则

企业应提高会计档案查询与借阅服务的效率，为相关人员提供便利。在保证安全的前提下，简化服务流程，缩短响应时间，提高服务质量。

（二）会计档案查询与借阅服务的程序

1. 申请与审批

当相关人员需要查询或借阅会计档案时，应向档案管理部门提出申请。申请应明确档案的名称、编号、密级、借阅期限等要求。档案管理部门应对申请进行审批，确保符合法律法规和企业内部规定。

2. 登记与授权

经过审批后，档案管理部门应对申请进行登记，并授予相应的查询或借阅权限。对于高密级档案，应进行更严格的授权和审批，确保仅授权给有需要的特定人员。

3. 交付与使用

档案管理部门应根据申请，向相关人员交付所需的会计档案。交付过程应确保档案的完整性和机密性。相关人员在使用档案时应遵守保密规定，不得泄露敏感信息或用于非授权用途。

4. 归还与销毁

借阅期满后，相关人员应按时归还档案。档案管理部门应对归还的档案进行检查，确保其完整性和机密性。对于不再需要的档案，应按照规定进行销毁，确保敏感信息不被泄露。

（三）会计档案查询与借阅服务的责任

1. 档案管理部门的责任

档案管理部门是企业会计档案的管理者和服务提供者，应承担以下责任：建立健全的档案管理制度；确保档案的完整性和机密性；提供高效、专业的查询与借阅服务；对档案的使用情况进行监督和追踪；定期对档案进行整理和优化。

2. 相关人员的责任

相关人员在使用会计档案时，应承担以下责任：遵守档案管理规定；妥善保管档案，防止其损坏或丢失；不得泄露敏感信息或用于非授权用途；按时归还档案；对所知悉的敏感信息承担保密义务。

3. 第三方机构的责任

如企业将会计档案查询与借阅服务委托给第三方机构提供，第三方机构应与企业签订书面协议，明确双方的权利、义务和责任。第三方机构应按照协议约定提供服务，并采取必要的安全措施保障档案的安全和机密性。

（四）会计档案查询与借阅服务的风险管理

1. 信息泄漏风险

企业应采取有效的技术和管理措施，防止会计档案中的敏感信息被非法获取、篡改或泄露。加强对电子档案的加密处理，对纸质档案采取物理隔离和监控措施。同时，加强对相关人员的保密教育和培训，提高其安全意识和技能水平。

2. 损坏或丢失风险

企业在提供会计档案查询与借阅服务时，应确保档案的完整性和安全性。对每次借阅和使用档案的人员进行登记和追踪，防止档案被非法携带或复制。同时，加强对归还的档案的检查和管理，及时发现和处理损坏或丢失的情况。

3. 法律风险和声誉损失风险

企业应遵守国家法律法规和监管要求，确保在提供会计档案查询与借阅服务时的合法合规性。同时，加强对服务流程的监督和管理，防止出现违规操作或管理漏洞。一旦发生风险事件，应及时采取应对措施，降低法律风险和声誉损失。

4. 建立风险应对机制

企业应建立健全的风险应对机制，以便在发生风险事件时迅速采取有效措施。该机制应包括风险识别、评估、预警、应对和监控等环节。通过定期的风险评估和审计，及时发现和纠正潜在的风险问题。同时，加强与监管机构、行业协会等相关方的沟通和协作，共同应对风险挑战。

5. 持续改进与优化管理

随着企业内外部环境的变化和技术的不断更新，会计档案查询与借阅服务的风险管理也应持续改进与优化。企业应定期对现有的管理制度、流程和技术进行审查和更新，以适应新的风险挑战和提高管理效果。同时，加强培训和学习，提高相关人员的风险意识和应对能力。通过持续改进与优化管理，不断提升企业在会计档案查询与借阅服务方面的风险管理水平。

二、会计档案的数据分析与应用

（一）会计档案概述

会计档案是指企业在经济活动中产生的，按照一定规律和规范记录和保存的会计核算专业资料。它是企业档案的重要组成部分，也是国家档案的重要内容之一。随着企业信息化程度的不断提高，会计档案的形式也日趋多样化，包括纸质档案、电子档案、影像档案等。

（二）会计档案数据分析的方法

1. 描述性分析

描述性分析是对会计档案中的大量数据进行概括和总结，以获取数据的总体特征和规律。例如，通过计算平均值、中位数、众数等统计指标，可以了解数据的集中趋势和离散程度；通过绘制柱状图、折线图、饼图等图表，可以直观地展示数据的分布情况和变化趋势。

2. 探索性分析

探索性分析是在描述性分析的基础上，进一步挖掘数据之间的关系和规律。例如，通过相关性分析可以找出影响企业经营业绩的关键因素；通过聚类分析可以将客户群体进行细分，以便更好地满足不同客户的需求；通过因子分析可以简化数据结构，提取出影响企业经营业绩的核心因子。

3. 预测性分析

预测性分析是利用历史数据和现有信息，通过建立数学模型来预测未来的趋势和结果。例如，利用回归分析可以预测企业的销售收入、成本费用等关键指标；利用时间序列分析可以预测未来的市场需求和竞争态势；利用神经网络、支持向量机等机器学习方法可以构建更加复杂的预测模型。

（三）会计档案数据的应用场景

1. 决策支持

会计档案数据可以为企业的决策提供有力支持。通过对历史数据的分析和挖掘，企业可以了解自身的经营状况和市场环境，从而制定更加科学、合理的战略规划。同时，通过对未来趋势的预测，企业可以提前做好资源布局和风险防范措施。

2. 风险管理

会计档案数据可以帮助企业识别和评估潜在的风险。通过对财务数据的监测和分析，企业可以及时发现潜在的财务风险和经营风险，并采取相应的措施进行防范和控制。同时，通过对市场环境和竞争对手的分析，企业可以更好地应对外部风险和挑战。

3. 客户管理

会计档案数据可以帮助企业更好地了解客户需求和行为偏好。通过对客户消费行为、交易记录等数据的分析和挖掘，企业可以为客户提供更加个性化、贴心的服务，同时也可以发现潜在的市场机会和客户群体。

4. 绩效评估

会计档案数据可以为企业绩效评估提供客观、公正的依据。通过对财务数据、经营数据和市场数据的综合分析，企业可以对自身的经营业绩进行全面、深入的评估，同时也可以对竞争对手进行横向比较和分析，以便更好地了解自身的优势和不足之处。

5. 合规监管

会计档案数据可以帮助企业满足合规监管的要求。随着监管部门对企业的监管力度不断加强，企业需要建立健全的内部控制体系和合规管理制度，确保自身的经营行为符合法律法规和监管要求。通过对会计档案数据的核查和分析，企业可以及时发现和纠正不合规行为，防范合规风险。

（四）提高会计档案数据分析与应用水平的建议

1. 建立健全的数据管理制度

企业应建立健全的会计档案数据管理制度，明确数据的收集、整理、存储、使用等方面的要求和规范。同时，应加强数据安全保护措施，确保数据不被非法获取和使用。

2.加强人才培养和提高团队素质

企业应加强人才培养和提高团队素质，培养一批既懂财务管理又懂数据分析的专业人才。通过不断学习和实践，提高团队在数据挖掘、模型构建等方面的能力和水平。

3.综合运用多种数据分析方法和技术

企业应综合运用多种数据分析方法和技术，以更好地挖掘和应用会计档案数据。例如，可以采用可视化技术将数据以直观的方式呈现出来；可以采用人工智能技术进行自动化分析和预测；可以采用大数据技术对海量数据进行处理和分析。

4.加强与其他部门的协作与沟通

企业应加强与其他部门的协作与沟通，以更好地发挥会计档案数据的作用。例如，可以与市场营销部门合作，共同开展客户画像和市场调研；可以与生产部门合作，共同开展成本分析和控制；可以与人力资源部门合作，共同开展员工绩效评估和管理。

5.持续优化和创新数据分析与应用模式

企业应持续优化和创新数据分析与应用模式，以适应不断变化的市场环境和监管要求。例如，可以采用数据挖掘算法对数据进行深入分析和挖掘；可以采用云计算技术提高数据处理和分析的效率和精度；可以采用区块链技术确保数据的安全性和可信度。

三、会计档案的开发价值与途径

（一）会计档案的开发价值

1.决策支持

会计档案包含了企业经营活动的大量数据和信息，通过对这些数据的深入分析和挖掘，可以为企业决策提供重要的参考依据。例如，通过对财务报表的分析，可以了解企业的财务状况和经营成果，帮助企业做出更加科学、合理的投资决策。

2.风险管理

会计档案中的数据可以帮助企业识别和评估潜在的风险。通过对财务数据的监测和分析，企业可以及时发现潜在的财务风险和经营风险，并采取相应的措施进行防范和控制。例如，通过对成本数据的分析，可以发现成本异常的原因，及时采取措施降低成本。

3. 客户管理

会计档案中的客户数据可以帮助企业更好地了解客户需求和行为偏好。通过对客户消费行为、交易记录等数据的分析和挖掘，企业可以为客户提供更加个性化、贴心的服务。例如，通过对客户购买记录的分析，可以发现客户的购买偏好和购买力，为企业制定更加精准的营销策略提供支持。

4. 绩效评估

会计档案中的数据可以为企业绩效评估提供客观、公正的依据。通过对财务数据、经营数据和市场数据的综合分析，企业可以对自身的经营业绩进行全面、深入的评估。例如，通过对各部门或员工的绩效数据进行比较和分析，可以发现绩效优秀的原因和不足之处，帮助企业制定更加科学、合理的绩效考核和激励机制。

5. 合规监管

会计档案是企业合规监管的重要依据。通过对会计档案的核查和分析，企业可以及时发现和纠正不合规行为，防范合规风险。例如，通过对财务数据的核查和分析，可以发现是否存在虚假报销、违规开支等问题；通过对合同数据的核查和分析，可以发现是否存在合同违约、违规交易等问题。

（二）会计档案的开发途径

1. 制度建设

企业应建立健全的会计档案管理制度，明确会计档案的收集、整理、存储、使用等方面的要求和规范。通过制定科学的档案管理流程和标准，确保会计档案的真实性、完整性和可靠性，为后续的数据分析与应用提供基础保障。

2. 人才培养

企业应加强人才培养，培养一批既懂财务管理又懂数据分析的专业人才。通过定期组织培训和学习活动，提高员工在会计档案管理、数据分析与应用等方面的能力和水平。同时，企业也可以引进外部专家或专业机构，提供更加专业的指导和支持。

3. 技术应用

企业应积极引入先进的技术手段，如云计算、大数据、人工智能等，提高会计档案的开发和应用水平。通过技术手段对海量数据进行处理和分析，挖掘数据之间的关联和规律，为企业决策提供更加精准的依据。同时，技术手段也可以提高数据处理和分析的效率和精度，缩短决策周期和提高决策质量。

4. 跨部门协作

企业应加强与其他部门的协作与沟通，共同开展会计档案的开发和应用工作。例如，与市场营销部门合作，共同开展市场调研和客户画像工作；与生产部门合作，共同开展成本分析和控制工作；与人力资源部门合作，共同开展员工绩效评估和管理工作。通过跨部门协作，可以更好地发挥会计档案的价值和作用。

第六节 会计档案管理的数字化与信息化建设

一、会计档案的数字化采集与处理

（一）会计档案数字化采集

会计档案数字化采集是利用信息技术手段将传统纸质档案转化为数字格式的过程。这一过程主要包括采集内容、采集方式和采集技术三个方面的内容。

1. 采集内容

会计档案数字化采集的内容主要包括财务报表、账簿、凭证、审计报告等。这些资料是企业财务管理和决策的重要依据，因此，在采集过程中要确保内容的完整性和准确性。

2. 采集方式

会计档案的数字化采集可以通过扫描、拍照、数据导入等方式实现。对于纸质档案，可以采用高速扫描仪将其转化为数字格式；对于电子档案，可以直接通过数据导入的方式进行采集。在采集过程中，应确保档案的真实性和完整性。

3. 采集技术

数字化采集涉及的技术包括图像处理、数据压缩、加密等。利用这些技术，可以对会计档案进行优化处理，提高存储效率，同时保证数据的安全性。

（二）会计档案数字化处理

会计档案数字化处理是对采集的数字档案进行一系列加工、整理和管理的过程。这个过程主要包括数据整理、数据存储和数据转换与整合等环节。

1. 数据整理

数字化处理的第一步是对采集的会计档案进行数据整理。这个过程包括数据分类、排序、去重、校验等操作，确保数据的规范性和准确性，为后续的数据分析与应用打好基础。

2. 数据存储

会计档案的数字化处理涉及存储方案的选择。企业可以根据自身的需求选择合适的存储方案，如云存储、网络存储等。合理利用这些存储方案可以提高数据的存储效率和安全性。

3. 数据转换与整合

在数字化处理过程中，企业可能需要将不同格式、不同来源的数据进行转换和整合，以便于统一管理和分析。数据转换与整合的过程需要借助特定的工具和技术，确保数据的完整性和准确性。

（三）会计档案数字化管理的优势与挑战

1. 优势

（1）提高效率：数字化管理使得会计档案的存储、检索和应用更加便捷，提高了工作效率。

（2）便于长期保存：数字化存储能够有效延长会计档案的保存时间，避免纸质档案因环境因素而损坏的问题。

（3）增强安全性：通过加密、备份等手段，可以增强会计档案的安全性，防止数据丢失和被篡改。

2. 挑战

（1）技术要求高：数字化采集与处理涉及多种技术和工具，需要具备一定的技术实力和管理能力。

（2）成本投入大：会计档案数字化管理需要投入大量的资金和人力成本，进行技术升级和人员培训。

（3）法律法规遵从：涉及的法律法规比较多，需要严格遵守相关规定，保证数据的安全性和隐私保护。

二、会计档案的信息化管理与应用

（一）会计档案信息化的意义

随着信息技术的发展，会计档案的信息化管理与应用已经成为企业现代化管理的重要趋势。会计档案信息化不仅有助于提高档案管理效率，还能为企业决策提供更加准确、全面的数据支持。

（二）会计档案信息化的特点

1. 数据存储数字化

传统的会计档案以纸质形式存在，占用空间大，保存困难。而会计档案信息化后，数据以数字形式存储在计算机或云端，大大节省了存储空间，并且方便长期保存。

2. 数据处理自动化

利用专业的会计软件和信息系统，可以实现会计档案的自动化处理，包括数据的采集、分类、核算、报告等。这大大提高了数据处理的速度和准确性，减少了人工误差。

3. 信息共享与远程管理

通过互联网和信息技术，可以实现会计档案的远程管理和信息共享。企业各部门、分支机构可以实时获取所需的财务数据，加强了内部沟通与协作。

4. 数据安全性保障

采用加密技术、权限管理、备份恢复等措施，可以有效保障会计档案信息的安全性。同时，对重要数据进行备份和异地存储，以防止数据丢失。

（三）会计档案信息化的优势

1. 提高工作效率

通过自动化处理和智能化管理，会计档案信息化可以大大提高工作效率，减少人工干预和重复劳动。

2. 增强数据准确性

采用标准化的数据处理方式，可以减少人为误差，提高数据的准确性。同时，通过校验和审核机制，可以进一步确保数据的准确性。

3. 优化决策支持

实时、准确的财务数据可以帮助企业做出更加科学、合理的决策。通过对会计档案的深入分析和挖掘，可以为企业的战略规划、市场预测提供有力支持。

4. 提升企业竞争力

会计档案信息化可以提高企业的管理水平和效率，进而提升企业的整体竞争力。在激烈的市场竞争中，具备高效、精准财务管理能力的企业更容易获得竞争优势。

（四）会计档案信息化的挑战与对策

1. 技术更新与维护

随着信息技术的快速发展，会计档案信息化管理系统需要不断进行技术更新和升级，以适应新的需求和技术环境。因此，企业需要设立专门的技术部门或委托专业机构进行系统的维护和升级工作。

2. 数据安全风险

会计档案信息化后，数据的安全风险也随之增加。企业需要建立完善的安全管理制度和技术防范措施，如设置访问权限、加密存储数据、定期备份数据等，以确保数据的安全性。

3. 人员素质要求

会计档案信息化对相关工作人员的素质提出了更高的要求。企业需要加强员工的培训和教育，提高他们的信息技术应用能力和财务管理水平。同时，还需要培养一支具备高素质的信息技术团队，以应对日常维护和系统升级的需求。

4. 法规遵从与审计

会计档案信息化需要遵守相关的法律法规和标准要求，如《中华人民共和国会计法》《中华人民共和国电子签名法》等。企业需要建立完善的内部控制机制和审计制度，确保会计档案的真实性、完整性和合法性。同时，还需要加强与监管机构的沟通与合作,确保企业的会计档案信息化管理工作符合相关法规和监管要求。

5. 成本投入与效益评估

会计档案信息化需要一定的成本投入,包括硬件设备、软件系统、人员培训等方面的费用。企业需要对成本投入进行合理规划和管理,以确保项目的可持续发展。同时,还需要建立效益评估机制,对会计档案信息化项目的实施效果进行科学评估,不断优化和改进工作流程和管理模式。

三、会计档案管理系统的功能与要求

(一)会计档案管理系统的功能

1. 档案录入与存储

会计档案管理系统应具备档案录入的功能,允许用户以电子化的方式将会计档案信息输入系统,并进行存储。这些档案信息可以包括凭证、报表、票据、合同等与会计活动相关的各种文件。系统应提供足够的存储空间,并确保数据的安全性和稳定性。

2. 档案分类与索引

为了方便管理和查询,会计档案管理系统应具备对录入档案进行分类和索引的功能。用户可以根据实际需求,对档案进行自定义分类,并为其设置相应的索引标签。这样,在后续的查询和检索过程中,用户可以通过关键词、标签等快速定位到所需的档案。

3. 档案查询与检索

会计档案管理系统应提供强大的查询和检索功能,使用户能够根据不同的条件和需求,快速查找到相关的档案信息。系统支持多种查询方式,如模糊查询、组合查询等,以满足用户多样化的查询需求。

4. 档案报表生成与分析

系统应具备报表生成功能,可以根据用户的需求自动生成各类会计档案报表。同时,系统还应支持对报表进行数据分析,帮助用户更好地了解企业的财务状况和经营情况。

5. 档案借阅与权限管理

为了确保档案的安全性，会计档案管理系统应建立完善的借阅和权限管理制度。用户可以根据实际需求，对档案的借阅进行审批和控制，并对不同用户设置不同的访问权限，确保档案的安全性和保密性。

6. 档案备份与恢复

为了保证数据的安全，会计档案管理系统应支持数据备份和恢复功能。系统可以定期对所有档案数据进行备份，并存储在安全可靠的位置。一旦发生数据丢失或系统故障，可以迅速恢复数据，确保会计档案的完整性和可用性。

7. 审计与日志记录

为了满足审计和合规要求，会计档案管理系统应具备审计和日志记录功能。系统可以对所有用户的操作进行记录，包括登录、查询、修改、删除等行为。这些记录可以作为审计的依据，确保系统的安全性、可靠性和合规性。

8. 系统通知与提醒

为了提高工作效率，会计档案管理系统应提供通知与提醒功能。例如，当有新的档案录入时，系统可以自动发送通知给相关用户；当档案到期需要审查或更新时，系统可以设置提醒功能，以便用户及时处理。

9. 多维度分析与报表可视化

随着大数据技术的发展，现代会计档案管理系统越来越注重数据的分析与可视化。系统应支持对大量数据的多维度分析，并可以将分析结果以图表、图形等形式直观地展示给用户，帮助用户更好地理解数据和趋势。

10. 集成与扩展性

为了满足企业不断发展的需求，会计档案管理系统应具备良好的集成性和扩展性。它可以与其他财务管理软件、ERP系统等无缝对接，实现数据的共享和交换。同时，随着技术的不断更新换代，系统应支持升级和扩展，以适应新的业务需求和技术环境。

（二）会计档案管理系统的要求

为了满足上述功能要求，会计档案管理系统在设计和实施过程中需要遵循以下原则和要求。

1. 系统安全性

必须采取有效的技术和管理措施来确保系统的安全性。这包括数据加密、访问控制、权限管理等安全措施，以防止数据泄露、非法访问和恶意攻击。

2. 数据完整性

在录入、存储、传输和输出数据的过程中，必须保证数据的完整性和准确性。同时，要防止数据的丢失和被篡改。

3. 操作便捷性

系统应具备良好的用户界面和操作流程设计，方便用户进行档案的管理和查询操作。同时，要提供完善的培训和技术支持服务，以确保用户能够熟练地使用系统。

4. 可维护性

系统应具备良好的可维护性，以便进行升级、打补丁、优化等操作。同时，要提供详细的文档说明和技术支持服务，以便用户能够自行解决一些常见问题。

5. 可扩展性

随着企业业务的发展和技术的进步，会计档案管理系统可能需要不断升级和扩展。因此，系统应具备良好的可扩展性，以便适应新的业务需求和技术环境。

6. 成本效益

在选择会计档案管理系统时，企业需要考虑成本效益原则。要选择性价比高的产品和服务，既要满足当前业务需求，又要考虑到未来的发展需要和经济承受能力。

7. 合规性

由于会计档案涉及企业的合规性问题，因此系统必须符合相关法律法规和行业标准的要求。例如，《中华人民共和国会计法》《中华人民共和国电子签名法》等法规对会计档案管理有着明确的规定和要求。在选择和实施会计档案管理系统的过程中，企业需要充分了解相关法规和标准的要求，并采取相应的措施来满足这些要求。

8. 适应性

随着企业业务的发展和变化，会计档案管理的需求也在不断变化。因此，会计档案管理系统应具备良好的适应性，能够快速适应企业业务的变化和调整。这需要系统具备灵活的配置和调整功能，能够根据企业的实际需求进行定制和优化。

9. 可靠性

会计档案管理系统需要具备高度的可靠性，确保数据的稳定性和安全性。系统应采用成熟的技术和可靠的硬件设备，具备容错和灾备功能，以防止数据丢失或系统故障。同时，系统应具备自动备份和恢复功能，以便在发生意外情况下能够迅速恢复数据。

10. 可审计性

为了满足审计和合规要求，会计档案管理系统应具备可审计性。系统应能够记录所有用户的操作行为，包括操作时间、操作内容等信息。这些记录应能够被导出和审计，以便企业能够进行合规检查和审计工作。

第七节 会计档案管理的安全与保密

一、会计档案的安全管理措施

会计档案是企业的重要资产之一，它记录了企业的经济业务活动和财务状况，对于企业的经营管理、决策和审计等方面都具有重要的作用。然而，由于会计档案的特殊性，它也面临着一些安全风险和挑战，如遗失、损坏、篡改和泄露等。因此，企业需要采取一系列的安全管理措施，以确保会计档案的安全、完整和合规性。

（一）建立完善的管理制度和操作流程

企业应建立完善的会计档案管理制度和操作流程，明确档案的收集、整理、保管、利用和销毁等环节的要求和规范，具体包括以下几个方面。

1. 档案的分类和归档要求

企业应根据业务特点和档案管理需要，制定会计档案的分类和归档要求，明确各类档案的保管期限和归档时间。

2. 档案的整理和保管要求

企业应制定档案的整理和保管要求，包括档案的排列、编目、保管环境等方面的要求，以确保档案的完整性和安全性。

3. 档案的利用和销毁要求

企业应制定档案的利用和销毁要求，明确档案的借阅、复制、披露等利用方式的要求和审批程序，以及档案销毁的时间、方式等方面的要求。

4. 档案的保密和安全要求

企业应制定档案的保密和安全要求，明确档案的保密等级、保密范围和保密责任等方面的要求，以及档案的安全保护措施和应急预案。

（二）加强档案硬件设施建设

会计档案的硬件设施是保障档案安全的基础，企业应加强档案硬件设施的建设，确保档案库房、存储设备、消防设备等方面的安全可靠，具体包括以下几个方面。

1. 档案库房建设

企业应选择合适的档案库房，确保库房具备合理的布局、适宜的环境条件和安全的防护措施。库房应具备适宜的温湿度环境，避免阳光直射和有害气体等影响。同时，库房应有合理的布局和安全的防护措施，如门禁系统、监控系统等。

2. 存储设备建设

企业应选择合适的存储设备，确保设备的可靠性和安全性。存储设备应具备稳定性和耐用性，能够满足长期保存的要求。同时，存储设备应具备加密功能，以确保数据的安全性。

3. 消防设备建设

企业应建设完善的消防设备体系，确保档案库房的安全。消防设备应具备自动报警、自动灭火等功能，能够在火灾等紧急情况下及时响应并采取有效措施。

（三）加强档案信息安全防护

会计档案是企业的重要资产之一，其信息安全防护也是至关重要的。企业应采取一系列的安全防护措施，确保会计档案的信息安全，具体包括以下几个方面：

1. 数据加密

企业应对会计档案进行数据加密，以确保数据在传输和存储过程中的安全性。数据加密可以采用对称加密或非对称加密算法，根据实际情况进行选择和应用。

2. 访问控制

企业应建立严格的访问控制机制，对不同用户设定不同的访问权限，确保只有授权用户才能访问会计档案。同时，企业应定期对访问控制机制进行审计和检查，以确保其有效性和可靠性。

3. 防火墙

企业应建立完善的防火墙体系，对进出网络的数据进行过滤和控制，防止恶意攻击和非法访问。防火墙应根据企业的实际需求进行配置和管理。

二、会计档案的保密等级与范围

（一）保密等级

会计档案的保密等级是指对会计档案信息内容的重要性和敏感程度进行分类，划分为不同级别的保密等级，以采取不同的管理和控制措施，确保档案信息不被未经授权的人员获取、使用、披露或破坏。根据会计档案的重要性和敏感程度，一般可以分为三个保密等级。

1. 机密级

机密级会计档案涉及企业的核心财务信息、商业机密和客户数据等高度敏感信息。这些信息一旦泄露，可能对企业的竞争地位、经济利益和声誉造成重大损害。因此，机密级会计档案需要采取严格的保密措施，限制知悉人员范围，加强管理和控制，确保其不被未经授权的人员获取和使用。

2. 秘密级

秘密级会计档案涉及较为敏感的财务信息和经营数据，如未公开的财务报告、预算数据和销售数据等。这些信息一旦泄露，可能对企业的经济利益和声誉造成一定损害。因此，秘密级会计档案也需要采取适当的保密措施，限制知悉人员范围，以确保其不被未经授权的人员获取和使用。

3. 内部级

内部级会计档案涉及一般的财务信息和经营数据，如日常财务报表、员工工资和税务申报等。这些信息在企业内部具有一定的知悉范围，但并不属于高度敏感信息。因此，内部级会计档案可采取基本的保密措施，确保其不被未经授权的人员随意获取和使用。

（二）保密范围

会计档案的保密范围是指针对不同保密等级的档案信息所规定的保密措施和管控范围。根据保密等级的不同，保密范围也相应有所区别。具体来说，会计档案的保密范围包括以下几个方面。

1. 限制知悉人员范围

针对不同保密等级的会计档案信息，应限制知悉人员的范围。机密级和秘密级的档案信息应仅限于特定的人员知悉和使用，如企业高管、财务部门和相关业务部门的人员等。内部级的档案信息可在企业内部适当范围内知悉和使用。

2. 加密保护

对于不同保密等级的会计档案信息，应采取相应的加密措施进行保护。加密可以采用对称加密或非对称加密算法，根据实际情况进行选择和应用。加密保护能够确保档案信息在传输和存储过程中的安全性，防止未经授权的人员获取和利用。

3. 物理安全控制

对于不同保密等级的会计档案信息，应采取相应的物理安全控制措施。物理安全控制包括档案库房的安全管理、存储设备的物理防护、消防设备建设等方面。这些措施能够保障档案实体和存储设备的安全性，防止未经授权的人员接触和篡改档案信息。

4. 网络安全控制

针对不同保密等级的会计档案信息，应采取相应的网络安全控制措施。网络安全控制包括网络防火墙、入侵检测系统、数据备份与恢复等方面的建设和管理。这些措施能够保障网络传输和存储过程中的安全性，防止未经授权的人员通过网络进行非法访问和攻击。

5.审计与监控

企业应对不同保密等级的会计档案信息的访问和使用进行审计与监控。审计与监控应包括对用户访问日志的记录和分析、对异常行为的监测和报警等方面。通过审计与监控，企业可以及时发现和处理安全事件，防止未经授权的人员对会计档案信息的非法访问和利用。

6.定期审查与更新

企业应对会计档案的保密范围进行定期审查与更新，以确保其与企业的业务需求和安全风险相适应。定期审查与更新应包括对保密范围的合理性评估、对保密措施的有效性测试等方面。通过定期审查与更新，企业可以及时调整和优化保密范围，提高会计档案信息的安全防护能力。

三、会计档案的网络安全性管理

（一）网络安全性管理的重要性

随着信息技术的不断发展，会计档案的管理逐渐走向数字化和网络化。网络技术的应用为会计档案的管理带来了诸多便利，如便捷的查询、高效的传输和云端存储等。然而，网络环境下的会计档案管理也面临着诸多安全威胁。网络中的黑客攻击、病毒传播、恶意篡改等行为可能导致会计档案的损坏、泄露和失真，给企业带来严重的经济损失和声誉风险。因此，加强会计档案的网络安全性管理至关重要。

（二）网络安全性管理的措施

1.访问控制管理

访问控制管理是保障会计档案网络安全的第一道防线。企业应建立严格的访问控制策略，对不同用户设定不同的访问权限，并实施身份认证和授权管理。只有经过身份认证且具有相应权限的用户才能访问会计档案信息。同时，应定期对访问权限进行审核和调整，确保权限设置的合理性和安全性。

2.数据加密管理

数据加密是保障会计档案在网络传输和存储过程中不被窃取和篡改的重要

手段。企业应采用可靠的加密算法对会计档案数据进行加密处理，确保数据在传输和存储时的机密性和完整性。同时，应定期更换加密密钥，保证密钥的安全性。

3. 防火墙与入侵检测

防火墙是阻止未经授权的网络通信进出网络的屏障，能够过滤掉恶意流量和攻击行为。企业应在会计档案管理系统中部署防火墙，严格控制进出网络的流量，防止非法访问和恶意攻击。同时，应采用入侵检测技术，实时监测网络流量和用户行为，及时发现异常行为并报警，以便及时处理。

4. 审计与监控

企业应对会计档案的访问和使用进行全面监控和审计。通过审计与监控，企业可以及时发现异常行为和安全事件，如非法登录、数据泄露等。审计与监控应包括日志记录、事件追踪和报警等功能，以便及时发现和处理安全问题。

5. 备份与恢复

备份是防止会计档案数据丢失的重要措施。企业应定期对会计档案数据进行备份，并存储在安全可靠的地方。同时，应制定详细的备份策略，确保备份数据的完整性和可用性。在发生数据丢失或损坏时，能够及时恢复数据，保证会计档案的完整性和可用性。

6. 安全培训与意识提升

加强员工的安全意识和技能是保障会计档案网络安全的重要环节。企业应定期开展网络安全培训和意识提升活动，提高员工对网络安全的重视程度和防范能力。员工应了解和掌握基本的安全知识和技能，如如何识别和处理网络钓鱼、如何防范恶意软件等。同时，企业应建立安全文化，使员工充分认识到网络安全的重要性，自觉遵守安全规定，共同维护网络的安全稳定。

7. 应急响应与处置

为了应对突发的网络安全事件，企业应制定应急响应计划和处置流程。应急响应计划应包括事件的识别、评估、响应、恢复和总结等环节，明确各部门的职责和协作方式。在发生安全事件时，应迅速启动应急响应计划，采取有效措施遏制事件的发展，降低损失，并尽快恢复系统的正常运行。同时，应对应急响应计划进行定期演练和评估，确保其有效性。

第八节 会计档案管理的培训与能力提升

一、会计档案管理人员的素质要求

随着会计档案数字化和网络化的发展，对会计档案管理人员的素质要求也越来越高。会计档案管理人员作为企业档案管理的重要组成部分，承担着会计档案的收集、整理、保管、利用和销毁等职责。为了更好地适应数字化和网络化的发展，会计档案管理人员需要具备更高的素质要求，包括专业知识、技能水平、道德素养等方面。

（一）专业知识要求

1. 档案管理知识

会计档案管理人员需要具备档案管理的基本知识和理论，了解档案的属性和规律，掌握档案的分类、编号、检索、利用等基本操作，能够科学地管理会计档案，提高档案的利用率和使用价值。

2. 会计专业知识

会计档案管理人员需要了解和掌握基本的会计专业知识，包括会计科目、账簿、凭证、报表等会计资料的内容和特点，以便更好地对会计档案进行分类、整理和保管。

3. 信息技术知识

随着会计档案数字化和网络化的发展，信息技术知识成为会计档案管理人员必备的素质之一。管理人员需要了解和掌握信息技术的基础知识和应用技能，如计算机操作、数据库管理、网络安全等，以便更好地应对数字化和网络化带来的挑战。

（二）技能水平要求

1. 沟通能力

会计档案管理人员需要具备良好的沟通能力，与相关部门和人员保持密切联系，及时了解和掌握会计档案的变动情况，保证档案的完整性和准确性。同时，良好的沟通能力也有助于解决档案管理过程中出现的问题和矛盾。

2. 组织协调能力

会计档案管理人员需要具备一定的组织协调能力，能够合理安排和管理档案的收集、整理、保管和利用工作，协调各环节之间的衔接和配合，保证档案管理工作的顺利进行。

3. 创新能力

随着企业业务的不断发展和变化，会计档案的数量和种类也在不断增加，需要会计档案管理人员不断创新管理模式和方法，提高档案管理的效率和质量。同时，管理人员也需要关注行业发展趋势和技术创新动态，以便及时引进和应用新的技术和方法。

4. 学习能力

随着相关法规、制度、标准的不断更新和完善，会计档案管理人员需要不断学习和更新自己的知识和技能。同时，随着信息技术的发展，新的档案管理工具和软件也不断涌现，需要管理人员具备较好的学习能力，以便更好地适应数字化和网络化的发展。

（三）道德素养要求

1. 保密意识

会计档案涉及企业的商业机密和财务信息，需要严格保密。管理人员应具备高度的保密意识，严格遵守相关法律法规和企业规章制度，确保档案信息不外泄、不传播、不被非法获取和使用。

2. 责任心

管理人员应具备强烈的责任心和使命感，认真履行职责，对档案进行严格的管理和保护。在档案管理过程中应细致入微，防止因疏忽或失误造成档案损坏或丢失。

3. 诚信守法

管理人员应具备诚信守法的品质，遵守职业道德规范，不参与任何违法违规行为。同时，应积极配合监管部门的检查和指导，接受社会监督，树立良好的行业形象。

4.服务意识

管理人员应树立服务意识,积极为相关部门和人员提供优质的档案服务。在服务过程中应热情周到、耐心细致,尽可能满足用户的需求。同时,应不断优化服务流程和服务方式,提高服务质量和效率。

二、会计档案管理培训的内容与方法

（一）会计档案管理基础知识

会计档案管理培训应首先介绍会计档案的基本概念、特点和分类等基础知识,使管理人员对会计档案有基本的认识和理解。同时,还需要介绍会计档案管理的法律法规和标准规范,使管理人员能够了解和掌握相关法律法规和标准要求。

（二）会计档案管理流程和制度

会计档案管理培训应详细介绍会计档案管理的流程和制度,包括档案的收集、整理、鉴定、保管、利用和销毁等环节。通过培训,使管理人员能够全面了解和掌握会计档案管理的流程和制度,提高管理工作的规范化和科学化水平。

（三）数字化档案管理技术

随着数字化技术的不断发展,数字化档案管理已成为企业档案管理工作的重要组成部分。因此,会计档案管理培训应加强数字化档案管理技术的培训,包括数字化档案的采集、存储、检索、利用等方面的知识和技能,使管理人员能够熟练掌握数字化档案管理的相关技术和工具。

（四）网络安全与数据保护

会计档案是企业的重要资产之一,其安全和保密性至关重要。因此,会计档案管理培训应加强网络安全与数据保护方面的培训,使管理人员能够了解和掌握网络安全与数据保护的基本知识和技能,确保档案信息的安全和保密。

（五）培训方法

1.理论教学

理论教学是会计档案管理培训的重要方法之一。通过理论教学,使管理人员系统地掌握会计档案管理的基础知识和理论,了解相关法律法规和标准规范。

同时，理论教学还可以结合实际案例进行分析和讲解，使管理人员更好地理解和掌握相关知识。

2. 实践操作

实践操作是会计档案管理培训的另一重要方法。通过实践操作，使管理人员能够亲身体验和实践会计档案管理的相关流程和技术，提高管理人员的实际操作能力和问题解决能力。同时，实践操作还可以结合模拟场景进行训练，提高管理人员的应对能力和应变能力。

3. 互动交流

互动交流是会计档案管理培训的有效方法之一。通过互动交流，可以使管理人员之间互相学习、互相帮助、互相促进，共同提高。培训师也可以通过互动交流及时了解管理人员的掌握程度和反馈意见，及时调整和改进培训内容和方式。

4. 在线学习

随着信息技术的发展，在线学习已成为一种便捷、高效的学习方式。会计档案管理培训可以借助在线学习平台，提供丰富的在线课程和学习资源，使管理人员可以随时随地地进行学习和提升。同时，在线学习还可以结合在线测试和评估，及时检验管理人员的掌握程度和学习效果。

三、会计档案管理能力的提升途径

（一）会计档案管理能力提升的必要性

随着企业业务的不断扩张和信息化程度的提高，会计档案管理的复杂性和重要性日益凸显。为确保会计档案的真实、完整与安全，不断提升会计档案管理能力成为管理人员的核心任务。

（二）会计档案管理能力提升途径

1. 持续学习与培训

面对不断变化的法律法规和档案管理技术，管理人员需要通过持续学习和培训，及时更新知识体系。企业应定期组织内部培训、外部培训和交流活动，帮助管理人员掌握最新的档案管理理论和实践。

2. 实践经验的积累

会计档案管理能力的提升离不开实践经验的积累。管理人员应在日常工作中注重总结和反思，不断优化档案管理流程和方法。同时，企业可以鼓励管理人员参与档案管理项目，通过实际操作提升解决问题的能力。

3. 引入先进的管理工具和技术

利用先进的管理工具和技术是提升会计档案管理能力的有效途径。例如，引入档案管理软件，实现档案数字化管理；利用大数据和云计算技术，提高档案分析利用能力等。企业应关注档案管理领域的新动态，及时引入适合的管理工具和技术，为管理人员提供技术支持。

4. 建立完善的档案管理制度和流程

规范化的制度和流程是提升会计档案管理能力的基础。管理人员应参与制定和完善档案管理制度和流程，明确档案的分类、保管、利用等环节的要求，确保各项管理工作有章可循。同时，企业应加强制度执行情况的监督检查，确保制度的有效落地。

5. 强化团队协作与沟通

会计档案管理往往涉及多个部门和多方利益相关者，强化团队协作与沟通至关重要。管理人员应积极与相关部门沟通协调，明确职责分工，形成工作合力。同时，加强与利益相关者的沟通，了解其需求和关切，提高档案服务水平。通过团队协作与沟通，可以更好地应对档案管理过程中的各种挑战。

第九节 会计档案管理的评估与持续改进

一、会计档案管理评估的标准与方法

（一）会计档案管理评估的标准

1. 档案完整性

档案完整性是评估的首要标准。评估时，应关注会计档案是否齐全，是否包含了所有重要的交易和事项记录。这涉及凭证、账簿、报表等各类会计文件的完整性，以及是否按照规定的时间间隔进行了归档。

2. 档案真实性

真实性是会计档案的核心属性。评估时，应核实档案内容是否真实、准确，是否如实反映了企业的经济活动。同时，要关注档案的来源和形成过程，确保档案在生成、传递、保管过程中未被篡改。

3. 档案管理规范性

档案管理规范性主要评估会计档案的管理制度是否健全，管理流程是否清晰，以及是否遵循了国家和行业的档案管理规定。此外，还要关注档案的分类、标识、存储等环节是否符合规范要求。

4. 档案安全性

档案安全性涉及档案的保密、防篡改、防丢失等方面。评估时，应检查档案的加密措施、权限设置、备份策略等是否完善，档案库房的安全措施是否到位。

5. 档案利用价值

会计档案作为一种重要的信息资源，其利用价值也是评估的重要标准。评估时，应考虑档案是否便于查询、检索和使用，以及在决策支持、审计、合规等方面的利用效果。

（二）会计档案管理评估的方法

1. 文档审查

文档审查是通过查阅相关文档资料，了解会计档案的管理状况。这包括对管理制度、操作规程、记录表单等的审查，以评估其完整性和有效性。同时，还要审查档案本身的内容，核实其真实性、完整性和规范性。

2. 实地考察

实地考察是通过直接观察和检查档案库房及相关设施，了解档案管理实际操作情况。这包括检查档案的存储环境、安全措施、管理流程等，以评估其符合性和有效性。实地考察还可以发现一些文档审查难以发现的问题和细节。

3. 人员访谈

人员访谈是通过与会计档案管理人员进行交流，了解他们对档案管理工作的认识、经验和建议。通过访谈，可以深入了解档案管理工作的实际情况，发现一些潜在的问题和改进点。同时，还可以了解管理人员对评估工作的意见和建议，促进评估工作的改进和完善。

4. 利用测试

利用测试是通过选取一定数量的会计档案进行实际操作和验证，以评估其真实性和完整性。例如，可以随机抽取一定数量的凭证、账簿等档案进行核实，检查其是否符合规范要求，是否有遗漏或错误。利用测试还可以评估档案的查询和检索功能是否方便、快捷，以及在决策支持等方面的利用效果。

5. 比较分析法

比较分析法是通过对比不同时期或不同单位的会计档案管理状况，以评估其改进程度和发展趋势。例如，可以对比不同时期的档案管理规章制度、操作规程等文件，检查其是否有更新和完善；也可以对比不同单位的档案管理设施、人员配置等情况，以评估其在行业内的水平和发展状况。通过比较分析法，可以更加客观地评价会计档案管理工作的效果和水平。

二、会计档案管理的持续改进策略与措施

（一）完善档案管理制度

（1）制定详细的档案管理规定，明确档案的分类、归档范围、保管期限等要求。

（2）建立档案的定期检查制度，确保档案的完整性、规范性和真实性。

（3）完善档案的借阅、复制、销毁等管理流程，确保档案的安全。

（二）加强档案人员培训

（1）定期开展档案管理培训，提高档案人员的专业素质和技能水平。

（2）加强档案人员对档案管理新理念、新技术的了解和学习，提高档案管理效率。

（3）建立档案人员考核机制，激励档案人员不断进步。

（三）优化档案管理设施

（1）建立专门的档案库房，配置合理的存储设施，确保档案的安全和长期保存。

（2）引入现代化的档案管理设备和技术，如电子化档案管理系统，提高档案管理效率。

（3）加强档案库房的消防、安全监控等设施建设，确保档案的安全。

（四）提高档案利用价值

（1）加强档案的数字化建设，方便用户远程查询和利用档案。

（2）对档案进行深度挖掘和整理，形成有价值的档案信息产品，为企业决策提供支持。

（3）定期开展档案编研工作，总结企业经济活动的历史和经验教训，为企业未来的发展提供借鉴。

（五）加强档案风险管理

（1）建立档案风险管理制度，对可能影响档案真实性、完整性、安全性的风险进行全面识别和控制。

（2）定期开展档案风险评估工作，及时发现和解决潜在风险。

（3）加强与审计、法务等部门的沟通与合作，共同防范和应对档案风险。

（六）强化档案管理监督

（1）建立健全档案管理监督机制，对档案管理制度的执行情况进行定期检查和评估。

（2）加强档案管理工作的日常监督，确保各项管理措施得到有效落实。

（3）对档案管理中的违规行为进行严肃处理，维护档案管理制度的权威性和严肃性。

（七）推进档案管理信息化

（1）建立电子化档案管理系统，实现档案信息的数字化存储、检索和利用。

（2）加强档案管理系统与财务、业务等系统的集成，实现档案信息的共享和协同。

（3）定期对档案管理系统进行升级和维护，确保系统的稳定性和安全性。

（八）加强档案协作与交流

（1）与同行业企业加强档案管理的合作与交流，共同探讨档案管理的新理念、新技术和新方法。

（2）积极参与行业内的档案管理学术交流活动，了解行业发展趋势和最新动态。

（3）与高校、研究机构等开展合作，共同开展档案管理研究和教育活动，提高整个行业的档案管理水平。

（九）完善档案评价与反馈机制

（1）建立档案评价标准和方法，定期对档案管理状况进行评价和反馈。

（2）鼓励员工积极参与档案管理工作，提出改进意见和建议。

（3）对评价结果进行深入分析，制定有针对性的改进措施，促进档案管理工作的持续改进和提高。

第十二章 社保档案管理概述

第一节 社保档案的定义与分类

一、社保档案的定义与内容

（一）社保档案的定义

社保档案是指在社会保险运行过程中，由社保机构、参保单位和参保个人形成的具有保存价值的原始记录。这些记录包括但不限于：社会保险的参保登记、缴费记录、待遇享受、保险关系转移等各个环节的信息。社保档案是社会保险管理工作的重要组成部分，是保障参保人员权益的重要依据。

（二）社保档案的内容

1. 参保人员的个人信息

该项包括姓名、性别、身份证号码、联系方式、居住地等基本信息。

2. 缴费记录

该项记录参保人员的缴费时间、金额、方式等，以及与缴费相关的其他信息，如滞纳金等。

3. 待遇享受记录

该项记录参保人员享受社会保险待遇的时间、种类、金额等信息，如养老保险待遇、医疗保险待遇等。

4. 保险关系转移记录

该项记录参保人员社会保险关系转移的时间、转出地和转入地等信息。

5. 其他相关资料

其他相关资料如社会保险政策文件、协议、证明等，以及与参保人员权益相关的其他资料。

（三）社保档案的特点

1. 动态性

社保档案是一个动态变化的档案，随着参保人员的社会保险状态的变化，如缴费、退休、失业等，相关记录也会随之发生变化。

2. 完整性

社保档案是参保人员权益的完整记录，需要确保信息的真实、准确和完整，不得随意更改或遗漏。

3. 安全性

社保档案涉及个人隐私和权益，需要严格保密，确保档案的安全和不被泄露。

4. 法律性

社保档案是参保人员享受社会保险权益的重要依据，具有法律效力，需要妥善保管和利用。

（四）社保档案的重要性

1. 保障参保人员权益

社保档案是参保人员享受社会保险权益的重要依据，关系到个人的切身利益。通过完善的社保档案管理，可以确保参保人员的权益得到有效保障。

2. 提高社会保险管理水平

社保档案是社会保险管理工作的重要组成部分，通过加强社保档案管理，可以提高社会保险管理的科学性和规范性，提高管理效率和质量。

3. 服务社会经济发展

社保档案涉及广大人民群众的切身利益，是社会稳定和经济发展的重要保障。通过完善社保档案管理，可以为政府决策和社会发展提供有力支持。

4. 促进信息共享和交流

随着信息化技术的发展，社保档案已经成为政府部门间信息共享和交流的重要载体，对于促进部门间的协同合作具有重要意义。

（五）如何加强社保档案管理

1. 完善管理制度

建立健全社保档案管理制度，明确管理职责和要求，确保档案管理的科学化和规范化。

2. 提高信息化水平

加强社保档案信息化建设，提高信息化管理水平，实现档案信息的共享和交流，提高管理效率和质量。

3. 加强人员培训

加强社保档案管理人员的培训和教育，提高管理人员的专业素质和技能水平，确保档案管理工作的顺利开展。

4. 强化安全保密措施

加强社保档案的安全保密管理，采取有效的技术手段和管理措施，确保档案信息的安全和不被泄露。

5. 加大宣传力度

加强社保档案管理的宣传教育，提高全社会的档案意识和认知水平，促进社保档案管理的健康发展。

二、社保档案的分类与特点

（一）社保档案的分类

社保档案可以根据不同的分类标准进行划分，以下是几种常见的分类方式。

1. 根据内容分类

根据内容的不同，社保档案可以分为以下几类。

（1）参保人员个人档案：包括个人基本信息、缴费记录、待遇享受记录等，是反映个人参保情况和权益的重要资料。

（2）单位参保档案：包括单位的基本信息、人员参保情况、缴费记录等，是反映单位参保情况和规范管理的重要资料。

（3）业务管理档案：包括业务流程记录、业务数据统计、业务监管等，是反映社保经办机构业务管理和工作情况的重要资料。

（4）系统技术档案：包括系统建设、运行维护、升级改造等技术资料，是反映社保档案管理技术应用和管理情况的重要资料。

2. 根据载体分类

根据载体的不同，社保档案可以分为纸质档案和电子档案两大类。纸质档案包括纸质文件、表格、证明等资料，电子档案包括电子文件、数据库、信息系统等。

3. 根据管理阶段分类

根据管理阶段的不同，社保档案可以分为原始档案和整理档案两类。原始档案是指未经加工和整理的第一手资料，如缴费记录、待遇享受记录等；整理档案则是指经过加工、整理和归纳后的资料，如个人档案、单位参保档案等。

（二）社保档案的特点

1. 动态性

社保档案是一个动态变化的档案，随着社会保险政策的调整和参保人员情况的变化，社保档案的内容和数据也在不断更新和变化。例如，参保人员的缴费记录、待遇享受记录等都会随着时间和政策的变化而发生变化。

2. 多样性

社保档案涉及的内容广泛，包括个人基本信息、缴费记录、待遇享受记录等多个方面，因此社保档案的形式和表现方式也具有多样性。此外，由于不同地区、不同行业的社会保险政策存在差异，因此社保档案的管理和要求也存在差异，使得社保档案更加多样化和复杂化。

3. 完整性

社保档案是反映参保人员权益的重要依据，必须确保其完整性和准确性。在档案管理过程中，需要采取有效的措施和方法，如数据校验、备份恢复等，确保数据的完整性和准确性。同时，也需要加强数据的审核和管理，防止数据的丢失和篡改。

4. 安全性

社保档案涉及个人隐私和权益，其安全性至关重要。在档案管理过程中，需要采取有效的安全措施和方法，如加密存储、访问控制等，确保档案信息不被泄露和滥用。同时，也需要加强档案管理人员的培训和教育，提高其安全意识和责任心。

5. 法律性

社保档案是参保人员享受社会保险权益的重要依据，具有法律效力。在档案管理过程中，需要遵守相关法律法规和政策规定，确保档案的合法性和合规性。同时，也需要加强档案管理人员的法律意识和培训，提高其法律素养和责任心。

6. 长期性

社保档案的管理需要长期保存和管理，因为参保人员的社会保险权益可能涉及其一生中的多个阶段和方面。因此，在档案管理过程中，需要采取有效的措施和方法，如定期备份、存储管理、利用服务等，确保档案的长久保存和利用价值。同时，也需要加强档案管理人员的培训和教育，提高其职业素养和管理能力。

7. 利用价值

社保档案具有重要的利用价值，可以为政府决策、学术研究、社会福利等多个领域提供重要的数据支持和参考依据。因此，在档案管理过程中，需要加强档案的整理、归纳和利用服务工作，提高档案的利用价值和影响力。同时，也需要加强档案管理人员的培训和教育，提高其服务意识和能力水平。

第二节　社保档案管理的意义与目标

一、社保档案管理的意义

（一）社保档案管理是保障参保人员权益的重要依据

社保档案是记录参保人员社会保险参保、缴费、享受待遇等全过程的重要资料，是参保人员维护自身权益的重要凭证。通过社保档案管理，可以确保参保人员的个人档案得到妥善保管和有效利用，避免信息丢失或被篡改。在参保人员遇到社保争议或待遇纠纷时，社保档案可以作为重要的证据材料，帮助参保人员维护自身权益。

（二）社保档案管理是促进社会保障体系规范化的必要条件

社保档案是社会保障体系正常运行的基础资料，其管理质量直接关系到整个社会保障体系的规范化程度。通过加强社保档案管理，可以推动社会保险业务的规范化、标准化和科学化，提高社会保险经办机构的业务水平和效率。同时，社保档案管理也可以为政府决策提供科学依据，促进社会保障政策的制定和实施。

（三）社保档案管理是推动档案事业发展的重要举措

社保档案作为国家档案资源的重要组成部分，其管理质量和水平直接关系到整个档案事业的发展。通过加强社保档案管理，可以提高档案管理的整体水平，推动档案事业的持续发展。同时，社保档案管理也可以为其他领域提供重要的数据支持和参考依据，促进相关领域的研究和发展。

（四）社保档案管理是提高政府治理水平的重要手段

社保档案作为政府公共服务的重要组成部分，其管理质量和水平直接关系到政府治理水平的高低。通过加强社保档案管理，可以提高政府社会保险经办机构的业务水平和效率，增强政府公共服务能力。同时，社保档案管理也可以促进政府信息公开和透明化，提高政府公信力和治理水平。

（五）社保档案管理是促进社会和谐稳定的重要保障

社保档案涉及广大参保人员的切身利益，其管理质量和水平直接关系到社会和谐稳定。通过加强社保档案管理，可以减少社会保险争议和纠纷，保障参保人员的合法权益，促进社会和谐稳定。同时，社保档案管理也可以为弱势群体提供更好的社会保障和服务，帮助他们解决实际困难和问题。

（六）社保档案管理是应对人口老龄化挑战的重要措施

随着人口老龄化的加剧，社会保障体系面临着越来越大的挑战。社保档案作为记录老年人社会保障权益的重要资料，其管理质量和水平直接关系到老年人的切身利益和生活质量。加强社保档案管理，可以为老年人提供更好的社会保障和服务，帮助他们解决实际困难和问题。同时，社保档案管理也可以为应对人口老龄化挑战提供重要的数据支持和参考依据。

二、社保档案管理的目标

（一）保障参保人员权益

社保档案管理的首要目标是保障参保人员的权益。通过建立和完善社保档案管理制度，确保每一位参保人员的个人信息得到准确、完整、安全地记录和保存，防止信息丢失或被篡改。在参保人员遇到社保争议或待遇纠纷时，社保档案可以作为重要的证据材料，帮助参保人员维护自身权益。同时，社保档案管理应提高透明度和公开度，确保参保人员能够方便地查询自己的社保档案信息，了解自身权益状况。

（二）促进社会保障体系规范化运行

社保档案管理是社会保障体系规范化运行的基础。通过加强社保档案管理，推动社会保险业务的规范化、标准化和科学化，确保社保档案的收集、整理、保管和利用等环节都有明确的制度和标准可循。这有助于提高社会保险经办机构的业务水平和效率，确保社会保障政策得到有效执行。同时，规范化的社保档案管理也有助于防范和化解社保风险，保障整个社会保障体系的正常运行。

（三）提升政府治理水平

社保档案管理是政府公共服务的重要组成部分，加强社保档案管理有助于提升政府治理水平。通过建立健全的社保档案管理制度，提高政府社会保险经办机构的业务水平和效率，增强政府公共服务能力。同时，社保档案管理应促进政府信息公开和透明化，提高政府公信力。通过加强社保档案管理，还可以为政府决策提供科学依据，促进社会保障政策的制定和实施，推动政府治理体系和治理能力现代化。

（四）促进社会和谐稳定

社保档案管理对于促进社会和谐稳定具有重要意义。通过加强社保档案管理，减少社会保险争议和纠纷，保障参保人员的合法权益，增强社会凝聚力。同时，社保档案管理应关注弱势群体的社会保障需求，为他们提供更好的社会保障和服务。此外，社保档案管理还应加强对老年人等特殊群体的关注和服务，为应对人口老龄化挑战提供支持。优质的社保档案管理服务，可以增强人民群众的获得感、幸福感和安全感，为构建和谐社会提供有力保障。

（五）应对人口老龄化挑战

随着人口老龄化的加剧，社会保障体系面临着越来越大的挑战。社保档案管理应加强对老年人的服务，确保他们的社会保障权益得到有效保障。建立健全的社保档案管理制度，可以为老年人提供更加精准、便捷的社会保障服务。同时，社保档案管理应加强对老年人的健康状况、就业经历等方面的记录和分析，为政府制定应对人口老龄化挑战的政策提供科学依据。此外，社保档案管理还应加强对退休人员的管理和服务，确保他们能够按时足额领取养老金等社会保障待遇。

三、社保档案管理的作用

社保档案管理在社会保障体系中发挥着不可替代的作用，它不仅关系到参保人员的切身利益，还对整个社会保障体系的正常运行和政府治理水平产生深远影响。以下详细探讨社保档案管理的作用及其重要性。

（一）保障参保人员权益的依据

社保档案是记录参保人员社会保障权益的重要载体，是参保人员享受社保待遇的凭证。通过加强社保档案管理，确保每一份社保档案的真实性、完整性和安全性，能够在关键时刻为参保人员提供有力证据，维护其合法权益。例如，在处理工伤认定、养老金发放、医疗费用报销等社保业务时，完整的社保档案能够迅速证明参保人员的资格和权益，避免不必要的争议和延误。

（二）促进社会保障政策的有效实施

社保档案是社会保障政策执行的重要依据，加强社保档案管理有助于推动社会保障政策的落地实施。通过系统地收集、整理和保管社保档案，能够全面掌握参保人员的数量、结构、权益变化等情况，为政府决策提供科学依据。同时，规范化的社保档案管理有助于提高社会保险经办机构的业务水平和效率，确保各项社会保障政策得到准确、及时地执行。

（三）优化政府公共服务和社会治理能力

社保档案管理是政府公共服务的重要组成部分，加强社保档案管理有助于提升政府公共服务和社会治理能力。一方面，规范、透明的社保档案管理能够提高政府工作的透明度，增强人民群众对政府的信任度。另一方面，完善的社保档案管理制度能够为政府决策提供有力支持，推动政府治理体系和治理能力现代化。此外，社保档案管理还能够促进政府各部门之间的信息共享和业务协同，提高政府整体运行效率。

（四）推动社会保障体系不断完善

社保档案不仅记录了个人的社会保障权益，也反映了社会保障政策的发展和变迁。通过对社保档案的深入研究和分析，可以发现社会保障体系中存在的问题和不足，为政策制定者提供改进和完善的思路。同时，社保档案中包含的大量个人信息和数据，可以为社会保障研究提供宝贵的资料来源，推动社会保障理论的创新和发展。

（五）应对人口老龄化挑战的支撑

随着人口老龄化的加剧，社会保障体系面临着越来越大的压力和挑战。社保档案作为记录老年人社会保障权益的重要载体，对于应对人口老龄化挑战具有重要意义。一方面，通过加强对社保档案的管理，能够全面了解老年人的社会保障需求和权益状况，为制定针对性的应对措施提供依据。另一方面，社保档案中的个人信息和数据可以为研究老年人生存状况、健康状况等提供支持，为制定科学的养老政策和措施提供帮助。

（六）推动社会诚信体系建设

社保档案管理与社会诚信体系建设密切相关。通过加强社保档案管理，确保参保人员信息的真实性和准确性，能够促进社会诚信意识的提高。同时，社保档案中的信息公示和共享机制，能够促使参保人员更加珍惜和维护自己的信用记录，推动社会诚信体系的建设和发展。

第三节　社保档案管理的基本原则和方法

一、社保档案管理的原则

（一）真实性原则

真实性是社保档案管理的首要原则。社保档案作为参保人员社会保障权益的记录，必须确保其真实可靠，能够客观反映参保人员的实际情况。为确保社保档案的真实性，档案管理部门应采取一系列措施，如建立严格的档案审核制度、对档案进行定期检查和抽查等，以确保每一份档案的真实性。同时，还应加强对档案内容的日常管理，防止档案被篡改或损坏。

（二）完整性原则

完整性原则要求社保档案管理应全面、完整地收集和整理档案资料，确保档案内容的完整性。无论是个人基本信息、缴费记录还是权益记录等，都应确保无遗漏地纳入社保档案管理中。此外，还应注重对档案资料的系统化分类和整理，以便于后续的查询和使用。为了实现这一原则，档案管理部门需要与相关部门密切配合，及时收集和整理各类社保档案资料，确保档案的完整性。

（三）保密性原则

社保档案涉及参保人员的个人隐私和合法权益，因此，保密性原则在社保档案管理中至关重要。档案管理部门应采取严格的保密措施，确保参保人员的个人信息不被泄露和滥用。这包括对档案的查阅权限进行严格控制、使用加密技术对电子档案进行保护等措施。同时，还应加强对档案管理人员的教育和培训，增强其保密意识和责任意识。

（四）安全性原则

安全性原则要求社保档案管理应采取必要的措施，确保档案资料的安全。这包括对档案的存储、保管和备份等方面进行严格管理，防止档案被损坏、丢失或被盗。同时，还应加强档案管理的应急机制建设，以应对突发事件或自然灾害等情况。为了实现这一原则，档案管理部门需要加强对档案存储设施的日常维护和管理，确保其安全可靠。

（五）规范性原则

规范性原则要求社保档案管理应遵循统一的标准和规范，确保档案管理的科学性和规范性。这包括对档案的分类、编目、存储和利用等方面制定明确的标准和规范，并严格按照标准进行管理。同时，还应加强与国际接轨，借鉴国际先进的管理经验和标准，不断提高我国社保档案管理的规范水平。为了实现这一原则，档案管理部门需要加强对管理人员的培训和教育，提高其专业素养和管理水平。

（六）信息化原则

随着信息技术的发展和应用，信息化原则在社保档案管理中越来越重要。信息化管理能够提高档案管理效率、实现信息资源共享、方便参保人员查询和使用等优势。因此，档案管理部门应积极推进档案管理信息化建设，建立完善的电子档案管理系统，实现对纸质档案的数字化管理和电子化存储。同时，还应加强对电子档案的安全保护和管理，确保电子档案的真实性、完整性和安全性。

二、社保档案管理的方法

（一）建立健全档案管理制度

建立健全档案管理制度是社保档案管理的基础。档案管理部门应根据国家相关法律法规和标准，结合实际情况，制定完善的档案管理制度，明确档案的收集、整理、保管、利用和销毁等环节的具体要求和操作规范。同时，应加强对制度执行情况的监督和检查，确保制度得到有效执行。

（二）加强档案的分类和整理

档案的分类和整理是社保档案管理的重要环节。档案管理部门应根据档案的内容、特点和属性，采用科学合理的分类和整理方法，将档案归类整理，形成完整的档案体系。分类和整理过程中应注重档案的完整性和系统性，以便于后续的查询和使用。

（三）推进档案管理信息化建设

随着信息技术的发展和应用，推进档案管理信息化建设已成为社保档案管理的必然趋势。档案管理部门应积极引入先进的信息化技术,建立完善的电子档案管理系统,实现对纸质档案的数字化管理和电子化存储。通过信息化管理,可以提高档案管理效率、实现信息资源共享、方便参保人员查询和使用。同时,应加强对电子档案的安全保护和管理,确保电子档案的真实性、完整性和安全性。

(四)加强档案的保密和安全管理

社保档案涉及参保人员的个人隐私和合法权益,因此,加强档案的保密和安全管理至关重要。档案管理部门应采取严格的保密措施,确保参保人员的个人信息不被泄露和滥用。加强对档案存储设施的日常维护和管理,确保其安全可靠。同时,应建立完善的档案借阅制度,规范档案的借阅、复制、披露等操作流程,防止档案被不当使用或泄露。

(五)加强档案管理人员的培训和教育

档案管理人员的素质和能力直接关系到社保档案管理的质量和效率。因此,加强档案管理人员的培训和教育至关重要。档案管理部门应定期开展培训活动,提高档案管理人员的专业素养和管理水平。培训内容应涵盖档案管理的基本知识、操作技能、法律法规等方面,以提升档案管理人员的综合素质和能力。同时,还应加强档案管理人员的职业道德教育,增强其责任感和使命感。

(六)定期开展档案清理和鉴定工作

社保档案的清理和鉴定是档案管理的重要环节。通过对档案的清理和鉴定,可以及时发现和解决存在的问题,确保档案的真实性、完整性和系统性。档案管理部门应定期开展档案清理和鉴定工作,对存在的问题进行及时处理和纠正。同时,还应建立完善的档案鉴定和销毁制度,对无保存价值的档案进行及时销毁,避免造成资源浪费和安全隐患。

三、社保档案管理的流程与要求

(一)社保档案管理流程

1. 档案收集

在社保档案管理中,档案收集是第一步。档案管理部门应定期或不定期地收集各部门形成的社保档案,确保档案的完整性和连续性。收集的档案应包括个人参保记录、缴费记录、待遇享受记录等，以及单位参保记录、缴费记录等。

2. 档案分类

收集到的社保档案需要进行分类整理，以便于后续的管理和利用。分类整理应根据档案的内容、属性和特点进行，如个人和单位分类、险种分类、时间分类等。分类后的档案应形成完整的体系，便于查询和使用。

3. 档案鉴定

社保档案的鉴定是确定其保管期限和价值的过程。通过对档案的鉴定，可以确定哪些档案需要长期保存，哪些档案可以短期保存或销毁。鉴定工作应由专业的档案管理人员进行，确保鉴定结果的准确性和可靠性。

4. 档案保管

社保档案的保管是确保其安全、完整和保密的重要环节。档案管理部门应建立完善的保管制度，采取必要的保管措施，如防火、防盗、防潮、防霉等，确保档案的安全。同时，应定期对档案进行检查和修复，防止档案损坏或遗失。

5. 档案利用

社保档案的利用是实现其价值的必要途径。档案管理部门应建立完善的利用制度，规范档案的借阅、复制、披露等操作流程，确保档案的合理利用。同时，应积极开展档案编研工作，挖掘档案的信息资源，为决策提供支持和参考。

6. 档案销毁

对于已经失去保存价值和保管期限的社保档案，应及时进行销毁。销毁工作应由专业的档案管理人员进行，采取必要的安全措施，确保销毁后的档案无法恢复。销毁过程中应做好记录，并及时更新档案管理系统中的相关信息。

（二）社保档案管理的要求

1. 完整性要求

社保档案管理应保证档案的完整性，确保每个参保人员的个人档案和单位参保记录等重要信息不遗漏、不缺失。档案管理部门应采取有效措施，如加强收集工作、建立完善的归档制度等，确保档案的完整性。

2. 准确性要求

社保档案管理应保证档案的准确性，确保每一条信息真实可靠。档案管理部门应建立完善的审核制度，对收集到的档案进行严格审核，确保其准确性。同时，应加强档案的维护和管理，防止信息被篡改或损坏。

3. 安全性要求

社保档案管理涉及参保人员的个人隐私和合法权益，因此必须保证档案的安全性。档案管理部门应建立完善的安全管理制度，采取必要的安全措施，如加密存储、限制访问权限等，确保档案的安全保密。同时，应加强对档案管理人员的安全教育和培训，提高其安全意识和管理能力。

4. 高效性要求

社保档案管理应注重效率，确保档案管理工作的及时性和高效性。档案管理部门应建立完善的管理制度和工作流程，提高档案管理人员的素质和能力水平，采用先进的管理手段和技术方法，提高档案管理工作的效率和质量。

5. 规范性要求

社保档案管理应遵循规范化的要求，确保档案管理工作的标准化和规范化。档案管理部门应制定统一的档案管理标准和质量要求，建立完善的检查和评估机制，加强对档案管理工作的监督和指导，确保档案管理工作的规范化和标准化。

第四节　社保档案管理的法规与政策依据

一、国内社保档案管理的法规依据

（一）《中华人民共和国档案法》

《中华人民共和国档案法》是社保档案管理的基本法律依据，它明确规定了档案的定义、范围、管理原则和方法，为社保档案的管理提供了法律基础。

（二）《中华人民共和国社会保险法》

《中华人民共和国社会保险法》是社保档案管理的核心法律依据，其中对社保档案的管理、使用、保护和移交等方面都做出了明确规定。

（三）《中华人民共和国电子签名法》

针对社保档案数字化发展的趋势，《中华人民共和国电子签名法》为电子档案的真实性、可靠性和法律效力提供了保障。

二、国内社保档案管理的政策依据

（一）《社会保险档案管理办法》

该办法对社保档案的分类、整理、保管和利用等环节进行了详细规定，是各地制定社保档案管理实施细则的重要依据。

（二）《社会保险信息披露管理办法》

该办法规范了社保信息的披露范围、程序和要求，确保了参保人员和社会公众对社保信息的知情权。

（三）《电子文件管理暂行办法》

该办法对电子文件的生成、保管、利用和移交等方面进行了规范，为电子社保档案的管理提供了政策指导。

三、国外社保档案管理的法规与政策借鉴

（一）欧盟《通用数据保护条例》（GDPR）

GDPR为欧盟成员国的个人信息保护提供了统一的标准，对跨国社保数据处理提出了更高的合规要求。

（二）美国《信息公开法》与《隐私法》

这两部法律共同维护了参保人员的知情权和隐私权，对美国社保档案管理中信息公开与隐私保护起到了平衡作用。

第十三章 社保档案管理的实践与应用

第一节 社保档案的收集与整理

一、社保档案收集

（一）社保档案收集的原则

社保档案收集是社保档案管理的基础环节，其目的是将分散的社保档案资料集中起来，形成完整的档案体系。社保档案的收集应遵循以下原则。

1. 完整性原则

确保社保档案收集齐全，无遗漏，涵盖所有相关资料，包括文字、图片、数据等。

2. 准确性原则

确保社保档案的真实性、准确性和可靠性，防止虚假信息的混入。

3. 时效性原则

及时收集和处理社保档案，避免资料长时间积压，确保档案的时效性。

（二）社保档案收集的措施

在具体操作中，社保档案收集应采取以下措施。

1. 制定收集计划

根据社保业务需要，制定详细的社保档案收集计划，明确收集范围、时间和方式。

2. 建立档案报送制度

通过建立档案报送制度，规范各部门、单位的档案报送工作，确保档案资料及时、准确地汇总到档案管理部门。

3. 开展定期收集工作

定期开展社保档案收集工作，对各部门、单位形成的社保档案进行全面梳理和清查。

4. 加强宣传与培训

通过宣传和培训，提高全体员工对社保档案收集工作的重视程度，增强其档案意识。

5. 运用信息技术手段

利用信息技术手段，如电子扫描、电子影像等，提高社保档案收集的效率和准确性。

二、社保档案整理

（一）社保档案整理的原则

社保档案整理是按照一定的原则和方法，对收集来的社保档案进行分类、编目和排列，使之有序化的过程。社保档案整理应遵循以下原则。

1. 科学性原则

采用科学的分类方法，使社保档案的分类合理、清晰，便于管理和利用。

2. 系统性原则

保持社保档案之间的内在联系，维护档案的整体性和系统性。

3. 实用性原则

以满足实际需求为出发点，确保整理后的社保档案便于查询、检索和使用。

（二）社保档案整理的措施

在具体操作中，社保档案整理应采取以下措施。

1. 明确整理标准

制定统一的社保档案整理标准，规范整理工作流程和操作方法。

2. 分类整理

根据社保业务的不同类型，将社保档案分为不同的类别，如养老保险、医疗保险等，并按照时间顺序进行排列。

3. 编目

为每一份社保档案编制详细的目录，包括档号、标题、日期、页数等信息，便于查询和检索。

4. 数字化处理

对于纸质社保档案，应进行数字化处理，将其转化为电子格式，便于长期保存和远程传输。

5. 定期检查与维护

定期对整理好的社保档案进行检查和维护，确保其完整性和安全性。同时，对受损或毁损的档案及时进行修复和补充。

6. 建立索引系统

为了方便快速地检索和利用社保档案，应建立多维度、全面的索引系统，如关键词索引、责任者索引等。

7. 定期清理与鉴定

对于不再具有保存价值的社保档案进行清理和销毁，同时对仍具有保存价值的档案进行鉴定和评估，确定其保管期限和密级。

8. 引入先进的整理工具与方法

积极引进和采用先进的整理工具和方法，如大数据分析、云计算等，提高社保档案整理的效率和准确性。

9. 强化人员培训与交流

加强整理人员的培训和经验交流，提高其专业素质和工作能力，确保整理工作的质量。

10. 建立监督与评估机制

对社保档案整理工作进行监督和评估，发现问题及时整改和完善。同时，定期对整理工作进行总结和表彰优秀成果。

第二节 社保档案的保管与维护

一、社保档案保管的重要性

社保档案作为记录个人和单位参与社会保险的重要资料，其保管与维护工作具有至关重要的意义。这些档案不仅是参保人员权益的直接证明，也是社会保障体系运行的基础。一旦社保档案出现丢失、损坏或信息错误等问题，将直接影响参保人员的利益，甚至可能引发社会矛盾。因此，社保档案的保管与维护工作是十分重要的。

二、社保档案保管的方法

1. 完善档案管理制度

制定科学合理的档案管理制度，明确档案的收集、整理、归档、利用等环节的操作流程和责任分工，确保各项工作的有序进行。

2. 提高档案收集与整理质量

在档案收集阶段，应确保档案的完整性；在整理阶段，应对档案进行科学分类和编号，便于后续检索和利用。

3. 强化档案存储环境

确保库房具备适宜的温湿度条件，防止档案受潮、霉变或因过高或过低的温度而损坏。同时，保持库房的整洁、卫生，定期进行清扫除尘。

4. 实施档案安全管理

建立健全档案安全管理制度，加强档案库房的安全管理，如安装监控、报警系统等，确保档案的安全。同时，对重要档案进行备份，以防万一。

三、社保档案维护的策略

1. 定期进行档案检查

定期对社保档案进行检查，包括档案的完整性、是否出现损坏等，及时发现问题并进行处理。

2. 实施数字化与电子化管理

随着信息技术的发展，数字化和电子化已成为趋势。通过将纸质档案转化为数字格式，可以更好地保护原始档案，同时提高检索和利用的效率。在电子化过程中，应重视数据的安全与保密工作。

3. 更新与升级管理技术

随着科技的进步，档案管理技术也在不断发展。应积极关注新技术的发展动态，适时引入适合的管理系统和技术手段，提高档案管理水平。

四、加强信息化管理

信息化管理是提高社保档案管理效率的重要手段。通过建立电子化的档案管理系统，可以实现档案信息的快速检索、传输和使用，大大提高了档案的利用效率。同时，信息化管理还有助于实现档案信息的共享和协同作业，促进部门间的信息交流与合作。在实施信息化管理的过程中，应注重信息的安全与保密工作。建立完善的信息安全体系，采取有效的加密和防护措施，防止信息被非法获取或篡改。同时，加强信息基础设施的建设和维护，确保系统的稳定性和可靠性。此外，还应重视信息化管理人才的培养和引进，提高管理人员的专业素质和技术水平。

第三节 社保档案的利用与开发

一、社保档案利用的意义与原则

社保档案的利用是指通过一定方式、方法，将社保档案中的信息传递给相关人员，满足其信息需求的过程。社保档案的利用对于个人权益保障、企业人力资源管理、政府决策等方面都具有重要意义。通过社保档案的利用，可以核实个人参保情况，处理社保争议，分析社保数据，制定相关政策等。

在社保档案的利用过程中，应遵循以下原则。

1. 依法依规原则

严格按照相关法律法规和制度规定进行档案利用，确保档案的安全与保密。

2. 目的明确原则

明确档案利用的目的和范围，避免无谓的泄露和滥用。

3. 知情同意原则

涉及个人隐私的档案利用应征得当事人同意，确保个人权益不受侵犯。

4. 合理公平原则

在档案利用过程中，应确保信息的合理、公平传播和使用。

二、社保档案的多元化利用方式

1. 现场查询

参保人员可直接前往档案管理部门进行现场查询，了解自己的社保档案信息。

2. 在线查询

通过档案管理部门的官方网站或其他平台进行在线查询，方便快捷。

3. 委托查询

参保人员可委托他人代为查询自己的社保档案信息。

4. 数据分析与挖掘

通过对大量社保档案数据的分析、挖掘，为政策制定、学术研究等提供有力支持。

5. 档案编研

将社保档案中的信息进行整理、分类、加工，形成专题性、系统性、规律性的研究成果或参考资料。

6. 知识普及与教育

通过社保档案的展示与宣传，提高公众对社会保险的认知和理解。

三、社保档案开发的重要性与策略

社保档案开发是指对社保档案中的信息进行深入挖掘、整理和加工，使其能够更好地服务于社会发展的过程。随着信息技术的快速发展和大数据时代的到来，社保档案开发的重要性愈发凸显。通过有效的社保档案开发，可以提升档案管理水平，提高档案的利用率，为社会经济发展提供有力支持。

在社保档案开发过程中，应采取以下策略。

1. 加强数据分析与挖掘

运用先进的数据分析技术和方法，对海量的社保档案数据进行挖掘和整理，发现其中的规律、趋势和潜在价值。

2. 创新服务方式

结合信息化手段，拓展多元化的服务方式，如在线咨询、远程访问、自助查询等，提高服务的便捷性和效率。

3. 强化合作与共享

加强与其他部门、机构或企业的合作与交流，实现资源共享和优势互补，共同推进社保档案的开发工作。

4. 注重人才培养与引进

加强人才培养和引进工作，建立一支具备高素质、专业化、创新能力的档案管理团队，为社保档案的开发提供人才保障。

5. 完善法规制度建设

加强相关法律法规和制度建设，为社保档案的开发提供法律和制度保障。同时，通过制定和实施相关标准、规范和操作流程，确保开发工作的科学性和规范性。

6. 加强安全管理

在社保档案开发过程中，应重视信息的安全与保密工作。建立健全安全管理制度和技术防范措施，防止信息泄露和被非法获取。同时，加强对开发过程的管理和监督，确保各项工作按照规定程序进行。

7. 推进数字化与电子化进程

借助数字化和电子化技术手段，实现社保档案的快速处理、存储、传输和利用。通过将纸质档案转化为数字格式，不仅可以提高档案的保存质量和使用效率，还可以为数据分析、挖掘等开发工作提供便利条件。在推进数字化与电子化进程中，应注重技术选型和应用实施的科学性、合理性和可行性。同时，加强技术培训和技术支持工作，确保档案管理人员的技能水平能够适应数字化和电子化发展的需要。

8. 强化宣传教育

通过多种渠道和形式开展宣传教育活动，提高社会公众对社保档案重要性的认识和理解。同时，加强与相关部门的沟通与合作，共同推进社保档案的开发工作。通过宣传教育活动，可以增强社会公众对社保档案的关注度和参与度，提高社保档案的利用率和社会影响力。

9. 完善评估与反馈机制

建立完善的评估与反馈机制，对社保档案的开发工作进行定期评估和总结。通过收集用户反馈和社会评价意见，及时发现问题并进行改进。同时，将评估结果作为改进工作的重要依据和参考，不断提高社保档案的开发水平和服务质量。评估与反馈机制的建设应注重科学性、客观性和公正性原则。

第四节　社保档案管理的数字化与信息化建设

一、数字化与信息化建设的意义和要求

（一）社保档案数字化与信息化建设的意义

随着信息化时代的到来，数字化与信息化建设已成为各行各业发展的必然趋势。对于社保档案管理而言，数字化与信息化建设具有重要的意义和价值。

1. 提高档案管理效率

传统的社保档案管理方式往往依赖于纸质档案，管理效率低下。通过数字化与信息化建设，可以将纸质档案转化为数字档案，实现档案信息的快速检索、查询、利用和传输，大大提高档案管理效率。

2. 保障档案信息安全

纸质档案在保存过程中容易受到损坏、遗失或被盗，而数字档案则不存在这些问题。通过数字化与信息化建设，可以实现对档案信息的加密保护、备份存储和远程传输，有效保障档案信息安全。

3. 促进信息共享与交流

数字化与信息化建设可以实现社保档案信息的共享与交流，促进部门之间的合作与协同。同时，数字档案的在线查询和利用也方便了参保人员和社会公众对社保信息的获取和了解。

4. 支持决策分析与研究

通过对海量的社保档案数据进行挖掘和分析，可以为决策者提供有力支持。数字化与信息化建设能够快速处理和分析档案数据，发现其中的规律和趋势，为政策制定、决策分析提供科学依据。

5. 提升服务质量与满意度

数字化与信息化建设能够提高社保档案服务的便捷性和高效性，为参保人员和社会公众提供更好的服务体验。在线查询、自助服务等方式可以减少等待时间和办事环节，提高服务质量和满意度。

（二）社保档案数字化与信息化建设的要求

为了实现社保档案数字化与信息化建设的目标，需要满足以下要求。

1. 统一规划与标准

数字化与信息化建设需要统一规划，明确建设目标、任务和实施方案。同时，应制定和遵守相关标准、规范和操作流程，确保数字化与信息化建设的规范性和可持续性。

2. 数据质量保障

数字化与信息化建设应注重数据质量保障，确保数据采集、整理、存储和使用过程中的准确性和完整性。应建立数据质量管理体系，加强数据校验和审核工作，避免数据错误和遗漏。

3. 系统安全性保障

数字化与信息化建设应重视系统安全性和保密性。应建立完善的安全管理制度和技术防范措施，加强身份认证、访问控制和数据加密等工作，确保档案信息的安全和保密。

4. 服务便捷性保障

数字化与信息化建设应以用户需求为导向，注重服务的便捷性和高效性。应提供多样化的服务方式和渠道，如在线查询、自助服务、移动应用等，以满足不同用户的需求。同时，应加强服务响应和反馈机制建设，及时解决用户问题和反馈意见。

5. 人才队伍保障

数字化与信息化建设需要具备高素质和专业化的档案管理人才队伍。应加强人才培养和引进工作，建立完善的人才管理体系，为数字化与信息化建设提供人才保障和支持。

6. 设施设备保障

数字化与信息化建设需要相应的设施设备和基础设施支持。应加强硬件设备、网络通信设施和数据中心等基础设施建设，确保数字化与信息化建设的稳定性和可靠性。

7. 法律法规遵从

数字化与信息化建设应遵守相关法律法规和制度规定，如个人信息保护法、档案法等。应加强对法律法规的研究和遵守情况的检查监督，确保数字化与信息化建设合法合规进行。

8. 持续改进与创新

数字化与信息化建设是一个持续改进和创新的过程。应关注新技术、新方法的动态和应用情况，不断优化和改进数字化与信息化建设的方案、技术和管理模式，推动社保档案管理的现代化发展。

社保档案数字化与信息化建设是提升档案管理水平和服务质量的重要途径。通过数字化与信息化建设，可以更好地满足用户需求和社会发展需要，提高社保档案的利用率和社会影响力。在实施数字化与信息化建设的过程中，应注重统一规划、数据质量保障、系统安全性保障、服务便捷性保障、人才队伍保障、设施设备保障、法律法规遵从以及持续改进与创新等方面的工作要求，推动社保档案管理现代化发展。

二、数字化与信息化建设的内容和方法

（一）社保档案数字化与信息化建设的内容

社保档案数字化与信息化建设是一项系统性的工程，涉及多个方面的内容。以下是其主要内容。

1. 档案数字化处理

将传统的纸质、照片、录像等档案形式，通过扫描、拍照等技术手段转化为数字格式，以便于存储、传输和利用。这是数字化建设的基础工作。

2.档案管理系统建设

建立数字化档案管理系统,实现档案信息的录入、存储、检索、利用等功能的自动化和智能化。这包括数据库设计、系统开发、功能模块设计等方面的工作。

3.档案信息化服务

通过互联网、移动设备等渠道,提供档案信息的查询、检索、下载等服务,满足用户的需求。这需要建立完善的服务平台和服务机制。

4.档案信息安全保障

保障档案信息的安全性和保密性,采取有效的技术和管理措施,防止信息泄露、被攻击和篡改。这包括数据加密、身份认证、访问控制等安全措施的建立和维护。

5.档案法规与标准制定

根据国家相关法律法规和标准,制定适合本地区、本行业的档案管理规定和标准,规范数字化与信息化建设工作。

6.人才队伍建设

培养和引进具备数字化与信息化建设知识和技能的人才,建立专业化、高素质的档案管理团队。

7.基础设施建设

提供必要的硬件设备和基础设施支持,如计算机、网络设备、存储设备等,确保数字化与信息化建设的顺利实施。

(二)社保档案数字化与信息化建设的方法

为了有效推进社保档案数字化与信息化建设,需要采取科学合理的方法和措施。以下是主要的方法。

1.制定实施方案

根据实际情况和需求,制定具体的数字化与信息化建设实施方案,明确建设目标、任务分工、时间安排等关键要素。

2.需求调研与分析

深入了解用户需求,对现有的档案管理情况进行调研和分析,找出存在的问题和不足,为数字化与信息化建设提供依据。

3. 技术选型与开发

根据实施方案和需求分析结果，选择合适的技术手段和工具，进行档案管理系统的开发和应用。同时要关注技术的成熟度和可扩展性。

4. 数据迁移与整理

对已经存在的纸质档案进行数字化处理，并按照统一的标准和规范进行数据迁移和整理，确保数据的准确性和完整性。

5. 系统测试与调试

对开发的档案管理系统进行严格的测试和调试，确保各项功能正常运作，满足设计要求和使用需求。

6. 培训与推广

对相关人员进行数字化与信息化建设的培训和指导，提高其技能水平和工作能力。同时要加强宣传推广工作，提高社会公众对数字化与信息化建设的认知度和参与度。

7. 运行维护与升级

在数字化与信息化建设完成后，要建立完善的运行维护机制，定期对系统进行检查和维护，确保系统的稳定性和可靠性。同时要根据实际情况和需求变化，对系统进行升级和改进。

8. 质量监控与评估

建立质量监控和评估机制，对数字化与信息化建设的过程和结果进行全面监督和管理，确保各项工作按照要求和标准进行，并及时发现和解决问题。

9. 合作与交流

加强与其他地区、行业的合作与交流，借鉴先进的数字化与信息化建设经验和方法，提高本地区、本行业的档案管理水平。

10. 持续改进与创新

关注数字化与信息化建设的最新动态和发展趋势，不断引进新技术、新方法，优化和改进现有的方案和系统，推动社保档案管理的持续创新和发展。

三、数字化与信息化建设的保障措施和发展方向

（一）保障措施

社保档案数字化与信息化建设是一项重要的工作，需要采取一系列的保障措施，以确保工作的顺利实施和可持续发展。以下是主要的保障措施。

1. 组织保障

建立专门的数字化与信息化建设工作小组，明确工作职责和任务分工，确保各项工作的有序推进。同时要建立健全的管理制度和规范，加强内部协调和管理，提高工作效率和质量。

2. 人才保障

培养和引进具备数字化与信息化建设知识和技能的专门人才，建立专业化、高素质的档案管理团队。加强人才培训和交流，提高其技能水平和创新能力。

3. 资金保障

合理安排数字化与信息化建设的经费预算，确保有足够的资金支持。同时要积极争取政府和社会各界的支持，多渠道筹措资金，为数字化与信息化建设提供稳定的资金来源。

4. 技术保障

关注数字化与信息化建设的最新技术和成果，及时引进和应用新技术、新方法，提高档案管理系统的技术水平和应用效果。加强技术研发和创新，推动社保档案管理的技术进步和发展。

5. 安全保障

采取有效的安全措施，保障档案信息的安全性和保密性。加强数据加密、身份认证、访问控制等安全技术的应用和管理，防止信息泄露、被攻击和篡改。建立健全的安全管理制度和应急预案，提高安全防范意识和应对能力。

6. 法律保障

根据国家相关法律法规和标准，制定适合本地区、本行业的档案管理规定和标准，规范数字化与信息化建设工作。加强法律法规的宣传和执行力度，提高

档案管理的法治和规范化水平。

（二）发展方向

随着数字化和信息化技术的不断发展，社保档案管理工作也将迎来更多的机遇和挑战。以下是社保档案数字化与信息化建设的发展方向。

1. 智能化发展

借助人工智能、大数据等技术手段，实现社保档案信息的智能化处理和分析。通过智能化的检索、分类、挖掘等功能，提高档案管理系统的自动化和智能化水平，提高工作效率和质量。

2. 云端化发展

借助云计算技术，实现社保档案信息的云端存储和管理。通过建立云端档案管理平台，可以实现数据的集中存储、备份和容灾等功能，提高数据的安全性和可靠性。同时可以为远程查询、访问和使用提供更加便捷的服务。

3. 移动化发展

借助移动设备和应用软件，实现社保档案信息的移动查询和利用。通过建立移动档案管理系统，用户可以通过手机、平板电脑等设备随时随地查询、下载和使用社保档案信息，提高服务的便利性和及时性。

4. 社交化发展

借助社交媒体和社交网络等技术手段，实现社保档案信息的社交化传播和应用。通过建立社交媒体平台或者在社交网络上发布社保档案信息，可以增强用户参与感和互动性，提高档案信息的传播效果和社会影响力。

5. 标准化发展

制定更加科学、合理、规范的档案管理标准和方法，推动社保档案管理的标准化发展。通过建立统一的档案管理标准体系，可以实现不同地区、不同部门之间的数据交换和共享，提高数据的利用价值和协同效应。

6. 可持续化发展

注重社保档案数字化与信息化建设的可持续发展，不断更新和完善档案管理系统和技术手段，推动档案管理的创新和发展。同时要关注环境保护和资源利用效率问题，实现档案管理的绿色化和可持续发展。

第五节　社保档案管理的安全与保密

一、社保档案的安全管理

随着信息技术的迅猛发展,社保档案数字化与信息化建设已成为必然趋势。然而,数字化与信息化带来的便利性同时也伴随着信息安全风险。社保档案作为公民的重要个人信息,其安全性直接关系到公民的切身利益和社会稳定。因此,如何确保社保档案的安全管理成为一个亟待解决的问题。

(一)社保档案安全管理的重要性

1. 保护公民个人信息权益

社保档案中包含了大量公民的个人信息,如身份信息、缴费记录、医疗记录等,这些信息一旦泄露或被非法篡改,将对公民的合法权益造成严重侵害。

2. 维护社会稳定

社保档案的安全管理对于维护社会稳定具有重要意义。如果社保档案的安全得不到保障,会导致社会公众对社保制度的信任度下降,引发社会不稳定因素。

3. 保障社保制度的正常运行

社保档案是社保制度正常运行的基石。社保档案的安全管理有助于保证社保制度的正常运转,提高服务效率和质量。

(二)社保档案安全管理的挑战

1. 数据量大

随着社保覆盖面的不断扩大,社保档案的数据量也在急剧增加,安全管理难度相应增大。

2. 技术更新快

信息技术的发展日新月异,对社保档案的安全管理提出了更高的要求。如何跟上技术更新的步伐,防范新型安全威胁,是社保档案安全管理面临的挑战之一。

3. 人员素质参差不齐

部分档案管理人员的安全意识和技术水平不高,容易造成安全漏洞。

4. 法律法规不健全

现有的法律法规对社保档案安全管理方面的规定还不够完善，导致实际工作中无法可依，无章可循。

（三）社保档案安全管理的措施

1. 建立健全的安全管理制度

制定和完善社保档案安全管理制度，明确各级管理人员职责，确保各项安全措施得到有效执行。

2. 数据备份与恢复

建立完善的数据备份和恢复机制，以防数据丢失或损坏。定期进行数据备份，并确保备份数据存储在安全可靠的地方。

3. 强化身份认证与访问控制

实施多层次的身份认证机制，如动态口令、指纹识别等，确保只有经过授权的人员才能访问社保档案。同时，根据人员的职责和权限，设置不同的访问级别，防止越权访问。

4. 数据加密与传输安全

采用数据加密技术对社保档案进行加密存储，确保即使数据在传输过程中被截获，也无法轻易被破解。同时，确保数据传输过程中的加密传输，防止数据在传输过程中被窃取或篡改。

5. 防范病毒与黑客攻击

建立完善的病毒防范和入侵检测系统，定期进行系统安全漏洞扫描和修复。一旦发现异常行为或攻击迹象，应立即采取措施进行处理，并启动应急预案以降低风险。

6. 人员培训与教育

定期开展安全意识培训和教育活动，提高档案管理人员的安全意识和技能水平。同时，加强相关法律法规的宣传和培训工作，使档案管理人员知法懂法，守法护法。

7. 定期审计与监控

对社保档案的安全管理进行定期审计和监控，检查各项安全措施的执行情况，及时发现和纠正安全问题。同时，对审计和监控过程中发现的问题进行深入分析，总结经验教训，不断完善和优化安全管理措施。

8.建立应急预案

针对可能发生的突发事件或灾难事件，制定详细的应急预案。明确应急响应流程、责任人员和联系方式等，确保在紧急情况下能够迅速有效地应对，最大程度地减少损失和影响。

9.引入第三方监管机构

通过引入第三方监管机构对社保档案的安全管理进行评估和监督，可以更加客观、公正地发现和解决存在的问题。同时，第三方监管机构还可以提供专业的建议和指导，帮助社保档案安全管理水平不断提高。

10.建立信息化安全管理标准

制定社保档案信息化安全管理的相关标准，明确安全管理的要求和规范。通过标准化管理，可以更好地规范和指导安全管理工作的开展，提高安全管理的整体水平。

社保档案的安全管理是一项长期而艰巨的任务，需要各级领导的高度重视和各部门的密切配合。只有建立健全的安全管理制度，采取有效的技术手段和措施，不断提高人员的安全意识和技能水平，才能确保社保档案的安全，为社保制度的正常运行和社会稳定提供有力保障。

二、社保档案的保密管理

（一）背景与意义

社保档案作为记录个人参与社会保险情况和享受社保待遇的重要资料，涉及个人信息、权益保障等多方面内容，其保密管理至关重要。随着信息化、网络化的发展，社保档案保密管理工作面临着前所未有的挑战。加强社保档案保密管理，不仅关系到参保人员的个人隐私和合法权益，还关系到整个社会保险体系的正常运行和社会稳定。

（二）当前社保档案保密管理面临的挑战

1.信息泄漏风险增加

在信息化背景下，社保档案的存储、传输和使用都涉及大量的个人信息，一旦发生信息泄露，后果不堪设想。同时，网络攻击、病毒传播等外部威胁也对保密工作构成严重威胁。

2. 管理不规范

部分单位或管理人员对社保档案保密工作不够重视，管理不规范，制度不健全，导致档案信息存在被非法获取和使用的风险。

3. 人员保密意识不强

部分工作人员保密意识淡薄，对保密工作的重要性认识不足，导致在工作中存在失泄密隐患。

4. 技术手段滞后

随着科技的发展，传统的保密手段已无法满足当前的安全需求，技术手段的滞后也成为制约保密工作的重要因素。

（三）加强社保档案保密管理的对策与措施

1. 完善保密管理制度

建立健全的社保档案保密管理制度，明确各级职责，规范管理流程，确保各项保密措施得到有效执行。同时，应定期对管理制度进行评估和修订，以适应新形势下的安全需求。

2. 提高人员素质

加强对工作人员的保密教育，提高其对保密工作重要性的认识。同时，应定期开展技能培训，提高工作人员的业务素质和安全防范能力。

3. 强化技术防护

加大技术投入，建立多层次、全方位的保密技术防护体系，包括加强网络防护、数据加密、权限控制等方面的建设，确保社保档案信息的安全存储和传输。

4. 严格监督与考核

建立健全的监督机制，定期对社保档案保密管理工作进行检查和评估。对于发现的隐患和问题，应及时整改和问责。同时，应将保密工作纳入绩效考核体系，确保各项措施得到有效执行。

5. 加强协作与沟通

各级社保档案管理部门应加强协作与沟通，共同应对保密工作面临的挑战。

同时，应积极与相关单位和部门进行交流与合作，共同探讨保密工作的新思路和新方法。

（四）实践与案例分析

为加强社保档案保密管理，某地级市社会保险事业管理局采取了一系列措施。首先，对现有管理制度进行了全面梳理和完善，重点加强了对档案的分类管理、使用审批和数据备份等方面的规定。其次，加大了技术投入，引入了先进的加密技术和安全防护设备，对档案信息进行多层加密和权限控制。此外，该局还定期开展保密培训和演练，提高工作人员的保密意识和应对能力。通过这些措施的实施，该局在社保档案保密管理工作方面取得了显著成效，有效保障了参保人员的个人隐私和合法权益。

社保档案保密管理工作是确保社会保险体系正常运行和社会稳定的重要保障。面对信息化、网络化带来的挑战和机遇，我们应进一步加强社保档案保密管理，完善管理制度和技术手段，提高人员素质和安全防范能力。同时，应积极探索新的管理模式和方法，以适应不断发展变化的安全需求。通过全社会的共同努力，我们相信能够建立起更加完善的社保档案保密管理体系，为参保人员和社会提供更加安全、可靠的保障。

第六节　社保档案管理的培训与能力提升

一、培训需求分析

（一）培训需求分析

1.培训目标

社保档案管理的培训目标应主要包括以下几个方面。

（1）提高档案管理人员的专业素质，使其具备扎实的理论基础和实践能力；

（2）增强档案管理人员的责任感和使命感，树立良好的职业道德；

（3）提高档案管理人员的信息化素养，使其能够熟练运用信息化手段进行档案管理；

（4）加强档案管理人员的沟通和协作能力，提高工作效率。

2. 培训内容

针对以上培训目标，社保档案管理的培训内容应包括以下几个方面。

（1）社保档案管理的基本概念、原则和方法，使参训者了解社保档案的重要性和管理要求；

（2）社保档案的分类、整理和归档方法，使参训者能够熟练掌握档案分类和整理的实际操作；

（3）社保档案的信息化管理，包括电子档案的制作、存储、备份和利用等，使参训者能够运用信息化手段提高档案管理效率；

（4）社保档案的安全与保密，使参训者了解档案安全与保密的重要性，掌握安全防范措施和保密管理方法；

（5）沟通与协作技巧，使参训者了解团队协作的重要性，提高沟通和协作能力。

3. 培训方法

为了使培训更加有效，可以采用多种培训方法相结合的方式。

（1）理论授课：通过专业讲师对社保档案管理的理论和实践进行讲解，使参训者对社保档案管理有更深入的了解。

（2）实践操作：通过实际操作演示和练习，使参训者熟练掌握社保档案的分类、整理和归档等实际操作技能。

（3）案例分析：通过分析典型案例，引导参训者思考和解决实际问题，提高其分析和解决问题的能力。

（4）团队建设：通过团队活动和竞赛等形式，提高参训者的团队协作和沟通能力。

（5）在线学习：利用在线学习平台，提供丰富的课程资源和互动学习环境，方便参训者自主学习和复习。

（二）结论

通过对社保档案管理的培训需求进行分析，我们可以得出以下结论：

（1）培训对于提高社保档案管理水平具有重要意义，应得到足够的重视和支持；

（2）培训内容应紧扣实际工作需求，注重理论和实践的结合；

（3）采用多种培训方法相结合的方式可以增强培训效果，激发参训者的学习兴趣和热情。

（三）建议

基于以上结论，我们提出以下建议：

（1）建立健全的培训体系，定期开展社保档案管理培训，确保参训者的专业素质和工作能力得到持续提升；

（2）加强与实际工作的联系，鼓励参训者在工作中运用所学知识解决问题，促进理论与实践的融合；

（3）完善培训评估机制，对培训效果进行跟踪和反馈，不断优化培训内容和方式。

通过以上措施的实施，可以有效满足社保档案管理的培训需求，提高档案管理人员的专业素质和工作能力，为社会保障体系的正常运行提供有力支持。

二、培训实施与效果评估

（一）培训实施

1. 制定详细的培训计划

为了确保社保档案管理的培训能够顺利进行，首先需要制定详细的培训计划。计划应包括培训目标、内容、方法、时间、地点和人员等方面的安排。同时，要充分考虑参训者的实际情况和需求，确保培训内容的针对性和实用性。

2. 选择合适的培训方法

针对不同的培训内容，应选择合适的培训方法。例如，对于理论知识的传授，可以采用讲授法或讨论法；对于实际操作技能的培训，可以采用演示法或练习法。同时，结合多种方法进行培训，可以更全面地提高参训者的能力。

3. 组建专业的培训团队

社保档案管理的培训需要由专业的培训团队来实施。团队成员应具备丰富的社保档案管理经验和教学经验，能够根据参训者的实际情况进行有针对性的教学。此外，团队成员之间应密切配合，共同完成培训任务。

4. 确定合适的培训时间和地点

培训时间和地点的选择对于培训的效果也有很大影响。培训时间应充分考虑参训者的实际情况和工作安排，避免影响正常的工作和生活。培训地点应具备合适的场地和设施，为参训者提供一个良好的学习环境。

（二）效果评估

1. 制定评估标准和方法

为了客观地评估社保档案管理培训的效果，需要制定明确的评估标准和方法。评估标准应包括参训者在理论知识和实际操作技能方面的掌握程度、工作态度和协作能力等方面的表现。评估方法可以采用问卷调查、考试、实际操作演示等形式进行。

2. 收集评估数据

通过合理的评估方法收集相关数据，以全面了解参训者在培训前后的表现和进步情况。数据可以包括参训者的考试成绩、实际操作演示的表现、工作态度的变化等。此外，还可以通过问卷调查等方式收集参训者对培训的反馈和建议。

3. 分析评估结果

通过对收集到的评估数据进行统计分析，了解参训者在培训前后的表现和进步情况，以及培训对实际工作的效果。同时，结合参训者的反馈和建议，分析培训的优缺点，为进一步优化培训提供参考。

4. 总结评估结果并改进培训方案

根据以上分析，总结评估结果并针对不足之处提出改进措施。例如，针对参训者在实际操作中存在的问题，可以加强实际操作技能的训练；针对参训者理论知识掌握不足的情况，可以调整理论知识的传授方式或增加相关课程。同时，根据评估结果和参训者的反馈，不断优化和改进培训方案，增强培训效果、提高培训质量。

三、能力提升措施

（一）加强制度建设

1. 制定完善的管理制度

制定完善的社保档案管理制度是提高管理能力的关键。制度应包括档案的收集、整理、保管、利用和转移等方面的规定，确保管理工作有章可循。同时，制度应具有足够的灵活性和可操作性，以适应不断变化的档案管理需求。

2. 建立健全的监管机制

加强对社保档案管理工作的监管，确保各项制度得到有效执行。建立定期检查和评估机制，及时发现和纠正管理中的问题。同时，加强与相关部门的沟通和协调，形成有效的监管合力，共同推动社保档案管理工作的开展。

（二）提高管理人员素质

1. 加强业务培训

定期组织社保档案管理人员进行业务培训，提高其对档案法规、管理方法、数字化技术等方面的掌握程度。通过培训，使管理人员能够更好地履行职责，提高管理效能。同时，鼓励管理人员参加相关学术交流和研讨活动，以拓宽视野和思路。

2. 建立考核机制

建立科学的考核机制，对社保档案管理人员的工作表现进行全面评估。考核内容应包括工作态度、业务能力、工作成果等方面，并依据考核结果进行奖惩。通过考核机制的建立，激发管理人员的积极性和创造性，推动管理水平的提升。

（三）推进数字化建设

1. 建立数字化管理系统

积极推进社保档案数字化建设，建立高效、便捷的数字化管理系统。系统应具备档案数字化处理、存储、检索、利用等功能，提高档案管理的效率和便捷性。同时，加强数字化系统的安全防护措施，确保档案信息的安全和保密性。

2. 推广数字化技术的应用

在社保档案管理中推广数字化技术的应用，如云计算、大数据分析等。利用这些技术对社保档案信息进行深度挖掘和分析，为决策提供科学依据。同时，通过数字化技术的应用，提高档案管理的现代化水平，更好地服务广大参保人员和企业。

（四）优化服务流程

1. 简化服务流程

优化社保档案管理服务流程，简化办事环节和手续，提高服务效率。通过合理设置服务窗口、整合业务流程等方式，为参保人员和企业提供更加便捷的服务。同时，加强与其他相关部门的协同配合，形成高效的服务体系。

2. 拓展服务渠道

除了传统的现场服务方式外，积极拓展线上服务渠道，提供网上查询、预约、办理等服务功能。通过多种服务渠道的拓展，满足不同用户的需求，提高服务的覆盖面和满意度。同时，加强线上与线下的有机融合，为用户提供更加全面、高效的服务体验。

第七节　社保档案管理的评估与持续改进

一、社保档案管理评估

1. 评估目的

社保档案管理评估的目的是全面了解和掌握档案管理工作的现状，发现存在的问题和不足，为持续改进提供依据。通过评估，可以明确管理工作的优缺点，分析原因，提出改进建议，进一步提高社保档案管理的质量和效率。

2. 评估内容

评估内容主要包括以下几个方面。

（1）管理制度：评估社保档案管理制度的完善程度，包括档案的收集、整理、保管、利用和转移等环节的管理制度是否健全，是否符合国家法律法规和相关政策。

（2）管理流程：评估社保档案管理流程的科学性和合理性，包括档案的分类、编目、归档、鉴定、销毁等流程是否规范，是否能够保障档案的安全、完整和长期保存。

（3）管理人员：评估社保档案管理人员的能力和素质，包括管理人员的专业水平、工作态度、服务意识等是否符合岗位要求，是否能够胜任档案管理工作。

（4）管理设施：评估社保档案管理设施的完备程度，包括档案库房、设备、安全防范措施等是否符合标准，是否能够保障档案的安全保管和有效利用。

3.评估方法

评估方法包括自我评估、外部评估和综合评估等。自我评估是由管理部门自行组织，对管理工作进行全面检查和评价；外部评估是由第三方机构或专家对管理工作进行评估和监督；综合评估则是将自我评估和外部评估相结合，形成全面、客观、准确的评估结果。

二、社保档案管理的持续改进

1.完善管理制度

根据评估结果，对现有社保档案管理制度进行全面梳理和完善。针对存在的问题和不足，制定相应的改进措施和方法，建立健全的管理制度体系。同时，加强制度的执行力度，确保各项制度得到有效贯彻和落实。

2.优化管理流程

针对管理流程中存在的问题，进行深入分析和研究，找出流程中的瓶颈和短板。在此基础上，对流程进行优化和改进，提高管理效率和质量。同时，加强流程的监督和控制，确保流程得到规范执行。

3.提高管理人员素质

加强社保档案管理人员的教育和培训工作，提高管理人员的专业素质和服务意识。通过培训和交流活动，拓宽管理人员的视野和知识面，提高其处理复杂问题的能力。同时，加强管理人员的考核和激励机制建设，激发其积极性和创造力。

第十四章　医院档案管理中的风险控制与防范措施

第一节　医院档案管理风险概述

一、医院档案管理风险的来源

1. 人为因素

人为因素包括档案管理人员的职业素养、工作态度、专业知识及操作技能等。如果管理人员在这些方面存在不足，可能会导致档案的损坏、丢失或信息错误等问题。

2. 制度因素

医院档案管理制度是否健全、科学和规范，对档案管理的风险影响重大。不完善的制度可能导致职责不明确、工作流程混乱，进而产生各种管理风险。

3. 技术因素

随着信息技术的发展，电子档案逐渐成为主流。但与此同时，网络安全、数据备份、软件更新等问题也成为档案管理的新风险点。

4. 环境因素

医院的物理环境，如档案库房的温湿度控制、防火防潮措施等，都直接影响档案的保存状况。不良的物理环境可能导致档案的损坏。

5. 法律因素

法律因素涉及医疗纠纷、患者权益保护等方面的法律问题，对医院档案管理提出了更高的要求和挑战。任何不合规的行为都可能引发法律风险。

二、医院档案管理风险的特点

1. 多样性

随着医疗行业的不断发展，医院档案管理的范围越来越广，涉及的内容越来越复杂，因此面临的风险也呈现出多样性的特点。

2. 隐蔽性

许多档案管理风险在初期可能不易察觉，如管理制度的漏洞、人员操作的失误等，这些风险可能在一段时间后才显现出来，因此具有隐蔽性。

3. 持续性

医院档案是长期保存的，这意味着档案管理风险也可能持续存在。例如，数据备份的定期检查、档案库房的维护等都需要持续进行。

4. 可预防性

虽然档案管理风险多种多样且具有隐蔽性，但大多数风险都是可以预防的。通过科学的管理制度、规范的操作流程和有效的培训，可以大大降低档案管理风险的发生概率。

5. 技术依赖性

随着信息技术在档案管理中的应用，许多传统的档案管理风险得到了缓解，但同时也带来了新的技术风险。例如，电子档案的网络安全、数据恢复等问题。

三、如何应对医院档案管理风险

1. 加强人员培训和管理

定期对档案管理人员进行专业知识和技能的培训，提高其职业素养和工作能力。同时，要建立有效的考核和激励机制，激发员工的工作积极性。

2. 完善档案管理制度

根据实际情况，建立健全的档案管理制度，明确各项管理流程和规范要求。确保职责明确、工作有序，降低管理风险的发生概率。

3. 加大技术投入和更新

在电子档案管理方面，要注重网络安全、数据备份等方面的技术投入。定期对软件进行更新和维护,确保电子档案的安全性和完整性。

4. 优化物理环境

加强对档案库房的管理和维护,确保温湿度控制、防火防潮等措施到位,为档案提供良好的保存环境。

第二节 医院档案管理风险控制与防范措施的制定原则

一、背景介绍

随着医疗行业的不断发展,医院档案管理工作面临着越来越多的挑战和风险。档案管理风险一旦发生,可能导致档案丢失、损坏或信息泄露,给医院带来严重的影响和损失。因此,制定医院档案管理风险控制与防范措施至关重要。

二、制定原则

1. 全面性原则

档案管理风险的来源多样,因此防范措施的制定需要全面考虑各种可能的风险因素。不仅要关注传统的物理档案的管理,还要特别关注电子档案的网络安全、数据备份等方面的问题。确保所制定的措施能够覆盖所有可能的风险点。

2. 针对性原则

不同医院面临的档案管理风险可能有所不同,因此防范措施的制定需要具有针对性。要深入分析本医院档案管理工作的实际情况,识别出最可能发生的风险点,并针对这些风险点制定相应的防范措施。

3. 可操作性原则

所制定的防范措施必须具有可操作性,不能过于理论化或难以实施。要充分考虑医院现有的资源、技术和人员能力,确保所制定的措施能够在实际工作中得到有效执行。

4. 预防性原则

档案管理风险的防范重在预防。因此，所制定的防范措施应以预防为主，尽量减少风险的发生概率。对于无法完全避免的风险，应提前制定应对策略，确保在风险发生时能够迅速采取有效措施进行处置。

5. 持续改进原则

档案管理风险是动态变化的，随着医院环境和技术的变化，新的风险可能会出现，旧的风险也可能发生变化。因此，防范措施的制定不是一劳永逸的，需要持续关注档案管理工作的变化，不断对防范措施进行评估和改进，以适应新的风险环境。

6. 法律合规原则

在制定档案管理风险控制与防范措施时，必须遵守相关法律法规和政策要求。确保所制定的措施不违反任何法律规定，保护患者的合法权益，维护医院的声誉和形象。

7. 技术优先原则

在技术日新月异的今天，许多档案管理风险都与技术问题有关。因此，在制定防范措施时，应优先考虑采用先进的技术手段来提高档案管理的安全性、可靠性和效率。例如，采用加密技术保护电子档案的数据安全，利用大数据和人工智能技术进行档案数据分析等。

8. 人员安全原则

在处理档案管理风险时，要始终把人员的安全放在首位。无论是物理环境还是电子环境，都应确保档案管理人员的人身安全和健康。在制定防范措施时，要特别关注如何降低人员操作中的风险，提供必要的防护设备和培训。

9. 沟通协作原则

档案管理风险的防范不仅是档案管理部门的职责，也需要全院各部门的支持和配合。因此，在制定防范措施时，要注重与相关部门的沟通协作，确保措施的有效执行和效果的持续改进。通过定期的交流和协作，共同提高医院档案管理的安全性和稳定性。

三、实际应用

在制定医院档案管理风险控制与防范措施时，应结合上述原则进行综合考虑。首先对档案管理风险进行全面评估和分析，明确风险来源和特点。然后根据实际情况和资源状况制定相应的防范措施，并确保这些措施在实际工作中得到有效执行和持续改进。通过这样的方法，能够显著降低医院档案管理风险的发生概率，提高档案管理的质量和安全性。医院档案管理风险的防范是一项长期而持续的工作。只有遵循科学合理地制定原则，不断完善和优化管理措施，才能有效应对档案管理中的各种挑战和问题。从而确保医院档案的安全性、完整性和可靠性，为医院的可持续发展提供有力保障。

第三节　医院档案管理风险控制与防范措施的具体实施方法

一、建立健全医院档案管理制度

（一）建立完善的档案管理体系

1. 组织架构

明确档案管理工作的分管领导，成立档案管理部门，配备专职档案管理人员，形成档案管理网络。各部门需指定一名兼职档案员负责收集、整理本部门的档案资料。

2. 职责分工

明确档案管理部门、兼职档案员及各相关人员的职责和工作要求，确保档案管理工作层层落实。

3. 制度建设

建立健全档案收集、整理、保管、利用、鉴定、销毁等管理制度，确保档案管理工作的规范化、标准化。

（二）加强档案基础设施建设

1. 档案库房

根据医院实际情况，合理规划档案库房的布局，确保档案的安全存放。配备相应的设施设备，如密集架、除湿机、空调等，为档案的保管提供良好的环境条件。

2. 数字化设备

加大数字化设备的投入，如扫描仪、打印机等，实现档案数字化管理，提高档案管理效率。

3. 信息化系统

建立档案管理信息化系统，实现档案的电子化管理。系统应具备档案分类、检索、统计等功能，并能与其他办公系统有效衔接，实现信息资源共享。

（三）提升档案管理人员的素质

1. 培训教育

定期组织档案管理人员参加培训，提高其专业素质和业务能力。培训内容应涵盖档案管理理论、实际操作技能以及信息化管理知识等。

2. 交流学习

组织档案管理人员到其他档案管理先进的医院进行交流学习，借鉴其先进的管理经验和方法。

3. 激励机制

建立档案管理工作激励机制，鼓励档案管理人员积极创新，提高工作积极性。对于在档案管理工作中表现突出的个人和集体给予相应的奖励。

（四）完善档案管理流程

1. 收集

制定详细的档案收集范围和要求，确保各部门及时将有价值的文件、资料、数据等归档。档案管理人员应定期对各部门的档案情况进行检查和指导。

2. 整理

按照国家及行业相关规定，对收集的档案进行分类、编目和整理，确保档案的条理清晰、分类明确。

3. 保管与利用

根据档案的密级、内容和利用方式，确定合理的保管和利用程序。在保证档案安全的前提下，为医院的各项工作提供便利的档案信息服务。

4. 鉴定与销毁

定期对过期或无保存价值的档案进行鉴定和销毁，防止无用档案占用档案管理资源。鉴定与销毁工作需严格遵守相关规定，确保档案的安全与保密。

（五）加强档案安全管理

1. 保密管理

根据档案的密级，采取相应的保密措施，如设置密码、限制访问权限等，确保档案信息不被泄露。

2. 备份与恢复

建立档案备份和恢复机制，以防万一。对重要档案进行定期备份，并采用可靠的存储设备和存储介质进行存储。同时，应制定应急预案，确保在发生突发事件时能够迅速恢复档案数据。

3. 安全审计

对档案管理系统进行安全审计，定期检查系统的安全性。及时发现和修复系统存在的漏洞，确保档案管理系统的正常运行和数据安全。

（六）强化监督与考核

1. 制定考核标准

根据医院的实际情况和档案管理工作的需要，制定具体的考核标准，对档案管理工作的各个环节进行评估和监督。

2. 定期检查与评估

定期对医院的档案管理情况进行检查和评估，发现问题及时整改。同时，结合医院的整体工作目标和任务，对档案管理工作的成效进行评估和总结。

3. 奖惩机制

根据考核结果建立相应的奖惩机制。对于在档案管理工作中表现优秀的个人和集体给予表彰和奖励；对于工作不力的部门和个人进行督促和整改，情节严重的应给予相应的惩罚。通过奖惩机制的落实，激发全院职工参与档案管理工作的积极性。

（七）持续改进与创新发展

1. 动态调整

根据医院发展需要和档案管理的新要求，不断调整和完善档案管理相关制度和工作流程。同时关注档案管理领域的新动态、新理念和新方法，及时引进和应用先进的档案管理技术和方法。

2. 创新发展

鼓励和支持档案管理工作的创新发展。在确保档案安全保密的前提下，探索档案管理工作的新模式和新途径。借助信息化手段和大数据技术提升档案管理工作的效率和质量。通过创新发展推动医院档案管理工作的持续改进和优化。

3. 合作与交流

加强与其他医院或行业组织的合作与交流，共同探讨档案管理的新思路和新方法。通过合作与交流学习借鉴他人的先进经验和技术成果，促进医院档案管理水平的整体提升。同时积极参与行业活动和学术研讨，提高医院在档案管理领域的知名度和影响力。

二、加强医院档案管理人员的培训和教育

（一）当前医院档案管理人员面临的问题

1. 档案管理意识不强

部分档案管理人员对档案工作的重要性认识不足，导致工作中疏忽大意，缺乏严谨性。

2. 专业知识与技能不足

许多档案管理人员并非档案管理专业出身，缺乏系统的专业知识，导致管理方法不当，效率低下。

3. 培训与进修机会少

医院对档案管理人员的培训和教育投入不足，导致其无法及时更新知识和技能。

4. 工作态度与责任心问题

部分档案管理人员对待工作态度不够认真，责任心不强，易造成档案的丢

失或损坏。

（二）加强医院档案管理人员培训和教育的必要性

1. 提高档案管理水平

通过培训和教育，档案管理人员可以掌握更先进的管理理念和方法，从而提高档案管理水平。

2. 保障档案安全

通过培训增强管理人员的安全意识，有效预防档案损坏或丢失的风险。

3. 提升个人职业发展

档案管理人员获得更多的培训和教育机会，有助于提升个人职业发展空间。

4. 促进医院整体运营

档案管理水平的提升能够更好地支持医院各项工作的开展，从而促进医院的可持续发展。

（三）培训和教育内容与方法

1. 理论学习

加强档案管理理论的学习，使管理人员对档案管理有更深入的理解。

2. 技能提升

针对实际工作中遇到的问题，进行有针对性的培训，提高管理技能。

3. 案例分析

通过分析成功的档案管理案例，学习先进的管理方法和经验。

4. 实践操作

提供实践机会，让档案管理人员在实践中锻炼和提升。

5. 在线教育

利用现代信息技术开展在线教育，方便档案管理人员随时随地学习。

6. 定期考核

对档案管理人员进行定期考核，确保培训效果。

（四）培训和教育实施计划

1. 制定长期规划

根据医院发展需要和档案管理现状，制定长期培训和教育规划。

2. 分阶段实施

将长期规划分解为短期目标,分阶段进行培训和教育。

3. 资源整合

整合内外部资源,确保培训和教育的质量和效果。

4. 反馈机制建立

建立有效的反馈机制,对培训和教育效果进行评估和调整。

(五)预期效果与影响

1. 增强档案管理意识

通过培训和教育,提高档案管理人员对档案工作重要性的认识。

2. 提升专业素养

使档案管理人员具备更完善的专业知识和技能,提高管理效率和质量。

3. 优化管理流程

通过培训和教育,优化档案管理流程,提高档案管理工作的整体效率。

4. 强化安全意识

增强档案安全管理意识,降低档案损坏或丢失的风险。

5. 促进医院整体发展

通过提升档案管理水平,为医院的各项工作的顺利开展提供有力支持,促进医院的可持续发展。

(六)持续改进与发展

1. 关注行业动态

持续关注档案管理领域的最新动态和发展趋势,及时调整培训和教育内容。

2. 创新管理方法

鼓励档案管理人员积极探索新的管理方法和技术,推动档案管理工作的创新发展。

3. 学术交流与合作

加强与其他医疗机构的学术交流与合作,共同推动档案管理水平的提升。

4. 定期评估与反馈

定期对培训和教育计划进行评估和反馈,不断改进和完善培训和教育体系。

同时关注档案管理人员个人职业发展规划，为其提供更多的发展机会和空间。通过持续改进和发展，使医院档案管理工作始终保持在一个较高的水平上，为医院的可持续发展提供有力支持。

5.激励机制的建立

建立有效的激励机制，鼓励档案管理人员积极参与培训和教育活动，提高其学习的积极性和主动性。例如设立奖励制度，对在培训和教育中表现突出的档案管理人员给予一定的物质和精神奖励；同时将培训和教育成果与晋升、评优等个人职业发展相结合，激发档案管理人员的学习动力和工作热情。通过激励机制的建立，进一步提高档案管理人员对培训和教育的重视程度和参与度，促进医院档案管理水平的整体提升。

6.跨部门合作与交流

加强与其他相关部门的合作与交流，共同探讨档案管理工作的新思路和新方法。通过跨部门合作与交流，可以更好地整合资源、共享信息、优化流程、提高效率，推动医院档案管理工作的全面发展。同时也有助于增强医院的整体凝聚力和向心力，促进医院的和谐稳定发展。

三、优化医院档案管理的技术手段和设备条件

（一）技术手段的优化

1.数字化管理

将传统的纸质档案进行数字化处理，方便存储、检索和管理。通过数字化管理，可以大大减少档案的物理存储空间，提高档案的利用效率。

2.云计算技术的应用

利用云计算技术，可以实现档案数据的集中存储、管理和备份。通过云服务，医院各部门可以随时随地访问和共享档案信息，提高工作效率。

3.大数据分析

通过大数据分析，可以深入挖掘档案中的有价值信息，为医院决策提供数据支持。同时，大数据分析还有助于发现档案管理中的不足和问题，为改进档案管理提供依据。

4. 智能化管理

引入智能化管理手段，如使用智能机器人进行档案分类、整理和检索等操作，提高档案管理的工作效率。

5. 信息安全技术

加强信息安全技术的应用，如数据加密、身份认证等，确保档案数据的安全性和完整性。

（二）设备条件的优化

1. 硬件设备升级

及时更新档案管理所需的硬件设备，如服务器、存储设备等，确保设备性能能够满足档案管理需求。

2. 网络环境优化

优化档案管理部门的网络环境，确保档案数据的传输速度和稳定性。

3. 专门档案管理设施

建立专门的档案管理设施，如档案库房、档案数字化工作室等，为档案的存储、管理和保护提供良好的环境。

4. 设备维护与保养

定期对设备进行维护和保养，确保设备的正常运行和使用寿命。

5. 设备与技术的匹配

在选择设备和引入技术时，要充分考虑医院档案管理的实际需求，确保设备和技术的有效匹配。

四、完善医院档案管理的监督和评估机制

（一）监督机制的完善

1. 制定详细的监督制度

明确档案管理人员的职责和工作要求，制定档案管理工作的具体流程和规范，确保档案管理工作有章可循。同时，明确监督的内容、方式和标准，为监督工作提供依据。

2.加强内部监督

建立内部监督机制,如设立档案管理工作督导员或质量管理小组,对档案管理工作进行定期或不定期的检查和评估,确保各项制度和规范得到有效执行。

3.引入外部监督

邀请第三方机构或专家对医院档案管理工作进行监督和评估,从外部角度发现和纠正档案管理中的问题。

4.加强社会监督

通过公开档案信息、开展档案宣传活动等方式,增强社会对医院档案管理工作的了解和监督。

5.注重监督效果

对监督过程中发现的问题及时进行处理和整改,同时重视监督结果的反馈和应用,不断完善档案管理工作的监督机制。

(二)评估机制的完善

1.建立评估指标体系

根据医院档案管理的特点和要求,建立科学、合理的评估指标体系,包括档案管理工作的规范化程度、档案信息的质量和安全性等方面。

2.定期评估与不定期抽查相结合

定期对医院档案管理工作进行全面评估,同时结合不定期的抽查方式,确保评估结果的客观性和准确性。

3.定性评估与定量评估相结合

在评估过程中,既要注重定性评估,如对档案管理工作的规范性、安全性的评估,也要注重定量评估,如对档案信息数量、质量的评估。

4.自我评估与外部评估相结合

鼓励医院内部自我评估的同时,引入外部评估机构或专家进行客观、公正的评估,提高评估结果的公信力。

5.注重反馈与整改

对评估结果进行及时反馈,使档案管理人员了解自身工作中的不足和问题,并制定相应的整改措施,推动档案管理工作的持续改进。

6. 与奖惩机制相结合

将评估结果与奖惩机制挂钩，对表现优秀的档案管理人员给予奖励，对工作不到位的进行适当的惩罚，激发档案管理人员的积极性和主动性。

7. 加强培训与指导

针对评估过程中发现的问题和不足，加强对档案管理人员的培训和指导，提高其专业素养和工作能力。

8. 动态调整评估指标体系

根据医院档案管理的发展变化和实际需求，动态调整评估指标体系，确保评估工作的针对性和有效性。

9. 加强信息化建设

利用信息技术手段，建立档案管理评估信息系统，实现评估数据的采集、整理、分析和共享，提高评估工作的效率和准确性。

10. 强化结果运用

将评估结果作为改进医院档案管理工作的重要依据，同时将优秀的档案管理经验和做法进行总结和推广，促进全院档案管理水平的共同提升。

第四节 医院档案管理风险控制与防范措施的效果评估与改进建议

一、建立医院档案管理风险控制与防范措施的效果评估指标体系

（一）评估指标体系的构建原则

1. 全面性原则

评估指标应涵盖医院档案管理的各个方面，确保评估结果的全面性和准确性。

2. 重要性原则

评估指标应突出档案管理风险控制与防范措施的关键要素，反映其核心

价值。

3. 可操作性原则

评估指标应具有可操作性，便于实际操作和数据采集。

4. 动态调整原则

随着医院档案管理的发展变化，评估指标体系应适时调整，以适应新的管理需求。

（二）评估指标的具体内容

1. 档案安全指标

（1）档案存储设施的安全性；

（2）档案备份与恢复机制的可靠性；

（3）档案信息安全防护措施的有效性；

（4）档案使用与借阅的安全管理流程。

2. 档案完整性指标

（1）档案收集的完整率；

（2）档案分类与编目的准确性；

（3）档案数字化转换的质量；

（4）档案保存与修复措施的完备性。

3. 风险控制指标

（1）对档案管理风险的识别与评估能力；

（2）风险应对预案的制定与执行情况；

（3）风险预警系统的建设与运行状况；

（4）风险处置与后评估的流程规范性。

4. 防范措施指标

（1）防范措施的针对性和有效性；

（2）防范措施的执行力度和监督机制；

（3）防范措施的培训与宣传效果；

（4）防范措施的持续改进与创新意识。

5. 管理流程指标

（1）档案管理流程的规范性与科学性；

（2）管理流程执行过程中的沟通与协作能力；

（3）管理流程的创新优化能力及实施效果评估；

（4）管理流程中的人性化设计与服务水平提升。

6. 人员素质指标

（1）档案管理人员的基本素质与专业能力；

（2）人员培训计划的实施情况及效果评价；

（3）人员职业道德素养与工作态度评价；

（4）人员激励机制与职业发展通道的建立与完善情况。

7. 信息化水平指标

（1）档案管理信息系统的功能完备性与安全性评价；

（2）信息化设施设备的配置水平及维护状况评估；

（3）信息化管理标准与规范的建设及执行情况分析；

（4）信息化在档案管理中的创新应用与实践效果评价。

二、实施医院档案管理风险控制与防范措施的效果评估

（一）评估方法的选择

1. 数据收集与分析

通过收集医院档案管理的相关数据，如档案损坏率、遗失率、数字化转换率等，进行深入分析，了解风险控制与防范措施的实际效果。

2. 比较分析法

对比实施风险控制与防范措施前后的档案管理效果指标，分析措施的有效性。

3. 案例研究法

选取具有代表性的档案管理案例，深入剖析风险控制与防范措施在实际操作中的应用效果。

4. 专家评估法

邀请档案管理领域的专家对医院档案管理风险控制与防范措施进行评估，提供专业意见和建议。

（二）评估指标的具体应用

1. 档案安全指标的应用

通过定期检查档案存储设施的安全性能、档案备份恢复机制的有效性等，确保档案安全指标的达标。对于不达标的情况，应分析原因并采取相应的改进措施。

2. 档案完整性指标的应用

通过抽查档案的完整性和质量，检验档案收集、分类、编目、数字化转换等环节的规范性。对于存在的缺陷和不足，应及时整改和完善。

3. 风险控制指标的应用

通过评估医院对档案管理风险的识别与评估能力、风险应对预案的有效性等，了解风险控制指标的实际效果。对于风险控制不力的环节，应加强培训和指导，提高风险应对能力。

4. 防范措施指标的应用

通过检查防范措施的执行情况、监督机制的完善程度等，了解防范措施指标的实施效果。对于防范措施执行不力的部门和个人，应加强监督和考核，确保防范措施得到有效执行。

5. 管理流程指标的应用

通过评估档案管理流程的规范性、科学性和合理性等，发现管理流程中存在的问题和不足。针对存在的问题，应采取相应的优化和改进措施，提高管理流程的效率和规范性。

6. 人员素质指标的应用

通过考核档案管理人员的基本素质、专业能力以及培训效果等，了解人员素质指标的实际水平。对于素质和能力不足的管理人员，应加强培训和指导，提高其专业水平和能力。

7. 信息化水平指标的应用

通过评估档案管理信息系统的功能、安全性、标准和规范等，了解信息化水平指标的实际情况。针对存在的不足和问题，应加强技术升级和完善，提高信息化水平在档案管理中的支撑作用。

（三）评估结果的反馈与应用

1. 反馈给相关部门和个人

将评估结果及时反馈给档案管理相关部门和个人，帮助其了解自身存在的问题和不足，促进其改进和提高。

2. 作为绩效考核的依据

将评估结果作为档案管理人员绩效考核的依据之一，激励其更加注重档案管理的规范性和安全性。

3. 用于优化管理流程和防范措施

根据评估结果，有针对性地优化档案管理流程和防范措施，提高档案管理整体水平。

4. 推动信息化建设与发展

针对信息化水平指标的评估结果，推动医院档案管理信息化建设的持续发展，提高档案管理的效率和规范性。

5. 促进经验交流与分享

通过评估结果的分享和交流，促进医院之间在档案管理方面的经验借鉴与合作，共同提高档案管理水平。

实施医院档案管理风险控制与防范措施的效果评估是确保档案安全、完整与合规的重要手段。科学、客观地评估医院档案管理风险控制与防范措施的实际效果，可以及时发现存在的问题和不足，有针对性地采取改进措施。同时，评估结果的应用可以有效促进档案管理工作的规范化、标准化和专业化发展。因此，各医院应重视并加强档案管理风险控制与防范措施的效果评估工作，不断提高档案管理的整体水平和服务质量。

三、医院档案管理风险控制与防范措施的改进建议

（一）加强档案管理制度建设

（1）完善档案管理制度，明确档案管理流程和责任分工，确保各项措施的有效执行。

（2）建立档案定期检查制度，对档案的完整性、安全性进行定期评估，及

第十四章　医院档案管理中的风险控制与防范措施

时发现并处理问题。

（3）制定档案管理应急预案，提高应对突发事件的能力，最大程度地减少损失。

（二）提高档案管理信息化水平

（1）加大投入，完善档案管理信息系统，实现档案数字化、信息化管理。

（2）加强系统安全防护，确保档案信息不被非法获取、篡改或泄露。

（3）建立电子档案备份与恢复机制，防止数据丢失。

（三）加强人员培训与考核

（1）定期开展档案管理人员培训，提高其专业素质和技能水平。

（2）建立档案管理绩效考核机制，将档案管理效果与个人绩效挂钩。

（3）加强档案利用者的宣传教育，提高其档案保护意识。

（四）优化档案存储环境

（1）确保档案库房满足档案保存的温湿度、防潮、防虫等要求。

（2）定期检查档案库房设施，及时维修和更换损坏的设备。

（3）加强档案库房的安全管理，严格控制人员进出，确保档案安全。

（五）加强档案利用管理

（1）建立健全档案利用制度，规范档案借阅、复制、销毁等流程。

（2）对档案利用过程进行全程监管，防止档案被非法复制或篡改。

（3）加强档案密级管理，对不同密级的档案实行分级管理。

（六）完善档案鉴定与销毁流程

（1）建立档案鉴定工作小组，明确鉴定标准和程序。

（2）对拟销毁的档案进行详细登记和审查，确保无价值档案得到及时处理。

（3）委托有资质的机构进行档案销毁工作，确保档案彻底销毁并防止信息泄露。

（七）加强与其他部门的协作配合

（1）与医院其他部门建立良好的沟通机制，共同推进档案管理工作的开展。

（2）加强与政府档案管理部门的联系，及时了解政策动态，争取支持与指导。

（3）积极参与行业交流与合作，借鉴先进经验和技术，提高档案管理水平。

（八）加大宣传力度，提高全院对档案管理的重视程度

（1）通过医院内部宣传栏、微信公众号等渠道宣传档案管理的重要性和意义。

（2）定期组织全院性的档案管理知识培训和讲座，提高全院员工的档案管理意识。

（3）将档案管理纳入医院整体发展规划，确保档案管理工作的持续发展。

（九）建立档案管理监督机制

（1）设立专门的档案管理监督机构或指定专人负责监督医院档案管理工作。

（2）对医院档案管理进行定期检查和不定期抽查，确保各项措施得到有效执行。

（3）对监督检查中发现的问题及时通报并督促整改，确保问题得到妥善处理。

（十）持续改进与创新发展相结合

（1）鼓励医院档案管理人员积极探索档案管理的新方法、新思路和新模式。

（2）结合医院实际情况和发展需要，不断完善和优化档案管理措施和流程。

（3）关注档案管理领域的最新动态和技术进展，及时引进和应用先进技术提高档案管理水平。通过以上改进建议的实施，将有助于进一步提高医院档案管理工作的质量和效率，降低档案管理风险，保障档案的安全、完整与合规。各医院应结合自身实际情况和发展需求，采取相应的措施加以改进和完善，推动医院档案管理工作不断迈上新的台阶。

四、加强医院档案管理风险控制与防范措施的宣传和教育

（一）宣传教育的重要性

宣传教育是提高医院员工档案管理意识的有效途径。广泛的宣传和教育，可以让员工充分认识到档案管理的重要性和风险，从而在日常工作中更加注重档案的收集、整理和保护。同时，宣传教育也有助于提高员工对档案管理工作的认同感和参与度，形成全员共同关注和参与的良好氛围。

（二）宣传教育的内容

1. 档案管理法律法规

宣传国家及地方档案管理相关法律法规，使员工明确档案管理的法律责任和义务。

2. 档案管理规章制度

介绍医院档案管理规章制度，让员工了解档案的分类、归档范围和保管期限等基本知识。

3. 档案管理风险与防范

分析常见的档案管理风险及其后果，传授防范措施和应对方法，提高员工的风险意识。

4. 档案管理优秀案例分享

分享医院内部或行业内的档案管理优秀案例，激发员工的积极性和创新精神。

（三）宣传教育的形式

1. 专题讲座

邀请档案管理专家或学者到医院进行专题讲座，为员工提供专业指导和建议。

2. 内部培训

组织医院内部培训，由本院档案管理专业人员进行授课，结合实际工作进行案例分析。

3. 宣传栏与海报

在医院内部设置档案管理宣传栏，张贴相关海报，使员工在日常生活中不断接触到档案管理知识。

4. 微信公众号与电子期刊

利用医院微信公众号定期发布档案管理相关信息，同时可以创办电子期刊，系统介绍档案管理理论与实践。

5. 知识竞赛与互动问答

组织关于档案管理的知识竞赛或互动问答活动，激发员工的学习兴趣和参与热情。

（四）宣传教育的效果评估

为了确保宣传教育取得实效，需要进行效果评估。可以采用问卷调查、访谈或观察等方式了解员工对档案管理知识掌握的程度和态度变化。同时，定期组织对员工进行档案管理知识测试，以检验宣传教育的成果。根据效果评估结果，及时调整宣传教育的内容和形式，确保其针对性和有效性。

（五）建立长效机制

宣传教育不是一时的活动，而应该成为医院的一项长期工作。因此，需要建立长效机制，确保档案管理宣传教育的持续开展。具体措施包括：制定年度宣传教育计划、设立专门负责宣传教育的部门或人员、建立宣传教育资源库等。通过这些措施的实施，可以使医院档案管理风险控制与防范措施的宣传教育成为一个常态化、规范化的工作，不断提高医院的档案管理水平。

第十五章　医院档案管理的数字化转型与发展趋势

第一节　医院档案管理数字化转型的必要性及挑战

一、医院档案管理数字化转型的必要性

1. 提高管理效率

传统的档案管理方式往往依赖于纸质文档，不仅占用了大量空间，而且查询和检索过程费时费力。通过数字化转型，档案信息可以集中存储在电子系统中，方便随时查询和调用，大大提高了管理效率。

2. 提升档案安全性

纸质档案在长期保存过程中容易受到损坏，如霉变、虫蛀等。数字化转型可以将档案信息存储在稳定的数字介质上，降低档案丢失和损坏的风险，提高档案的安全性。

3. 便于远程共享与合作

数字化转型后，档案信息可以通过网络实现远程共享，促进医院各部门之间的信息交流与合作，打破地域限制，提升医疗服务质量。

4. 辅助决策支持

数字化档案信息经过分析和处理，可以为医院管理层提供有价值的决策支持数据，帮助其做出科学、合理的决策。

二、医院档案管理数字化转型面临的挑战

1. 信息安全问题

随着数字技术的发展，信息安全问题日益突出。医院档案管理数字化转型

过程中，需要确保电子档案信息的保密性、完整性和可用性，防止数据泄露、篡改和损坏。

2. 技术更新与维护

数字化转型需要不断引进和更新技术设备，同时需要专业的技术团队进行维护和管理。医院需要投入大量资金和人力资源来支持数字化转型的持续发展。

3. 电子档案的法律效力

在法律层面上，电子档案的法律效力一直是一个有待解决的问题。医院在档案管理数字化转型过程中，需要明确电子档案的法律地位和法律效力，以便在相关法律事务中得到认可和应用。

4. 人员素质要求提高

数字化转型对档案管理人员的素质提出了更高的要求。管理人员不仅需要具备档案管理专业知识，还需要掌握一定的数字技术和信息管理技能。医院需要加强培训和人才引进，以适应数字化转型的需求。

5. 标准化与规范化问题

档案管理数字化转型需要遵循一定的标准化和规范化要求，以确保信息的互通性和共享性。医院需要与相关行业机构合作，共同制定和推广档案管理数字化转型的标准和规范，促进档案管理工作的健康发展。

6. 应对突发情况的能力

在数字化转型过程中，医院需要建立健全的应急预案，提高应对突发情况的能力。例如数据备份、系统恢复、安全事件处置等方面的预案，以确保在紧急情况下能够迅速恢复档案信息的安全与完整。

7. 适应性和接受度问题

数字化转型可能会对传统的档案管理观念和习惯产生冲击，一些员工可能对新的管理方式产生抵触或适应不良的情况。因此，医院需要在数字化转型过程中加强宣传教育，提高员工的适应性和接受度。

第二节 医院档案管理数字化转型的实施路径与方法

一、实施路径

1. 需求分析与规划

在开始数字化转型之前，医院应对现有档案管理工作进行全面梳理，识别存在的问题和需求。同时，结合医院发展战略和目标，制定数字化转型的总体规划，明确转型的目标、任务和时间表。

2. 基础设施建设

为了支撑数字化档案管理，医院需要建设或升级相关的硬件和软件设施，包括服务器、存储设备、网络设备、操作系统、数据库管理系统等。这些基础设施应具备高效、稳定、安全等特点，以满足数字化档案管理的需求。

3. 档案管理系统建设

档案管理系统是数字化转型的核心。医院应根据自身需求，选择或定制合适的档案管理系统。该系统应具备档案的收集、整理、存储、检索、利用、统计等功能，并能与其他医疗信息系统实现数据交互与共享。

4. 数据迁移与整理

对于已经存在的纸质档案，需要进行数据迁移和整理，使其能够被数字档案管理系统所管理。这包括档案的扫描、图像处理、文字识别、信息抽取等步骤，以确保档案数据的完整性和准确性。

5. 培训与人才引进

为了提高档案管理人员的数字化素养和技能水平，医院应组织相关的培训活动，并积极引进具备数字技术和管理能力的专业人才。

6. 运行与维护

数字化转型完成后，医院需要建立健全的运行与维护机制，确保数字化档案系统的稳定运行和持续优化。这包括系统监控、数据备份、故障处理、安全防范等方面的工作。

7. 评价与改进

定期对数字化档案管理工作进行评价，识别存在的问题和不足之处，及时进行调整和改进，以持续提升数字化档案管理的效果。

二、方法与策略

1. 制定详细计划

在需求分析的基础上，制定数字化转型的详细计划，明确各项任务的时间节点、责任人及完成标准。通过项目管理的方法，确保计划的执行和进度的控制。

2. 加强沟通与协作

在数字化转型过程中，加强各部门之间的沟通与协作，共同解决遇到的问题和困难。与外部供应商或合作伙伴建立良好的合作关系，充分利用其专业能力和资源支持。

3. 试点先行

在全面推行数字化转型之前，可以选择一些代表性的部门或项目进行试点。通过试点工作，发现和解决潜在问题，总结经验教训，为后续的全面推广提供借鉴。

4. 持续优化与迭代

数字化转型不是一蹴而就的过程，而是一个持续优化与迭代的过程。在实施过程中，不断收集反馈、分析问题、改进方案，以适应不断变化的内外部环境。

5. 强化技术支持

除了传统的档案管理方法外，充分利用现代信息技术手段提高档案管理水平。例如，采用大数据分析技术对档案数据进行挖掘和利用；利用云计算技术实现档案信息的分布式存储和计算等。

6. 保障信息安全

在数字化转型过程中，应采取一系列措施保障档案信息安全。例如建立严格的信息保密制度；采用加密技术保护数据传输和存储；定期进行安全漏洞检测和防范等。

7. 制定规范与标准

为了确保数字化档案管理的规范化和标准化，医院应参考国家和行业的规范标准，结合自身实际情况制定相应的规范与标准。通过规范与标准的制定和实施，提高档案管理工作的质量和效率。

8. 建立评估机制

为了确保数字化转型的实际效果，医院应建立评估机制，定期对数字化档案管理工作进行评估。通过评估结果的分析，发现存在的问题并采取改进措施，不断推动数字化档案管理的进步与发展。

医院档案管理数字化转型是一项复杂而重要的任务，需要医院从多个方面实施路径和方法的规划与设计。通过制定详细计划、加强沟通协作、试点先行、持续优化迭代、强化技术支持、保障信息安全、制定规范与标准以及建立评估机制等方法与策略的运用，医院可以顺利完成档案管理数字化转型工作，提升档案管理工作的质量和效率，更好地服务于医疗业务的发展和创新。

第三节　医院档案管理数字化转型的未来发展趋势与展望

随着科技的飞速发展和信息化时代的深入，医院档案管理数字化转型已经成为当下医疗行业发展的必然趋势。通过对数字化转型的深入研究，我们得以一窥其未来的发展趋势。

一、智能化档案管理

随着人工智能和大数据技术的不断进步，未来的医院档案管理将更加智能化。通过人工智能算法，档案管理系统能够自动对档案进行分类、标签和索引，提高档案检索的效率和准确性。同时，通过对大量数据的挖掘和分析，医院可以更好地了解患者需求、医疗资源使用情况等，为决策提供有力支持。

二、云端化存储与共享

随着云计算技术的广泛应用，未来的医院档案将更多地存储在云端，实现跨地域、跨医院的共享和访问。云端化存储不仅可以保证数据的安全性和稳定性，还可以实现档案信息的快速备份和恢复。同时，通过云端共享，不同医院之间的医疗信息可以更好地流通，促进医疗协作和学术交流。

三、无纸化档案管理

传统的纸质档案管理方式不仅占用大量物理空间，而且管理成本高、效率低。随着数字化技术的普及，未来的医院档案将逐步实现无纸化管理。所有的档案信息都将以数字形式存储和传输，大大提高了管理效率和信息利用率。

四、个性化信息服务

未来的医院档案管理将更加注重个性化信息服务。通过分析患者的医疗记录和健康状况，医院可以为患者提供个性化的健康建议和治疗方案。同时，医院还可以为医护人员提供个性化的信息服务，如实时更新的医疗指南、研究成果等，提高医疗质量和效率。

五、数据安全与隐私保护

在数字化转型的过程中，数据安全和隐私保护将是重中之重。未来的医院档案管理系统将采用更加先进的数据加密技术和隐私保护措施，确保患者和医护人员的个人信息安全。同时，医院还将建立完善的数据管理制度，明确数据的采集、存储、使用和销毁等环节的责任和义务，确保数据的合规使用。

六、标准化与互操作性

为了实现不同医院、不同地区之间的档案信息共享和交换，未来的医院档案管理将更加注重标准化和互操作性。标准化将确保不同系统之间的数据格式统一、交换规则一致,提高信息共享的效率和准确性。互操作性则关注不同系统之间的数据互通能力,使得不同系统之间可以更加顺畅地交换数据和服务。

七、移动化与远程化服务

随着移动设备的普及和网络技术的发展,未来的医院档案管理将更加注重移动化和远程化服务。患者可以通过手机、平板等设备随时随地查看自己的医疗记录和健康状况,方便快捷。医护人员也可以通过移动设备随时访问档案信息,提高工作效率和响应速度。同时,远程医疗服务将进一步发展,使得专家医生可以通过远程方式为基层医疗机构提供指导和支持。

第四节 医院档案管理数字化转型的案例分析与实践经验总结

一、数字化转型的背景与目标

某大型综合性医院,面临着档案管理方式落后、效率低下的问题。纸质档案的存储和管理不仅占用了大量的物理空间,还给档案查询和使用带来了诸多不便。为了提高档案管理效率、满足医疗业务发展需求,该医院决定进行档案管理数字化转型。

数字化转型的目标是建立一个高效、便捷、可扩展的档案管理系统,实现档案信息的数字化存储、查询、管理和利用。同时,通过数字化转型,提高档案信息的安全性和保密性,确保患者隐私和医疗信息安全。

二、数字化转型的实践经验

1. 需求分析与规划

在数字化转型初期,该医院进行了详细的需求分析和规划。通过与各部门沟通，了解其对档案管理的需求和痛点，为数字化转型提供了明确的方向和目标。同时，结合医院实际情况，制定了切实可行的实施计划和时间表。

2.系统选型与开发

针对数字化转型的需求，该医院选择了合适的档案管理系统。在系统选型时，重点考虑了系统的稳定性、可扩展性、易用性和安全性等方面。同时，与系统开发商合作，根据医院实际需求进行定制开发，确保系统功能完善、符合实际操作流程。

3.数据迁移与整理

在进行数字化转型时，该医院面临了大量纸质档案需要数字化处理的问题。为了确保数据迁移的准确性和完整性，医院采取了分批处理的方式，对纸质档案进行扫描、识别和整理。同时，对原始纸质档案进行分类归档，确保档案信息的完整性和可追溯性。

4.员工培训与推广

数字化转型后，该医院对全体员工进行了档案管理系统的培训和推广。通过培训，员工熟悉了数字化档案的查询、管理和利用方式，掌握了系统的基本操作技能。同时，医院还开展了数字化档案管理的宣传和推广活动，提高员工对数字化转型的认知度和参与度。

5.持续优化与改进

数字化转型是一个持续优化的过程。该医院在数字化转型后，不断收集员工意见和建议，针对实际运行中存在的问题和不足进行改进。同时，结合医疗业务的发展需求，对档案管理系统进行升级和扩展，提高系统的适应性和功能。

三、数字化转型的成效与影响

经过数字化转型，该医院取得了显著的成效和影响。

1.提高档案管理效率

数字化存储和管理使得档案信息检索更加快速、准确，大幅提升了档案管理效率。纸质档案的数字化处理也简化了档案存储和管理的流程，减少了人工干预和错误率。

2. 优化医疗服务流程

数字化档案管理系统使得医疗信息更加便捷地流通和共享，优化了医疗服务流程。医护人员可以随时随地访问患者档案信息，提高了诊疗效率和医疗质量。同时，数字化档案也为医疗研究和学术交流提供了便利。

3. 提升决策支持能力

通过对数字化档案信息的挖掘和分析，该医院能够更好地了解患者需求、医疗资源使用情况等，为决策提供有力支持。数字化档案为医院管理者的决策提供了更加科学、全面的数据依据。

4. 保障信息安全

数字化档案管理系统增强了档案信息的安全性和保密性。通过数据加密、权限控制等措施，有效保护了患者隐私和医疗信息安全。同时，数字化存储也避免了纸质档案损坏、丢失的风险。

5. 促进部门间协作

数字化档案管理系统提高了部门之间的信息共享和交流水平。不同部门之间可以更加便捷地传递和利用档案信息，加强了部门间的协作和配合。这有助于提高医院整体运营效率和服务水平。

6. 降低运营成本

数字化转型减少了纸质档案的存储和管理成本。数字化存储所需的物理空间远小于传统纸质档案库房，降低了医院的运营成本。同时，数字化档案管理还简化了档案的备份和维护工作，进一步降低了管理成本。

7. 提高患者满意度

数字化档案管理系统为患者提供了更加便捷的档案查询和使用体验。患者可以随时随地查看自己的医疗记录和健康状况，有助于增强其对医疗服务的信任感和满意度。

8. 促进医院创新发展

数字化转型为医院的创新发展提供了有力支持。通过数字化技术手段的应用，医院可以不断优化诊疗流程、提高医疗质量、拓展医疗服务领域等，增强自身的竞争力和影响力。同时，数字化档案管理也为医院的科研、教学等工作提供了丰富的数据资源和支持。

9.提升医院形象

数字化档案管理系统的建设展现了该医院在信息化建设和现代化管理方面的实力和水平。这有助于提升医院的形象和社会声誉，吸引更多患者前来就医，增加医院的业务量和收入。

参 考 文 献

[1] 孙作丽. 医院人事档案精细化管理措施探究 [J]. 兰台内外,2023 (11): 61-63.

[2] 杨玉亭,刘玥. 高校后勤档案工作实践与思考——以 Z 大学后勤集团为例 [J]. 高校后勤研究,2023 (03): 28-29+38.

[3] 谈林青. 企业电子档案管理与利用的几点思考 [J]. 办公室业务,2022 (17): 137-140.

[4] 杨婧. 论如何做好国有企业外事档案的管理工作 [J]. 北京档案,2022 (06): 37-38.

[5] 张媛媛,袁言臣. 城市轨道交通档案管理现状与优化路径探究——基于 9 市轨道交通集团调研分析 [J]. 档案与建设,2022 (06): 61-63.

[6] 张月凡. 系统思维下期货交易所业务档案规范化管理研究 [D]. 郑州航空工业管理学院,2022.

[7] 沈栩如,姜遇杨,杨思凡,等. 干部档案管理标准化发展史及标准体系构建研究 [J]. 中国标准化,2022 (S1): 96-102.

[8] 孔晓蕾. 探索农业科研项目档案管理模式 [J]. 办公室业务,2022 (05): 97-99.

[9] 张军娟. 企业综合档案管理规章制度体系建立研究 [J]. 兰台内外,2021 (36): 15-16.

[10] 杜则良. 事业单位干部人事档案"三化"管理研究 [J]. 兰台内外,2021 (36): 73-74.

[11] 范伟娜. 高校会计档案电子化问题研究 [J]. 经济师,2021 (12): 107-109.

[12] 王笑园,安喆. 中国特色干部人事档案制度发展历程与实践态势 [J]. 中国人事科学,2021 (11): 87-93.

[13] 尚柏江. 关于基层巡察档案资料管理的思考 [J]. 办公室业务,2021 (20): 128-129.

[14] 王爽. 科研院所科研档案管理制度体系建设研究 [J]. 兰台内外,2021 (24): 16-17.

[15] 王毓慧. 企业档案规范化管理解析——企业档案制度体系建设 [J]. 机电兵船档案,2021 (04): 24-26.

[16] 王玉蓉. 电子档案管理业务流程重组研究 [D]. 湘潭大学,2021.

[17] 陈雪洁. 公立医院医务社会工作档案管理模式的构建研究 [J]. 兰台内外,2021 (06): 14-15.